그래도
집을
사시겠습니까?

그래도 집을 사시겠습니까?

최경진 지음

이담
Books

● 머리말

필자는 요즘 화제가 되고 있는 베이비부머세대다. 즉 7080세대이다. 이 세대의 젊음은 나름대로 처절하였다. 당시에는 시도 때도 없이 적기의 공습경보가 울렸다. 집에서 친구들과 즐겁게 술을 마시고 있는데 TV 속에서 "이것은 실제상황입니다. 연습이 아닙니다"라고 소리치고 있었고, 고속버스를 타고 부산으로 가고 있는데 또 적기가 공습을 한다고 방송하였다. 모두 사실이 아니었지만 그때의 당황스러움은 대단하였다. 군대를 갔는데, 훈련소의 과정을 다 마치고 자대배치를 기다리고 있던 어느 날 아침, 일어나니 훈련소의 인사계가 "휴전선이 무너졌다"며 조기를 게양하였다. 알고 보니 박정희 대통령이 살해된 10·26사태였다.

훈련소가 마산 근처에 있었는데, 기간병들이 트럭을 타고 밖으로 나갔다가 들어오는데 머리가 터져 들어오고 있었다. 부마사태(釜馬事態)였다. 병력이 모자라니 우리 훈련병들도 진압을 위해 출동을 할 것이라는 소문이 떠돌았다. 비록 무산되었지만, 철없던 우리 훈련병들은 그래도 바깥 공기를 쐴 기회가 있을 것이라 가슴을 두근거렸다. 자대배치를 받은 후, 우리 모두의 아픔인 광주사태가 일어났다. 이때는 철모를 쓰고 소총을 준비한 단독군장으로 군생활을 하였고, 일병이었던 어느 날, 전시상태에 돌입할 때나 하는 완전군장을 꾸리라는 명령이 있었다. 군용모포를 감으면서 "아, 전쟁이 났구나. 죽을 수도 있겠구나" 하고 생각하였다.

　무사히 군대생활을 마치고 복학을 하였는데, 학교는 데모의 일상이었다. 복학생인 나는 그저 아무 생각 없이 데모대열을 물끄러미 쳐다만 보고 있었다. 기회가 있어 일본으로 유학을 가게 되었다. 험난한 시대를 거쳐 온 필자에게는 당시의 일본의 평화스러움과 생활의 윤택함이 놀라움 그 자체였다. 모든 것이 넘쳐났고, 일본인들은 세계제일이라는 자부심이 강하였다. "닛폰이찌(日本一)"가 바로 세계제일이었다. 바로 "헤이세이경기(平成景氣)"였다. 세계 이차대전을 경험한 이들은 이러한 일본을 보고 "아, 세상은 정말 평화롭구나" 하고는 탄식을 하였다. 나중에 생각하니 그때가 버블의 한가운데였다. 자산가치의 폭등에 대해 일부 경제전문가들이 경고를 발하였으나, 모든 것이 무시되었다. 자산가치의 상승에 의해 동경만 팔아도 미국 전 국토를 살 수 있다고 믿었던 일본인은 이에 환호하였다. 시중의 풍부한 유동성과 주식이나 부동산의 상승은 세계경제를 이끌어 가는 일본에게는 정당한 흐름이었다. 일본에 의한 "세계경제 앵커론"이었다. 즉 일본이 세계경제를 이끌어야 한다는 논리였다.

TV의 연속극을 틀면 모두가 불륜극이었다. 비교적 엄한 사회분위기 속에서 성장하여 부산에서 1시간 반 만에 동경으로 날아든 이 유학생에게 모든 일본여성은 불륜을 한다고 여겨졌다. 경제력이 있었던 일본의 여성들은 지하철에서 스포츠신문(스포츠신문에는 야한 사진들이 많다)을 펼치고 읽고 있었고, 보디콘(어깨가 넓고 허리가 짤록한 캐리어우먼 식의 복장)으로 무장한 직장여성이 융켈(피로회복제)을 마시고 우산으로 골프스윙을 멋지게 하는 TV광고가 인기를 끌었다. 이를 "오야지 걀"(아저씨 걸)이라 불렸다. 그리고 일본은 미국을 상징하는 뉴욕의 빌딩을 하나하나 수중에 넣었다.

자산가치의 폭등에 의해 양극화(일본에서는 '격차'라고 했다)가 진행되자 드디어 일본정부는 버블해소 정책을 구사하였다. 연속적인 금리인상에 일본의 자산가치는 폭락하기 시작하였다. 이후의 시대를 일본은 "잃어버린 10년"이라 스스로 불렀다. 그렇게 믿었던 '부동산 신화'는 깨져버렸다.

일본에서의 직장생활을 마치고 서울로 전근(轉勤)되었다. 11년 만에 서울에 와 보니 동경에서 보았던 현상들이 똑같이 서울에서 일어나고 있었다. 서울의 아파트값은 천정부지였고, 주위의 모든 이들은 부동산 투자에 뛰어들고 있었다. TV에서는 막장드라마가 성행하였다. 내가 처음 동경에서 일본의 TV를 보면서 겪었던 것처럼, 한국으로 유학 온 유학생들은 아마 "한국 여성은 모두가 바람을 피우고, 모두가 출생의 비밀을 가지고 있을 것이다"라고 생각하고 있을 것이다. 서울의 아파트만 다 팔면 미국의 어디라도 살 수가 있다고 생각하고 있으며, 세계 어디에서도 한류열풍이 불고 있어 우리나라에 대한 자부심이 대단히 높아지고 있다. 폭등한 자산가치를 경험한 계층은 타인과의 차별화를 시도하며, 그러하지 못한 계층은 이를 따라 하지 못해 안달해 하고 있었다. 한편으로는 가진 자와 그러하지 못한 자들의 갈등이 진행되고 있다. 우리는 이를 양극화라 부른다.

그러나 자산가치의 버블 여부에 대해 아직도 논란이 많다. 많은 사람들이 동의할 수가 없다고 한다. 왜냐면 빚을 내어 아파트를 샀는데, 아파트가격이 내리면 절대 안 되는 것이다. 힘든 근로보다 아파트로 한번 잘만 굴리면 수십 년간 모아야 할 큰돈이 생긴다고 확신하고 모두들 부동산에 뛰어들었다. 이리하여 자영업자를 합쳐서 우리의 가계부채가 1,000조 원에 이르고 있다. 물가는 오르고 있으며 서민들과 직장인들은 줄어든 점심 반찬에 불만을 터트리고 있다. 정부는 금리를 올려야 하는데, 가계부채의 이자 부담 때문에 쉽사리 그럴 수가 없다. 그러나 물가는 잡아야 하므로 조금씩 조금씩 올려야 한다. 이를 당국에서는 "베이비 스텝"식 접근이라 하였다. 그러나 종내에는 기본금리가 5~6%에 이를 것이다.

우리나라가 일본과 똑같은 결과에 이를지, 아닐지는 모르겠다. 그러나 작금의 진행상황은 일본과 대단히 닮아있다. 우리 금융 당국의 한 수장(首長)이 그랬다. "예견된 위기는 위기가 아니다." 필자는 이 수장의 말에 절대 공감하며, 앞으로 '한국의 버블경제 붕괴'나 '한국의 잃어버린 10년' 등의 낱말을 보기도 듣기도 싫다.

우리의 상황을 한번 면밀히 검토해볼 필요가 있다고 생각하기에 이 책을 쓰기에 이르렀다.

많은 분들의 동의를 구한다. 일본의 어느 경제학자는 이 버블을 "욕망의 경제학"이라 불렀다.

여기서 필자는 내가 포함되어 있는 베이비부머세대에게 한마디 하겠다.

한국전쟁이 끝나고 폐허 속에 태어난 우리 베이비부머들은 그 많은 수에 의해 치열한 경쟁 속에 자랐다. 초등학교(당시의 국민학교)도 2부제, 3부제로 다녔으며, 학교에서 주는 옥수수 떡이나 빵에 목숨 걸었다. 먹고 살기 위해, 살아남기 위해 내 빵이나 자리를 노리는 자는 용서할 수 없었다. 따라서 우리는 자기주장이 강하며, 격렬한 성정을 가지고 있다. 서바이벌 게임을 벌이며 살아왔기에 강하다. 그러므로 우리 세대는 불의에 결연히 항거하였으며, 조직과 상사를 위해 충성과 희생을 하였다. 그리하여 우리는 우리 한국을 세계 경제 대국 9위의 열강으로 만들었다. 그리고 우리는 본격적으로 정년을 맞이하여 이제 이 사회를 떠나고 있다.

강하기는 하되 살아온 것이 너무 험했던 이 세대는 타인에 대한 배려가 없다. 자칫하면 목숨을 잃거나 굶는 상황을 목격하거나 경험하였기에 남보다 자신이 우선인 것이 이 세대의 특징이다. 그래서 우리의 리더 중에서 군대를 면제받거나 넘칠 만큼의 많은 재산을 가진 자들이 많다. 우리 세대가 말하는 식으로 "찬스와 기회"를 놓치지 않았기 때문이다.

우리가 우리의 자산가치의 상승에 환호하고 계속되기를 바라고 있을 때, 우리의 자식인 젊은 세대들은 "88만 원" 세대, "하우스 푸어" 세대라 불리고 있다. 수입이 적어 결혼도 못하고. 결혼을 못하니 출생률이 떨어지고 있다. 하늘을 봐야 별을 따는데, 별 볼 일이 없는 것이다. 이러한 우리의 다음 세대는 이러한 사회를 이끌어온 우리 7080세대를 비난할 것이다. 집에서는 부모인 우리를 자식들이 욕할 것이다. 벌써 그들의 소리가 들리고 있다. "부장님, 일단 멱살 한번 잡힙시다." 세대 간의 격차문제인 것이다.

출생률이 떨어지면 우리를 노후에 먹여 살려야 할 재원(財源)과 생산인구가 부족해진다. 이제 우리 세대는 부동산가치의 상승에 환호작약하며 계속되기를 바라는 것을 그만두자. 그리고 우리 다음 세대를 생각하는 여유를 가지자. 리더라면 리더답게 좀 공평하자. 타인과 약자를 위해 좀 잘하자.

군대에서 목봉체조를 할 때, 전 동료가 똑같이 들어야 힘이 들지 않는다. 그 누군가 힘을 빼면 그 만큼의 중량이 전우에게 간다. 힘 있는 자들이 힘을 빼면 몸무게가 100킬로 나가는 동료가 목봉에 아예 매달리는 것과 같다. 그 무게가 어디로 가겠는가? 힘없는 우리 동료들에게 갈 수밖에 없다.

이 모든 것은 이 사회를 이끌어온 우리 세대의 덕(德)이며 탓이다.

최경진 씀

C O N T E N T S

Chapter

6 버블의 한가운데에서

Chapter 11 일본의 버블경제가 우리에게 주는 암시

CHAPTER 1

버블경제
(Bubble Economy)란
무엇인가?

버블경제에
대한 정의

어느 자산(부동산, 주식, 골프회원권, 그림 등)의 가치가 크게 증가할 때, 그것이 과연 적절한 가치인가 혹은 거품(Bubble)인가에 대해 논란이 있을 수 있다. 특히 그 자산을 보유하고 있는 사람과 그러하지 않는 사람과의 사이에는 그 버블에 대한 인식의 차가 당연히 존재한다.

흔히 경제학에서는 버블경제의 정의에 대해서 다음과 같이 설명하고 있다.

"버블경제라고 하는 것은 일반적으로 현실의 자산가격 중에 펀드멘탈로는 설명이 불가능한 부분, 혹은 자산가격이 펀트멘탈로부터 괴리되어 있는 상황"[1]이라고 말하고 있다.

즉 어느 자산의 가치가 경제학적으로 설명할 수 없는 수요나 투기열에 의해서 본래의 가격보다 훨씬 높게 평가되어 있는 상황으로, 현

---

1) 野口悠紀夫 "バブルの経済学—日本経済に何が起こったのか"、日本経済新聞社 1992年、p.57.

실적으로 보아 납득할 수 없는 가격이라는 것이다.

쉽게 한 예를 들어보겠다.

일본정부는 日本電信電話公社(NTT)를 1985년부터 민영화하기로 결정, 보유주식을 1987년 2월에 1주당 191만 엔에 공개하였다. 이 주식이 같은 해 4월이 되자 주식시장에서 1주당 318만 엔을 기록하게 되었다. 이 상승세를 본 전문가들은 앞으로 주당 1,000만 엔까지 오를 것이라 전망하였으며, 이 정보를 얻은 수많은 개인투자자는 NTT주식에 투자하기 시작하였다.

제2차 공개는 1987년 11월로 예정되어 있었는데, 공개 이전인 10월 19일에 전세계의 증권시장을 강타한 '블랙 먼데이(Black Monday)'가 있었다. 그러나 NTT주가는 블랙 먼데이의 영향을 전혀 받지 않고 10월 21일에는 300만 엔대의 주가를 그대로 유지하고 있었다.

예정대로 2차는 주당 255만 엔에, 3차는 1988년 10월에 190만 엔에 공개되었다. 이 3차에 걸쳐 총 151만 5,000여 명의 개인투자자가 NTT 주식에 투자를 하였고, 일본정부는 약 10조1,000억 엔의 국고수입을 올렸다. 그러나 1992년 8월에 이르러 주당 가격은 45만 3,000엔으로 떨어졌다.

이 현상을 한 번 살펴보면, 191만 엔의 주식가치가 몇 달 사이에 318만 엔으로 오르자 전문가들은 주당 1,000만 엔까지 갈 것이라 전망하였다. 이 소식은 전해 들은 약 151만 명의 개인투자자가 NTT주식을 통해 이익을 얻고자 이 주식을 매입하기 시작하였다. 그러나 생각해보면 이 주식이 주당 1,000만 엔까지 가야 할 명확한 이유나 근거는 그 어디에도 있지 않았다. 더구나 2차 공개를 앞둔 10월 19일의

'블랙 먼데이'에 다른 주식은 폭락세를 보이고 있었으나 NTT주식은 전혀 영향을 받지 않았다.

그러나 1992년 8월, NTT주식은 주식시장에서 주당 가격 45만 3,000엔을 기록함으로써 이 과열현상이 버블이었다는 것을 증명하게 되었고, 1차 공개 후의 주당 300만 엔이라는 주가는 실제로는 현실과 괴리되어 있었던 가격이었으며, 그 가격 속에는 투기로 인해 자아증식적으로 생성된 버블이 포함되어 있었다고 볼 수 있다.

이처럼 어떠한 원인(정부 정책이나 방침, 저금리나 통화량 증대)이나 배경(부동산 불패신화, 부동산을 통한 자산증식 욕망, 내 집 마련의 꿈 등), 결과(보유자산 가격의 급상승, 수익증대) 등에 의하여 시중자금이 특정자산 시장으로 몰리게 되고 그 시장은 활황세를 보이게 된다. 시장의 활황세가 지속되고 매스미디어의 정보제공에 의해 나머지 투자자가 기대수익을 노리고 추격매수를 하게 된다. 투자자가 많으면 많을수록 수요가 공급을 초과하게 되고 가격은 상승하게 된다.

즉, 투자 → 소문 → 매스미디어 등의 정보제공 → 기대수익 → 투자의 순환이 생겨나고 수요가 공급을 초과할 때, 자산가치는 실제 시장가격보다 상승하게 되고, 자산가치의 증가를 경험한 자산보유자는 활발한 소비활동을 보이게 되는 것이다.

그러나 한 나라의 경기호전은 국내총생산(GDP: Gross Domestic Produ -ction)의 증가로 측정하는 것이 대세인데, 실제적으로는 경기가 크게 호전되지 않는데도 불구하고 과열된 투자활동에 의해서 자산가치만이 실제가치와 동떨어져 상승하고 있는 경제상황을 "버블경제(Bubble Economy)"라 한다.

버블경제에 대해 좀 더 알아보자.

버블경제는 실체경제의 경제성장 이상으로 자산가격이 상승한 상태로, 부추겨진 투기에 의해 지탱되고 있는 경제 활동이라고 할 수 있다. 흔히 버블경제 상황하에서는 자산가격의 상승을 배경으로 하여 활발한 투자 소비가 행해져 실체경제도 활성화하게 된다. 그러나 이 자산 상승분은 실체 경제의 성장으로 생겨난 자산가격이 아니므로 언젠가 실체경제와의 차이를 해소하지 않으면 아니 된다.

많은 경우, 그때까지의 투기를 지탱하고 있는 무언가에 대한 기대나 신화가 붕괴되거나, 또는 정부의 정책적 대응(금리 인상, 법적 규제)에 의해 자산가격 조정 현상이 보이는 순간, 이를 기점으로 투기 집중이 종식되며 자산가격이 하락하는 것으로 거품은 해소된다고 한다.

원래 가격상승을 전제로 하여 형성된 자산가격이기 때문에 가격하락이 시작되면 급속하게 버블경제는 수축하는데 이를 '버블경제의 붕괴'라고도 한다.[2] 한편, 버블경제를 ① 자산가격의 급격한 상승, ② 경제활동의 과열, ③ 머니 서플라이(Money supply, 통화량)와 신용의 팽창이라고 특징 지우는 이론도 있다.[3]

일본의 버블경제 시에 부동산가격과 주가가 일본 역사상 최고치를 기록, 부동산 시가로 보면 동경만을 팔아도 미국 전체를 살 수 있을 정도로 일본의 자산가치가 증가하였다. 실제로 1990년 일본의 총 토지가격은 17조 4,690억 달러로, 당시 미국의 총 토지가격 5조 70억의 3.48배에 이르렀다.

---

2) 일본 Wikipedia 온라인사전. "バブル 経済"(버블경제) 항목 참조. http://ja.wikipedia.org.

3) 翁 邦雄、白川方明、白塚重典、"資産価格バブルと金融政策: 1980年代後半の日本の経験とその教訓"、金融研究、日本銀行金融研究所 2000年 12月.

그리고 버블 시에는 경제활동도 활발하여 당시 일본의 실질 국내 총생산(GDP) 성장률은 전년도 비교 평균 5.5%를 기록하였을 뿐만 아니라, 경기호조가 약 51개월간 지속되어 경제활동이 과열화되었다 (1986년 11월부터 1991년 2월까지, 日本經濟企劃院 발표).

뿐만 아니라 버블 시에는 日本銀行(Bank of Japan)에 의한 통화량의 증가, 그리고 일본정부의 금융완화정책에 의해 기업의 해외주식발행이 허용되어 기업 스스로 해외에서 자금을 충분히 조달할 수 있게 되었고, 가계 역시 주택투자를 위한 대출이 급증하여 전체적으로 통화량과 신용량이 대거 확대되었다.

2

거품경제의 역사4)

그러면 거품경제라는 것이 "과거에도 존재하였던가?"라는 의문이 생기는데, 역사상의 거품경제의 예를 알아보기로 하자.

(1) 17세기 네덜란드 튤립 투기

1630년대의 네덜란드는 섬유산업을 중심으로 한 경제 붐으로 유럽 제일의 경제 대국이 되었다. 경기가 활성화되니 사회 풍조는 소비지향으로 달리게 되었는데, 그때 터키로부터 튤립이 네덜란드에 유입되었다. 튤립은 이국 취향을 원하는 부자들로부터 인기가 있어 부유층은 경쟁적으로 이 튤립을 사기 시작하였다.

특히 고가품으로 여겨진 것이 꽃잎에 반점이 들어가 있는 튤립종류였는데, 사람들은 이 종류의 구근을 희소품으로 여겨 고가로 구입하였다. 그러나 사실은 이러한 반점은 구근에 바이러스가 침입하여 병이 들어 있기 때문이었는데, 당시로써는 이 사실을 알 수가 없었다.

---

4) 인용: 林敏彦, "やさしい経済学ーお金の物語", 日本経済新聞 2003年6月6日－17日連載記事.

1634년부터 3년간 이 병든 구근의 가격은 2,000길더(당시 보통농민의 연간 수입의 8배)부터 6,000길더(연간 수입의 25배)에까지 이르게 되었다. 가격상승의 소문을 들은 방직공, 구두공, 제빵공, 채소가게, 농민들까지 모두 튤립의 투기에 참여하게 되었다. 처음에는 꽃 판매 상끼리의 거래가 대규모의 시장거래로 발전하게 되었고, 심지어 재배 중인 구근의 선물거래(先物去來)도 있었다.

그러나 튤립시장의 폭락은 급격하게 발생하였다. 1637년 2월 튤립의 가격이 내렸지만 사는 사람이 없어졌고, 수표는 부도가 나고 튤립 구입을 위해 융자를 받았던 3,000여 명의 사람은 그 빚을 갚을 수가 없게 되었다. 채무이행을 위한 소송을 걸어보았지만 채무자와 채권자가 동시에 행방을 감추어 사태를 수습하기가 어려웠다. 이를 본 의회와 시당국은 채권자, 채무자 모두에게 "조사가 끝날 때까지 튤립거래는 연기한다"라고 임시결정을 내렸고, 이로 인해 튤립시장은 급격하게 붕괴되고 그 막을 내리게 되었다.

(2) 프랑스의 "미시시피계획"

18세기 외국과의 전쟁과 방만한 재정 때문에 프랑스는 파산상태였다. 이때 존 로(John Law)[5]라는 스코틀랜드의 도박사[6]가 있었는데, 로는 도박의 경험으로부터 "가치의 근원은 사물의 본질에 있는 것이 아니라 그 희소성에 있다"라는 신념을 가지게 되었다[7].

---

5) 경제학자 마셜(Alfred Marshall)이나 카를 마르크스에 의하면, John Law(1671~1729년)는 "밸런스가 모자라긴 하나, 정말 매력적인 천재" 또는 "사기꾼과 예언자의 양면을 갖춘 재미있는 인격적 혼합체"라고 칭찬하였다.
6) 도박사뿐만 아니라 은행가, 왕실고문, 망명가, 방탕자, 모험가의 다양한 경력을 가지고 있었다 한다.
7) '물과 다이아몬드 이론'에서 교환가치와 이용가치에 대해 논하였다. 그에 의하면 물은 이용가치가 높고 교

그는 화폐라는 것은 본질적으로 가치가 있기 때문에 돈으로 사용되는 것이 아니고, 가치가 있다고 국민들이 생각하기 때문에 그것이 금, 은이 아닌 종잇조각이라도 사용한다고 생각하게 되었다. 그리하여 로는 지폐의 대량발행에 의한 상거래의 활성화를 목표로 1716년 지폐발행권을 가진 은행을 프랑스에 설립하였다.

다음 단계로 금화가 아닌 지폐가 국민들로부터 인정받기 위해서 국민들이 그 지폐를 사용하여 세금을 지불하게 하는 시스템을 구축하여야 했다. 로는 이를 프랑스 정부에 제안하여 허가를 얻게 되었다. 또한 그 지폐를 최대한 활용하여 자산가치를 높일 목적으로 미국 루지애나에 "미시시피 회사"를 설립하였다.

미국의 미시시피회사는 로가 프랑스에 설립한 은행으로부터 지폐를 빌려서 귀족들이 보유하고 있었던 국채를 매입하고, 그 귀족에게 다시 미시시피사의 주식을 사도록 권유하였다.

즉 지폐는 로의 은행이 마음껏 발행하고, 이를 미시시피사에게 빌려주고 미시시피사는 싼값으로 귀족들의 국채를 매입한 다음, 귀족들에게 미시시피사로부터 받은 대금으로 미시시피사의 주식을 사도록 권유하는 순환방식을 고안해내었다.

소유하고 있던 국채를 싼값으로 미시시피사에게 팔고, 그 대금으로 미시시피사의 주식을 매입하는 귀족들의 투자행위를 목격한 일반 국민들은 미시시피사의 주식가격이 향후 급등하리라는 기대심리를 스스로 가지게 되었다. 그리하여 많은 사람들은 가격이 떨어진 국채를 팔고 시세차익이 기대되는 미시시피사의 주식을 집중적으로 매입하였다.

환가치는 없으며, 다이아몬드는 교환가치는 대단히 높으나 이용가치가 별로 없다 하였다. 그리고 가치의 희소성이 교환가치를 발생시킨다고 한다.

미시시피사의 주식은 단기간에 1,000루블에서 10,000루블로 급등하게 되었고, 프랑스정부는 돈을 벌게 되었으며, 로는 그 공로를 인정받아 프랑스의 재무장관이 되었다.

그런데 한번 재미를 본 미시시피사는 여기에 그치지 않고 식민지사업을 확장하였으나 불행히도 큰 적자를 보게 되었다. 적자를 보게된 로는 대량 보유하고 있던 국채를 팔고, 그 대금으로 얻은 지폐를 금으로 교환하기 시작하였는데, 이러한 움직임을 눈치챈 사람들이 미시시피사의 주식을 동시에 대량으로 시장에 내놓게 되었고, 이로 인해 미시시피사의 주식은 급락하게 되었지만, 이미 로는 비밀리에 프랑스를 탈출한 상태였다.

이 경우는 사물의 가치는 그 본질에 있는 것이 아니고 희소성에 있다는 것을 도박으로부터 배운 로의 획책에 의해 많은 사람들이 투기에 참여하게 된 것이다. 로는 사람들의 인지의 허상을 정확하게 간파, 이를 충분히 활용한 예가 되겠다. 역시 이 버블의 뒤에는 다수가 유행처럼 한 방향으로 움직이며, 유행에 뒤떨어지면 손해라는 생각과 시세차익을 노리는 기대심리가 존재하였기 때문에 로는 성공할 수 있었던 것이다.

(3) 사우스 시 컴퍼니(The South Sea Company) 버블사건[8]

1700년경, 당시 영국의 재정위기를 완화하기 위해 영국정부는 South Sea사에 국채를 인수시키고 그 대가로 무역우선권을 주어 국채

---

8) 인용: 일본 Wikipedia 온라인사전. 南海泡沫事件. http://ja.wikipedia.org.

의 인수자금을 충당하도록 하였다.

South Sea사는 영국 국채를 1920년부터 활발히 인수하기 시작했는데, 이 인수자금의 조달을 위해서는 자사의 주식을 판매하여 그 주가를 올릴 필요가 있었으므로 이를 위해 다음의 계획을 세웠다.

- 자사주와 국채의 교환은 시가(市價)로 한다. 즉 South Sea사의 액면가 100파운드의 주식이 시장가 200파운드를 기록했을 때, 200파운드의 국채와 자사주 100파운드는 동일가격으로 교환한다.
- 그러나 실제로는 자사주의 액면가는 100파운드이므로 200파운드의 국채와 교환하기 위해서는 자사주 200파운드를 발행한다.
- 실제 교환 시에는 자사주 액면가 100파운드로 액면가 200파운드의 국채와 교환할 수 있으므로, 교환 시마다 South Sea사는 액면가 100파운드의 주식이 남게 되며 그 시가는 200파운드가 된다. 이를 시장에 팔면 200파운드가 South Sea사의 순익이 된다.
- South Sea사가 이익이 나면 South Sea사의 주가도 상승한다. 위의 상황을 반복하면 South Sea사의 이익은 늘어나고 따라서 주가도 상승할 것이다.

당시 영국의 중산층은 풍부한 자금을 가지고 투자할 곳을 찾고 있는 상황이었다. 이는 버블을 일으키는 요인 중의 하나인 시중의 유동성 자금이 풍부했다는 것을 의미한다. 초기에는 위의 구상대로 South Sea사의 주가가 급상승하여 몇 달 사이에 주가가 10배로 오르게 되었고, 이를 알게 된 귀족, 자본가, 농민들이 주식투자를 통해 이익을 올리고자 모두 투자에 참여하게 되었다. 당시 주가의 상승 정도를 보면 처음에는 100파운드였으나 5개월 후에는 1,050파운드를 기록하였다.

이러한 상황에서 다른 회사의 주식도 덩달아 폭등하게 되었으며 무허가 회사의 주가도 동반 상승하였다. 이로 인해 전 영국은 주식투자 붐에 빠지게 되었다. 그러나 과열 주식투기라고 판단한 영국 정부는 주식에 붙어 있는 거품을 제거하고자 6월 24일 규제법을 제정하고 8월 24일에 이를 발령하였다.

이 규제법이 시행되자마자 시장의 주가는 일제히 폭락하여 공황상태에 빠지게 되었다. 주가의 폭락으로 인해 많은 사람이 파산하고 자살자가 생겨나게 되었으며, 조사를 진행함에 따라 South Sea사는 자사주식을 정치가들에게 뇌물로 공여했다는 사실이 밝혀져 당시 정권도 붕괴하는 결과를 낳았다.

(4) Internet Bubble

1990년대 후반 인터넷을 통한 상거래(e-commerce)가 현실화되자 많은 회사가 인터넷관련 투자에 몰두하게 되었다. 자연적으로 이러한 서비스를 제공하는 IT관련기업이 주목을 받게 되었으며, 여기에 1998년부터 1999년까지 계속된 미국의 저금리 정책으로 인해 개인과 기업은 벤처 창업자금과 투자자금을 쉽게 조달할 수 있게 되었다. 즉 유동성과 신용량이 팽창된 시장 상황하에서, 투자자들은 장래 수익모델에 대한 과도한 기대를 가지게 되었으며, 이 기대감은 막대한 투자로 이어져 IT관련기업의 주가가 급등하게 되었다.

1996년에 IT관련기업의 평균주가가 1,000달러 전후였는데 1999년에는 2,000달러를 돌파하였고, 2000년 3월 10일에는 5,048달러를 실현하였다. 이러한 경향은 미국 주식시장뿐만 아니라 유럽, 아시아의 주식시장에서도 볼 수 있었으며 이런 상황하에서 주식을 공개한 벤처기업 창시자는 막대한 부를 누릴 수가 있었다. 실리콘 밸리를 중심으로 벤처기업의 폭풍이 몰아쳤고 미국에서는 이를 닷컴(.com)붐이라고 불렀다.

그러나 미국연방준비제도이사회의 금리 인상을 계기로 주가는 급속하게 폭락하여 2002년에는 1,000달러대로 하락하였다. 수많은 IT관련 벤처기업이 도산하고 2002년의 미국의 IT관련 실업자 수는 56만 명에 달하게 되었다.

동시에 미국 주식시장에서의 IT관련 주가의 폭락은 아시아의 중국, 인도네시아를 강타하였고, 인도네시아의 경우, 국내 인플레이션을 불러일으켜 수하르트 대통령이 하야하는 계기가 되었으며 일본의 장기 침체에도 크나큰 영향을 끼치게 되었다.

버블이란 다수가 한 방향으로 동시에 움직일 때 발생한다는 것을 다시 한번 느끼게 한다.

3

버블경제의
성향

(1) 버블경제의 징조

앞에서 살펴본 바와 같이, 버블경제는 많은 사람이 기대수익을 바라고 일시에 같은 방향으로 달려나갈 때 수요가 공급을 초과하여 발생한다는 것을 알 수가 있다. 설사 그것이 병든 튤립의 구근이든 무엇이든 많은 사람의 수요가 있을 때는 가격이 상승하는 것은 당연한 이치라 하겠다.

한 방향으로 달려나갈 때 두렵기도 하겠지만, 주위에 같은 행위를 하는 동반자가 있을 때, 안도감을 느끼게 되고 두려움은 자기확신으로 바뀌게 마련이다. 일본에는 "빨간 불이라도 모두와 함께 지나가면 괜찮다(赤信号でも皆で渡れば大丈夫)"라는 농담이 있다.

가령 어떤 이유와 배경으로 부동산 투기현상이 일어났다고 하자. 부동산가격은 점점 상승하여 이를 보유한 사람들은 자산가격의 상승에 모두 기뻐한다. 그것이 내용이 없는 자산가격의 상승이라고는 그 누구도 생각하고 싶지 않다. 가끔 "내가 이러 이러한 분석과 이유로 내린 선택과 결론이기는 하지만 과연 괜찮을까?"라는 우려를 할 때가 있지만, 주위를 돌아보면 자신과 동일한 선택과 결론을 내린 동반자들이 대거 존재하며 때로는 모두가 열광하고 있으므로 그 의문을 무시하거나 잊어버리게 된다.

그러나 이와 같이 집단의 열광과 흥분에 의해 버블은 일시적으로 계속될 수는 있으나, 어떤 제재로 인해 버블은 너무나 쉽게 그리고 빠른 속도로 붕괴한다는 것을 위의 역사는 가르쳐주고 있다. 버블이 붕괴하고 난 다음에 뒤돌아볼 때, "아 그것은 버블이었구나"라고 느낀다고 한다.

그러면 어떠한 경우에 그것이 버블이었다는 것을 알 수가 있을까? 일본의 경제전문가는 버블의 특성은 다음과 같다고 한다.9)

· 경기가 좋을 때 발생한다.
· 소수의 경제전문가뿐만 아니라 다수의 아마추어가 참여하여 투기가 전 사회적으로 퍼져 있다.
· 급속하게 팽창하고 일정 기간 계속되다가 반드시 붕괴된다.
· 가격 급상승 속에 있을 때는 행복감을 느끼다가 그것이 붕괴되었을 때는 "그것은 믿을 수 없는 일이었다"라고 후회한다.
· 후유증은 때로는 몇십 년간에 걸쳐 경제적 파탄을 가져온다.

또 다른 학자는 다음의 경우를 버블의 징후라고 말하고 있다.10)

---

9) 인용: 林 敏彦, "やさしい経済学·お金の物語", 日本経済新聞 2003年6月6日字 記事.
10) 인용: 斉藤精一, "金融恐慌と三つのバブルの物語 大崩壊が始まる時", 日経ビジネス文庫, 2002年, p.45.

- 경제 전체적으로 여유자금이 풍부하다.
- 국민 다수가 참가하는 투기 붐이 일정 기간 계속된다.
- 특정의 투기대상에 대하여 "가격상승은 계속될 것이다"라는 신화가 탄생한다.
- 벼락부자가 탄생하고 배금주의가 만연된다.
- 사치품 선호, 성행이 높아지고 물가상승 내지 자산상승(주가, 주택)이 시작된다.
- 모럴이 추락하게 된다(사기적 상법이 생겨난다).
- 국민은 자신의 나라에 대한 우월성을 느끼고 거만한 자세를 취한다.

(2) 버블경제에서의 매스미디어의 역할

시장에는 수많은 데이터가 존재한다. 이러한 데이터 중에서 가치를 가지고 있는 것은 소문이 되어 인구에 회자되기 시작한다. 이 소문이 거짓이나 실패의 사례가 아닌, 성공의 예라면 정보로서의 생명력을 가지고 확산되기 시작한다. 이 정보가 매스미디어의 선택에 의해 보도가 되고, 그 정보가 많은 독자나 시청자로부터 납득과 이해를 얻는다면, 그 '보도사실(報道事實)[11]'은 사실(事實)이 된다. 보도사실이 사실이 되면 이를 모방하거나 뒤떨어져서는 아니 된다는 추종이 발생한다.

예를 들면 부동산이나 주식시장에는 수많은 소문이 산재하고 있다.

---

11) 주: 보도사실(報道事實)은 언론매체가 보도한 사실이며, 이는 事實과 다를 수가 있다고 한다.

이 중에서 꽤 의미를 가진 소문이 정보가 되어 사람 사이에 퍼져 나가게 된다. 실제로 이 소문은 투자 성공의 예가 다수 존재하므로(주식의 경우 NTT주식값의 상승, 동경의 부동산가격의 급상승) 생명력을 가지고 확산되기 시작한다.

이를 매스미디어가 보도하게 되고, 이 뉴스에 접하게 된 대중은 사실로 인정하게 된다. 더욱 가치가 상승하리라는 기대심리를 가진 많은 사람들이 뒤떨어지면 손해라는 생각으로 일제히 주식이나 부동산 시장으로 달려나가게 된다. 일본의 주식이나 부동산의 시장가격은 다음의 과정을 거쳐 결정되었다고 볼 수 있다.

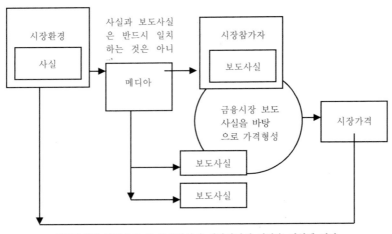

보도사실을 바탕으로 한 가격결정이 시장환경에 영향을 끼치게 된다

〈그림 1〉 매스미디어와 가격형성과정12)

12) 인용: 山平賢一, 山下 惠, "市場とメディア 報道と事実と事実", Tokyo Financial Journal, 2005년 1월 13일, http://www.Hj.jp.

여기서 현상과 사실을 독자나 시청자에게 알리는 과정인 매스미디어의 보도는 대단한 영향력을 끼치므로, 매스미디어는 '보도된 사실'이 어떤 의미를 가지는지, 그리고 어떠한 결과를 초래할지를 보도하기 이전에 충분히 검토하여야 한다. 왜냐면 어떠한 특정사례나 보도자의 의도가 실린 보도는 많은 사람의 판단력을 흐리게 하기 때문이다.

실제로 일본의 버블 경기는 1985년경에 시작하여 주식의 경우는 1989년, 부동산, 골프회원권의 경우는 1990년에 정점을 이루었으며, 그 이후로 1991년경부터 2002년까지 줄곧 하락세(한때 상승세를 보인 1997년 제외)를 보였다. 이를 흔히 일본의 "잃어버린 10년(失われた十年)"이라 한다.

일본의 매스미디어는 이 버블의 전성기인 1989년에서 1991년 사이에 주식과 부동산의 상승세가 무엇을 의미하고 있었던 가에 대해 독자들에게 올바른 상황판단의 제시를 게을리하였다는 지적을 받고 있다.

버블 시작과 붕괴시기인 1985년부터 1992년 사이에 日本經濟新聞에 "버블"이라는 단어를 몇 번 썼던 가에 대한 조사가 나와 있다. 이에 의하면,13) 1985년 8회, 1986년 3회, 1987년 1회, 1988년 4회, 1989년 11회, 1990년 194회, 1991년 2,546회, 1992년 3,476회였다. 그리고 주가의 경우는 1986년부터 상승하기 시작해 1987년, 1988년에 급상승하여 1989년에 피크를 이루고 이후로 하락하기 시작하였다, 이때 신문은 그 주가에 대해 "버블"이라는 단어를 1987년에 1회, 1988년에 4회, 1989년에 11회만 사용하였고, 이윽고 주식가격이 하락한 1990년에 비로소 194회를 사용하였다고 한다.

---

13) 참조: 野口悠紀夫 "バブルの經濟学―日本經濟に何が起こったのか", 日本經濟新聞社 1992年、p.27.

〈표 1〉 日本經濟新聞에 나타난 "버블"의 횟수

연도	85	86	87	88	89	90	91	92
횟수	8	3	1	4	11	194	2,546	3,476

그러므로 일본의 버블이 진행되는 동안이었던 1985년부터 1990년 사이에 일본의 매스미디어는 자산가치의 급격한 상승이 무엇을 의미하고 있는지에 대한 상황판단이 부족하였다고 지적할 수 있다. 이를 바꾸어 말하면 매스미디어 측의 '버블에 대한 인식'이 모자랐음을 의미하기도 한다. 당시의 일본신문은 자산가치의 상승이 세계최강인 일본경제를 고려할 때 오히려 적절하고 정당한 가치평가라고 논하였던 것이다.

CHAPTER 2

버블경제에 대한 인식

일본은 언제부터 "버블경제"였던가, 혹은 무엇을 보고 "버블경제"라고 하는가에 대해서 알아보기로 하자.

일본의 버블 경제는
언제인가?

(1) 일본의 국내총생산(GDP: Gross Domestic Production)

그 나라의 경제성장이 얼마나 증가했는가를 알기 위해서는 경제
성장률을 본다. 이 경제성장률을 알기 위해서는 일정 기간 내에 그
나라에서 생산된 부가가치의 총 합계액, 즉 국내총생산(GDP)을 보게
된다.

예를 들면 100원을 들여 빵을 만들어 200원에 판매하였다면 100원
의 부가가치가 있다. 이러한 부가가치의 총 합계액을 국내 총생산이
라고 한다. 이는 나라 전체의 경제규모가 어느 정도인가, 작년에 비해
경제규모가 어느 정도 성장하였는가를 알 수 있는 측정치이다. 또한
여기에는 시장에서 거래된 재화나 서비스의 생산만이 계산되고 시장
이외의 생산은 포함되지 않는다. 즉 밖에서 사먹으면 포함이 되고 집
에서 만들어 먹으면 포함되지 않는다. 일정 기간 해외에 거주하고 있
는 국민이 해외에서 행한 생산활동은 반영되지 않으며, 일정 기간 그
나라에 체재한 외국국적 보유자가 행한 생산활동은 이에 포함된다.

그러면 1980년부터 1986년까지의 일본의 국내총생산을 보자. 아래의 <표 1>을 보면 국내 총생산은 1984년부터 1987년까지 전년비(前年比) 5.7%의 성장을 보이고 있으나, 1988년부터 1991년 사이에는 평균 7%의 큰 성장을 보여준다. 그러나 이러한 성장은 1990년(전년비 7.7%)에 피크를 이룬 다음, 1992년부터 성장세가 급격히 하락하기 시작, 2004년까지 예전의 성장세를 회복하지 못하고 있다. 따라서 전년 대비 증가율의 추이로 볼 때, 1988년부터 1991년 사이가 일본의 성장세가 가장 두드러졌던 시기로 볼 수 있다.

〈표 1〉 연도별 국내총생산액과 전년비 증가율[14]

연도(CY)	국내총생산액(10억 엔)	전년비 증가(%)
1980	240,969	
1981	259,034	7.5
1982	271,888	5
1983	282,803	4
1984	300,941	6.4
1985	323,541	7.5
1986	338,674	4.7
1987	352,530	4.1
1988	379,250	7.6
1989	408,535	7.7
1990	440,125	7.7
1991	468,234	6.4
1992	480,492	2.6
1993	484,234	0.8
1994	490,005	1.2
1995	496,941	1.4
1996	510,001	2.6
1997	521,170	2.2

14) 일본 内閣府 統計資料 "長期時系列 GDP 93 SNA" http://www.esri.cao.go.jp/jp/sna/toukei.html#jikei.

1998	514,882	−1.2
1999	507,496	−1.4
2000	511,760	0.8
2001	506,165	−1.1
2002	498,208	−1.6
2003	497,798	−0.1
2004	505,160	1,5

(2) 일본의 주식가격

일본 주식가격의 추이를 보자.

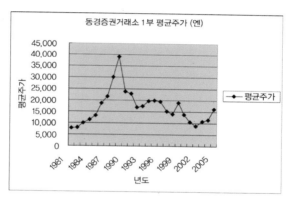

〈그림 1〉 동경증권거래소 1부 평균주가[15]

동경증권거래소 1부의 평균주가의 추이를 보면, 1987년에 21,564엔, 1988년에 30,159엔을 기록하였고 1989년에 38,915로 사상 최고치를 보였으며, 1990년 이후부터 급격하게 주가가 하락하기 시작하였

---

15) 출처: 産業データプラザ 金融 保険業으로부터 작성. http://sangyo.kkc.or.jp/idp/index.aspx.

다. 1987년부터 1991년 사이의 동경증권거래소 1부의 주식가격 관련
수치를 다음과 같이 요약할 수 있다.

〈표 2〉 동경증권거래소 1부 주식가격16)

연도	1일 평균거래량 (1,000주)	평균주가지수 (1968년=100)	시가총액 (10억 엔)	평균주가 (엔)
1987	946,753	1,963	325,478	21,564
1988	1,020,541	2,134	462,896	30,159
1989	876,917	2,569	590,909	38,915
1990	483,878	2,177	365,155	23,848
1991	372,856	1,843	365,939	22,983
2005	2074,736	1,270	522,068	16,111

따라서 일본의 주식거래가 가장 활발했던 해가 1988년이기 하나,
평균 주가지수, 평균주가, 주식시가 총액이 가장 높은 수치를 보인 해
가 1989년이며 그 이후로 급격히 하락하였으므로, 일본의 주식시장이
역사상 가장 활발하였던 시기는 1987년부터 1989년으로 보아 무리는
없을 것 같다.

(3) 일본의 부동산가격

일본의 부동산가격이 가장 비쌌던 시기를 알기 위해 일본의 토지
시가 총액, 토지매매 총거래액, 6대 도시의 평균지가 지수, 동경의
1m²당 토지가격의 추이를 보자.

---

16) 출처: 上同.
   출처: 産業データプラザ 金融 保險業으로부터 작성. http://sangyo.kkc.or.jp/idp/index.aspx.

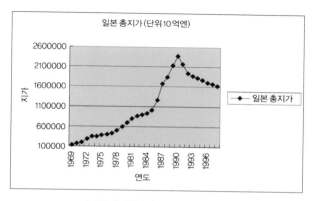

〈그림 2〉 일본의 토지 시가총액[17]

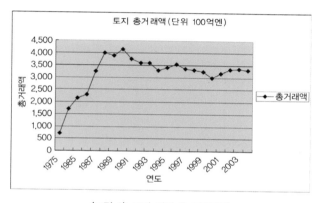

〈그림 3〉 토지 매매 총 거래액[18]

---

17) 출처: 總務省 統計局 國民經濟計算, 3-14 國民資産 負債殘高http://www.stat.go.jp/data/chouki/index.htm.

18) 출처: "産業データプラザ, 不動産"으로부터 작성. http://sangyo.kkc.or.jp/idp/index.aspx.

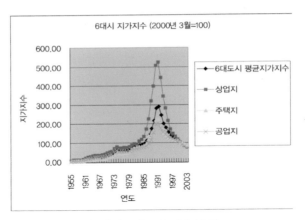

〈그림 4〉 6대 도시 지가지수[19]

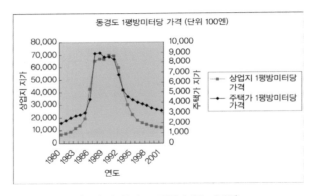

〈그림 5〉 동경도 1평방미터당 가격[20]

먼저 당시 동경의 땅 만으로 미국 전체 국토를 살 수 있었다고 하는 그 유명한 일본의 토지시가 총액(그림 2)을 보면, 1990년에 2,365조 엔

---

19) 출처: 日本總務省 統計局 國民經濟計算. 15-18 用途地域別市街地價格指數
   http://www.stat.go.jp/data/chouki/index.htm.
20) 출처: 日本總務省 統計局 國民經濟計算. 15-20 都道府縣 用途別宅地の平均價格.

의 최고가격을 기록한 후에 계속 하락세 보여 1998년에는 1990년의 시가총액의 약 68%의 가격에 해당하는 1,616조 엔으로 떨어져 있다.

토지매매 총거래량 역시 1990년 41.5조 엔으로 최고치를 기록하였으나, 2004년 시점에는 33.25조 엔을 기록하고 있었다(약 20% 하락).

또한 6대 도시(동경, 요코하마, 나고야, 오사카, 교토, 코베)의 평균지가 지수를 2000년을 100으로 보았을 때, 상업지, 주택지, 공업지 모두 1991년에 피크를 이루고 그 이후로 하락, 현재까지 회복을 하지 못하고 있다.

평균지가 지수의 하락이 가장 극심했던 것이 대도시의 상업지로, 1991년에 지수 519를 기록했으나 2003년 현재 72를 기록, 최고치의 약 85%의 '폭락'을 보여주고 있다. 주택지의 경우, 최고치 223에서 최저치 84로 하락하여 최고치의 약 30%에 해당하므로(70% 폭락) 상업지에 비해 다소 하락폭이 적었다고 할 수 있다.

동경도(東京都)의 1m²당 토지가격을 보면, 상업지의 경우, 1990년에 694,600엔으로 최고가를 기록했으나, 2001년에 121,870엔으로 약 82% 하락했으며, 주택지의 경우는 1990년에 85,900엔으로 최고치를 기록한 다음에 2001년에 31,850엔으로 하락하였으므로 약 63%의 하락폭을 보였다.

이를 요약하면,

〈표 3〉 일본의 부동산가치

구분	총지가(조 엔)	총거래량(조 엔)	6대도시평균지가 (2003.3=100)	동경상업지 1m²당 평균지가(엔)
1985	1,003	21	92	189,400
1987	1,671	32	133	649,300
1989	2,136	39	212	667,900
1990	2,365	41	276	694,600
1991	2,173	37	285	690,630
1998	1,616	33	117	147,180
2001		31	91	121,870
2003		33	77	

위의 표에 의하면 6대 도시 평균지가가 가장 높았던 해가 1991년이나 토지 총지가, 토지매매 총거래량, 동경의 상업지 평균지가가 가장 높았던 해는 1990년이며, 1991년 이후로 토지가격은 줄곧 하락하기 시작하였다.

따라서 일본의 부동산 시장은 1990년이 가장 활발한 장세를 보였다 할 수 있다.

(4) 일본의 골프회원권가격

부동산, 주식과 더불어 버블경제시에 가격변동이 극심하였던 자산 중의 하나가 일본의 골프회원권이었다. 1990년 전후의 버블경제 속에서 자산가치의 증가를 경험한 사람(혹은 기업)들이 고급 브랜드 제품이나 골프회원권을 구입하여 왕성한 소비활동을 벌였다. 일본의 유명한 골프회원권가격의 추이를 보면,[21]

---

21) 출처: 日生ゴルフ 홈페이지, http://www.plus-web.co.jp.

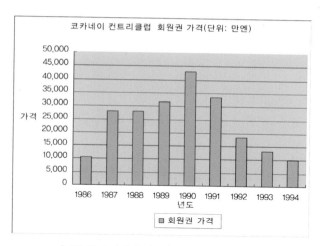

〈그림 6〉 코카네이 컨드리클럽 회원권가격 추이

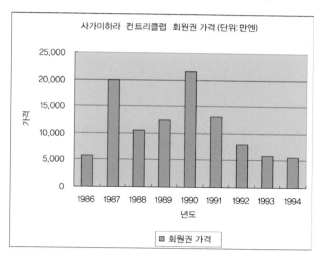

〈그림 7〉 사가미하라 골프클럽 회원권가격 추이

일본의 최고 명문 골프장인 '코카네이(小金井) 컨트리골프클럽'의 경우, 회원권 가격이 1990년에 4억 3,000만 엔의 최고치를 기록했으나 이후 계속 하락하여 1994년에는 1억 엔에 거래되었다(2007년 회원권 가격은 9,808만 엔이다).

　　그리고 '사가미하라(相模原) 골프클럽'도 동일한 양상을 보여, 1990년에 2억 1,500만 엔의 최고치를 기록했으나 1991년에 1억 3,000만엔에 거래되었다(2007년에는 3,101만 엔에 거래되었다). 그러므로 골프 회원권도 1990년도가 가장 높은 가격을 기록한 해였다.

　　지금까지 주식, 부동산, 골프회원권 시장의 가격 추이를 보았는데, 대체적으로 주식은 1989년, 부동산과 골프회원권은 1990년에 수요가 팽창하여 이 시기에 자산가치의 급격한 상승을 보았다. 그러나 1990년 이후부터 계속된 하락세는 현재까지 절정기의 가격을 회복하지 못하고 있다. 지금까지 언급한 부동산, 주식, 골프회원권가격의 최고가와 최저치를 비교해보면,

〈표 4〉 주식, 부동산, 골프회원권의 손실률

연도	동경 1부 평균주가(엔)	연도	평균지가지수 (2003=100)	연도	코카네이골프 회원권(만엔)
1989(최고치)	38,915	1990(최고치)	285	1990(최고치)	43,000
2002(최저치)	8,578	2003(최저치)	77	2003(최저치)	3,535
손실률	78%	손실률	73%	손실률	92%

　　주식의 경우는 2002년의 최저치는 1989년의 최고치에 비해 78%의 폭락, 평균지가 지수는 73%의 손실, 그리고 코카네이 컨트리클럽의 골프회원권가격은 전성기의 92% 폭락을 기록, 거의 휴짓조각으로 변

해버렸다.

　따라서 일본의 버블경제 절정기는 1989년과 1990년 사이로 볼 수 있다. 그러나 아쉬운 것은 당시에는 그 상황이 버블인지 몰랐다는 점이다. 수년간에 걸쳐 자산가치가 지속적으로 하락되고 경기가 침체되어 기업의 매출이 감소하기 시작, 기업은 투자설비와 인건비를 줄이기 위해 정리해고를 실시하였고 이로 인해 많은 사람이 직업을 잃어버렸을 때, 비로소 그것이 버블이었다는 것을 깨닫기 시작하였다.

2

일본 버블경제에 대한 인식은 언제부터인가?

그러면 이러한 현실과 동떨어진 자산가치의 급격한 상승에 대해 일본은 언제부터 이 현상을 버블이라고 인식했을까?

앞에서 버블의 대표적 징후의 하나로서 "신화"라는 것이 탄생한다고 언급하였다. 예를 들면 "우리나라는 전통적으로 내 땅, 내 집에 대한 소유욕이 강하므로 수요는 언제나 존재한다. 그러나 국토는 협소하므로 현재의 급등한 부동산가격은 투기심리에 의한 것이 아닌, 수요와 공급의 법칙에 의해 결정된 적절한 시장가격에 해당하며, 토지와 주택값은 앞으로 하락하는 경우는 없을 것이다. 설사 떨어진다 하더라도 인구의 반 정도가 거주하는 수도권은 절대 떨어질 리가 없다"라는 "부동산 신화"이다. 더구나 급격한 자산가치의 상승을 경험했던 사람들은 추가적 가격상승을 계속 희구(希求)하게 된다. 월급을 받아 일부를 저축한다면 수십 년 걸려야 모을 수 있는 금액을 부동산의 시세 차익에 의해 순식간에 얻었다면, 이를 경험한 사람은 도저히 그 맛을 잊을 수 없을 것이며, 따라서 그 신화는 계속 유효한 것이며, 현 상황은 지극히 정상적인 것이라 믿는다.

과연 일본에서는 1989년부터 1991년 사이의 자산가치의 급격한 상승에 대해서, "이것이 버블이었구나"라고 인식하기 시작했던 때는 언제부터였던 가에 대해 검토해보자.

당시의 신문, 잡지는 당시의 상황을 어떻게 보도, 논평하고 있었으며, 일본의 관계 당국은 어떤 시각을 가지고 있었는지 살펴보기로 한다.

(1) 미디어의 버블인식[22]

① 신문의 논조

－1987년

朝日신문에서는 특별히 일본의 금융정책이나 현상에 대해 특별한 분석이나 주장은 없었다. 日本經濟新聞은 전반기에 엔고(円高)로 인한 불황, 후반기에 경기회복과정으로 인한 경기확대 국면이라는 인식을 보이며 오히려 내수확대의 필요성을 주장하였다. 단지 시중에 풍부해진 통화공급량과 인플레 가능성에 대해 찬반양론이 있어 일부에서는 "통화공급량의 증가로 인해 물가하락이 있을 뿐 인플레에 대한 우려는 적다"라고 논하고 있다.

－1988년

朝日新聞의 논조는 전년도와 같다.

日本經濟新聞 또한 전년도와 같이 "불균형 시정을 위한 내수확대"를 계속 논하였다. 동 신문의 1월 3일의 앙케트 조사결과에 따르면 1988년의 최대과제는 "내수확대와 불균형시정"이었으며, 이를 위해 금리상승은 피해야 하며 금융규제가 아닌 규제 완화가 정당하다는 견해가 많았다.

또한 지가급등에 문제를 거론하기는 했으나 1987~1988년 사이의 부동산가격은 진정화되었다는 인식을 보였다. 전반적인 자산가격 급등에 대한 인식도 없었으며 금융제도와도 연관이 없다는 의식이 강하였다.

---

22) 인용: 香西 泰, 伊藤 修, 有岡律子 "バブル期の金融政策とその反省" 金融研究 2000年 12月号、日本銀行金融研究所、pp.245~251.

버블이 붕괴된 후에 많은 경제 전문가들은 버블경제의 원인 중의 하나는 저금리로 인한 주식, 부동산에의 자금의 집중이라고 지적하고 있다. 그러나 1987년, 1988년은 일본정부의 저금리 정책에 의한 통화량의 증가로 인해 버블경제가 상당히 진전되고 있는 상황이었는데 각 신문은 오히려 부동산가격의 진정화 기미를 논하며, 금리 인상을 반대하고 있는 논조였다.

> — 1989년
> 이 해의 朝日新聞의 관심과 집중은 소비세와 선거였으며, 인플레에 대한 경계심을 높이고 있는 日本銀行의 견해를 논하기는 하였으나 朝日新聞 자체의 주장을 펴지는 않았다. 2월 26일 자에는 당시 미국의 재할인율 인상에 대해 일본의 "금리인상의 필요는 없다 — 현재의 금리정책을 적극 유지"라고 논하고 있다.
>
> — 日本經濟新聞의 경우, 日本銀行의 금리 인상에 대한 견해를 빈번히 보도는 하였으나 대체적으로 금리 인상을 반대 하였다. 특히 2월 26일 자에는 일본은 세계의 자본 공급국으로서 세계경제의 "일본 앵커론"을 논하며 일본의 금융규제는 세계경제의 불안을 높이므로 금리인상은 위험하다고 논하였다.
>
> 한편 평균 3만 엔을 넘어선 주가에 대해 많은 집필자가 "주가하락 위험성" "주가는 비정상/버블 붕괴의 위험" 등의 기사가 보이기 시작했으나 전체적으로 일반인에의 경고에는 이르지 않았다.

1989년은 일본의 주가가 피크를 이루었던 해였다. 각 신문이 위험성을 논하기는 하였으나, 버블에 대한 인식은 부족하였던 것 같다. 특히 "일본은 세계금융시장의 중심국가이므로 세계경제를 인도해나가야 한다"는 일본의 '세계경제 앵커론(anchor)'이 대두되었다. 실물경제와 동떨어진 자산가치의 상승에 대해 일본의 신문은 세계 최강국가로서의 당연한 현상으로 해석하였다. 이는 '버블 시에는 자신이 속해 있는 단체나 국가에 대해 자부심을 느끼는 현상이 나타난다'라는 전문가의 지적에 수긍을 하게 되는 대목이다.

　－1990년
　이해에 들어 朝日新聞은 부동산 급등문제를 자주 보도하였으며 8월의 특집 "土地"와 "税制"에서 부동산가격 급등과 세제와의 관계를 중점적으로 다루었다. 주가에 대해서는 하락의 우려를 논하는 기사가 보였다.

그러나 이미 주가는 1989년을 정점으로 하락하기 시작하였고, 부동산가격은 1990년에 정점을 이루고 있는 해였다.

② 경제잡지의 논조

경제전문지의 경우, 신문과는 달리 이른 시기부터 버블경제에 대한 우려의 분석과 주장을 게재하고 있다.

　－1987년
　週刊東洋經濟에서는 1986년 10월 25일호에서 "대공항 재래설의 검증"을 특집으로 게재하였고, 임시 증간호인 1987년 11월 26일호에는 "지가급등의 원인은 프라자 합의 이후의 금융완화 때문"이라는 지적을 하였다.

　週刊エコノミスト(주간 이코노미스트)에서는 자금이 실물자산으로부터 주식, 토지로 흐르고 있으며 차입에 의한 것은 위험하다는 "무기명기사"를 내보내고 있었으며, 재테크에 의한 열광적인 머니 게임이 시작되고 있다는 기사를 또한 "무기명"으로 싣고 있다. 8월, 9월, 10월, 11월, 12월에 걸쳐 주가, 지가에는 상당한 인플레가 존재한다고 각 전문가가 논하고 있다.

－1988년
週刊東洋經濟는 무역수지악화, 인플레, 금리상승으로 인해 1988년
하반기부터 경기하강을 예측하였다. 12월에는 시중 통화유통량이
정점에 달하였다고 논하며 1989년 봄의 주가 대폭락을 예견하고
있다. 그러나 전체적으로 이에 대한 반박기사가 영향력을 가지지는
못하였다.

週刊エコノミスト(주간 이코노미스트)는 1월에 무기명으로 "광란
지가의 상투는 누가 잡을 것인가", "지가의 반은 하락 가능" 등을
게재하였다.
또한 2월 22일호에서 "투기에 의한 거대한 버블의 발생"을 지적하
고 "90년 공황"을 경고하였으며, 3월 22일호에서는 "동경의 지가는
버블"이라고 규정하였다.

－1989년
週刊東洋經濟는 "주가는 10만 엔이 되어도 이상할 것이 없다"는
실명의 전문가 발언을 게재하고 있다.

　エコノミスト(에코노미스트)의 논조는 더욱 경계론을 펼치며 주가,
부동산가격의 동반하락 가능성을 점쳤으며, 10월에는 "일본의 주가
는 버블이다"라고 규정하였다.

－1990년
週刊東洋經濟의 2월 3일호에는 "소리 없는 폭락", "구입하면 무엇
이든 가격이 오르는 시대는 끝났다"라고 일침을 가하고 있다.
4월에는 "주가도 최후에는 거품이 되어 폭락하였다"라고 게재하였
으나, 6월에는 "주가, 엔화의 하락은 바닥을 쳤다－주가는 금년 말
에 다시 상승"할 것이라 하였으며, 9월에는 "금리 인하로 주가도
회복될 것"이라는 주가 반등설을 게재하였다.
이에 반해 지가는 이미 정점을 지나 하락한다고 하였으며, 9월 29
일호에는 "부동산 급락의 가능성은 적다"라는 기사와 함께 "부동

산가격의 상승분은 거품으로 곧 없어질 것이다"라는 양분론적 입장을 취하고 있다.

3월 31일 특집호에서 "그래도 경기는 붕괴되지 않는다"라는 낙관론을 펼쳤으며, 6월 23일에는 "일본과 독일의 경제가 세계를 견인한다", "금리도 영향을 끼칠 수 없는 일본의 호황"을 게재하였다.

또한 일본의 정책운영에 대해서도 어느 전문가가 "주가는 앞으로도 하락을 계속할 일은 없다. 실체경제상황은 극히 양호하다. 인플레가 가속하기 전에 재할인율을 인상시킴으로써 경제를 소프트랜딩시키는 것이 가능하다"라고 논하고 있다.

エコノミスト(에코노미스트)는 토지의 불평등문제를 다루고 있다. 동시에 강화된 금융정책에 대해서는 급격한 버블경제의 붕괴 방지를 위해 금융완화를 주장하였으며, 2월 20일 "추가 금리 인상은 경기의 허리를 꺾는다", 그리고 3월 13일 "日本銀行은 더 이상의 금리 인상을 행하지 않는 것이 옳다"라고 대응하였다.
12월 11일 "버블붕괴는 日本銀行의 금융규제가 늦대응 했기 때문"이라고 하며 12월 25일 "금융완화가 없으면 주가폭락의 위기" 등을 주장하였다.

③ 日本經濟企劃廳(일본경제기획청)의 인식

1987년의 일본의 經濟白書를 보면23), 통화량이 늘어나고 금리변동이 심해 투자자가 단기매매를 하는 경향이 있으며, 가격변동이 심해 때로는 캐피털게인이 있을 수 있으나, 그 반대로 큰 손실을 볼 수도 있다고 경고하고 있다.

1988년에는 주식과 부동산가격의 급등으로 인해 이를 소유하고 있는 계층과 그러하지 못한 계층 간의 자산격차문제를 지적하고 있으

---

23) 참조: 昭和62年 年次經濟報告書 "第7章 財政金融政策の動向" 日本經濟企劃廳 1987年 8月 18일.

며, 자산가치의 증가에 따른 소비의 활성화도 언급하고 있다. 동시에 자산격차 문제로 인해 사회 계층감에 소득분배에 관한 불공평함, 자산을 다음 세대에 상속하였을 때의 세대 간의 자산격차의 대물림, 자산가치의 급락이 실물경제에 미치는 우려 등을 경고하고 있다.[24]

1989년 經濟白書[25]를 보면, 토지가격 급등의 요인은 통화량 증가로 인해 시중 여유자금이 부동산 투자로 몰렸기 때문이라 지적하고 자기실현적 기대심리가 증대할 경우, 토지가격의 상승은 더욱 증가할 것이라 예견하고 있다. 주택가격의 급등에 대해서는 대출금리의 인하가 그 원인이기는 하나 그렇게 심각한 요인은 아니라는 의견을 내놓았다.

또한 주식가격의 급등에 대해서는 주가는 펀더멘탈로부터 격리되어 있을 가능성이 크다고 보고, 앞으로 폭락할 가능성도 있다고 예상하고 있다(이때 '버블'이라는 용어를 쓰고 있다).

1990년의 經濟白書에는 자산가치의 급등에 의한 "소득격차, 자산격차" 문제에 대해서 심각하게 논하고 있다. 동시에 부동산가격의 폭등이 있는 대도시와 그러하지 않는 지방도시와의 격차에 대해서도 지적하고 있다.

④ 日本銀行의 인식

日本銀行의 "調查月報"와 "金融硏究"에 의하면, 1986년 11월 27일 日

---

24) 참조: 昭和63年 年次經濟報告書 "第4章 豊かな国民生活の課題", 日本經濟企劃廳 1988年8月5日.
25) 참조: 平成元年 年次經濟報告書 "第4章 日本経済のストック化", 日本經濟企劃廳 1989年8月8日.

本銀行 총재는 "부동산가격 상승에 있어서 금융완화가 하나의 요인인 것을 부정할 수 없으며, 日本銀行은 이 현상에 연관이 있다는 인식을 이미 가지고 있었다"라고 발언하였다.

1987년 4월 "調査月報"에서는 "통화유통량의 증가는 주식, 부동산 등의 거래수요를 증대시킨 면이 강하다"면서 그러한 사태를 피하기 위해서는 "통화 공급량 등의 유동성 전반의 추이에 대해서 더욱 주의를 할 필요가 있으며 금융기관 쪽에서도 이전보다 더욱 절도 있는 융자태도를 취할 필요가 있다"라고 언급하고 있다.

전체적으로 보면 경제전문잡지, 日本經濟企劃廳, 日本銀行 등은 버블의 정점인 1989년, 1990년 사이에 버블경제의 위험성을 간파하고 있었던 것으로 보인다. 그러나 신문의 경우에는 버블에 대한 인식이 희박하였고, 오히려 내수확대 주장, 금리인상 반대의견을 내놓았다. 특히 당시 세계 최강의 경제력을 자랑하던 일본으로서는 당연히 일본이 세계경제를 견인해나가야 한다고 생각했으며, 자신들이 보유하고 있는 자산의 가치가 급등하였을 때에도 그 평가는 정당한 것으로 인식하였다. 당시의 과열현상이 결코 버블이 아닌, 경기의 활성화 현상이라고 생각하였다.

(2) 경기호황과 버블에 대한 인식도

그러면 당시의 일본경제는 전 세계에서 어느 정도의 위치에 있었을까? 버블의 절정기였던 1990년, 1991년의 일본의 경제상황을 알아보자.

그 나라의 경제규모를 나타내는 국내총생산(GDP)을 보면,

〈표 1〉 각국 국내총생산 비교 26)

(단위: 백만 달러)

1990년			1991년		
순위	국가	국내총생산	순위	국가	국내총생산
1	미국	(GNP)27) $5,233,300	1	미국	(GNP) $5,465,000
2	소련	(GNP) $2,659,500	2	일본	(GNP) $2,115,200
3	일본	(GNP) $1,914,100	3	독일	1,157,200
4	독일	945,700	4	프랑스	873,500
5	프랑스	819,600	5	영국	858,300
6	영국	818,000	6	이태리	844,700
7	이탈리아	803,300	7	캐나다	516,700
8	캐나다	513,600	8	스페인	(GNP) $435,900
9	스페인	(GNP) $398,700	9	중국	(GNP) $413,000
10	브라질	377,000	10	브라질	388,000
14	한국	200,000	13	한국	238,000

　　일본은 1990년 미국, 소련(지금의 러시아)에 이어 세계 3위, 1991년
에는 한 단계 상승하여 세계 2위의 경제규모를 가지고 있었다. 수출,
수입, 대외부채 규모 등을 보아도 당시 일본경제의 호황을 알 수가
있다.

---

26) 출전: Country Ranks 1990, source from 1990 CIA World Factbook,
http://www.theodora.com/wfb/1990/rankings.

27) 주: 일부 수치는 GNP가 쓰여져 있음. 1980년대나 1990년대 초반에는 그 나라의 경제 규모, 성장을 측
정하는 데 GNP(국민총생산)를 썼음. 그 이후는 주로 GDP가 채택됨. GNP(국민총생산)와 GDP(국내총생산)
의 차이는 외국에 거주하는 자국민의 생산활동이 포함되는지의 여부인데, GNP는 이를 포함한다. 대체로
채권국의 경우는 GNP가 GDP보다 크거나 같은 규모라 할 수 있다.

〈표 2〉 일본의 수출입과 대외부채[28]

(단위: 백만 달러)

수출

1990년			1991년		
순위	나라	금액	순위	나라	금액
1	독일	323,400	1	미국	393,900
2	미국	322,300	2	독일	324,300
3	일본	270,000	3	일본	286,500
4	프랑스	183,100	4	영국	188,900
5	영국	151,000	5	프랑스	181,200
13	한국	62,300	14	한국	65,000

수입

1	미국	440,900	1	미국	516,200
2	독일	250,600	2	독일	247,700
3	일본	210,000	3	일본	234,700
4	프랑스	194,500	4	영국	222,000
5	영국	189,200	5	프랑스	201,600
13	한국	61,300	15	한국	70,000

대외부채

1	미국	532,000	1	미국	581,000
2	캐나다	247,000	2	캐나다	247,000
3	호주	111,600	3	호주	123,700
4	브라질	109,000	4	브라질	122,000
5	멕시코	95,100	5	멕시코	96,000
18	한국	30,500	20	한국	31,700
145	일본	NA	145	일본	NA

---

28) 출전: Country Ranks 1990, 1991, source from 1990/1991 CIA World Factbook,
http://www.theodora.com/wfb/1990/rankings.

일본은 수출입 규모에서는 1990년, 1991년 모두 세계 3위를 기록하고 있으며, 대외채무에 있어서는 미국이 세계최대의 채무국이었으나, 일본은 대외 채무액이 0원으로 세계 최하위이자 세계 최대 채권국이었다.

위의 자료를 보면, 일본은 독일과 더불어 당시 가장 강하고 건전한 경제구조를 가진 나라로서, 세계최강의 경제대국이었음에 틀림이 없었다. 여기서부터 앞에서 언급한 日本經濟新聞 1989년 2월 26일 자 "일본 앵카론"과 경제전문지 東洋經濟의 1990년 6월 23일 자의 "일본, 독일에 의한 세계경제의 견인"이라는 기사가 나오게 된다.

"일본앵커론"과 더불어 당시 일부 일본인들 사이에 회자되고 있었던 것이 "팩스 재패니카(Pax Japanicana)"이다. 즉 미국과 소련의 양대 국가에 의해 세계질서가 유지되던 2차 대전 이후를 '팩스 러소-아메리카나(Pax Russo-Americana)'라고 한다면, 공산진영이 붕괴 된 후의 미국 독주시대를 '팩스 아메리카나(Pax Americana)'라고 하였다. 이와 유사하게 세계 최강의 경제력과 자산가치의 급등을 경험하고 있었던 당시의 일본인은 "세계의 평화가 일본인에 의해 유지될 수 있다"는 생각을 가지게 되었고, 이를 '팩스 재패니카나'라 불렀다.

이러한 인식에서 일본은 전 세계의 주식, 채권, 부동산, 미술품을 구입하기 시작했다. 미국 뉴욕의 록펠러센터의 주인은 일본기업이 되었다. 일본의 언론이나 일반 국민들이 당시의 자산가치의 급등에 대해 우려내지 의심을 하지 않았던 이유의 하나가 일본경제에 대한 자신감과 자부심이었다. 실제적으로 버블붕괴 후에 日本銀行의 경제연구소에서도 당시의 낙관론과 열광몰입을 버블경제의 원인으로 지적하고 있다. 이 분석에 의하면29),

버블경제의 발생 확대의 원인으로

－금융기관행동의 적극화

－금융자유화의 진전

－자기자본비율 규제의 도입

－장기간에 걸친 금융완화

－지가상승을 가속시키는 세제

－국민의 자신감 도취

－동경의 국제금융센터화, 세계최대의 채권국, 무역수지 흑자

등을 들고 있다.

즉 동경이 세계금융의 중심지가 되고, 세계경제를 이끌어 간다는 일본국민의 자신감과 도취가 버블경제에 대한 인식을 늦추게 한 원인 중의 하나였다는 일본 경제전문가들의 분석이다. '그 집단에 속해 있는 구성원들이 자신의 집단에 대해 지나친 자부심과 열광, 도취' 현상을 보일 때, 그것이 버블징후 중의 하나였음을 버블이 제거된 후에 알게 되는 것이다.

(3) 일본 교과서의 버블 인식 정도

앞에서 신문, 경제잡지, 經濟企劃聽, 日本銀行의 버블에 대한 인식 정도를 보았는데, 이번에는 버블을 경험한 기성세대는 다음 세대에게 이 버블경제를 과연 어떻게 설명하고 가르치고 있는지를 일본의 고등학교 역사, 경제 교과서30)를 통해 알아보자.

---

29) 翁 利雄. 白川方明. 白塚重典 "資産價格バブルと金融政策、1980年代後半の日本の経験とその教訓" 金融研究、 2000年12月、日本銀行金融研究所 pp.277～279.

① 出川出版〈詳說 日本史B〉 p.384

　변동환율제 시행 이래 円高(엔화 강세) 현상이 계속되었으나 1985
년 5개국 경제장관회의(G5)에서의 합의(Plaza합의) 이후에 엔화 강세
현상이 더욱 가속화하여 수출산업을 중심으로 불황이 심각화하였으
나 곧 내수확대에 힘입어 경기가 호전되었다.

　그러나 내수확대에 힘입어 경기는 호전되었으나, 초 저금리 정책
하에서 금융기관이나 기업에 몰려 있던 자금이 부동산시장과 주식시
장에 유입, 1987년부터는 실체와는 거리가 먼 거품과 같이 지가와 주
가는 투기적 급등을 보였다. 또한 멈추지 않는 円高 때문에 유럽이나
아시아로 생산 거점을 옮기는 기업이 등장, 국내산업의 공동화가 진
행되었다.

　1990년 초반부터는 주식가격이, 1991년부터는 토지가격이 하락하
기 시작, 버블경제는 붕괴하였다. 이로 인해 대량의 불량채권을 안고
있던 금융기관은 경영이 악화되고 이것이 실물경제에도 영향을 끼쳐
불황으로 빠지게 되었다.

　각 기업은 생존을 위해 사업규모 축소, 인원정리, 해외사업 전개
등의 경영 효율화를 추진하였으나 결과적으로 대량실업, 고용불안,
가계소비 저하 등을 불러일으켜 경제불황은 더욱 심각화하였다.

---

30) 일본의 역사 교과서는 국가가 공인한 국정교과서가 아닌 검인정 교과서이다. 각 학교는 검인을 받은 여러
　　권의 역사책 중에서 한 권을 선택하여 학생에게 가르침. 여기서는 교과서원문을 번역하여 인용하였다.

그래도 집을 사시겠습니까?

② 實況出版〈政治 經濟〉p.108

　1980년대 전반에는 미국달러 강세정책의 영향을 받아 일본의 무역 흑자는 급속히 증대, 여러 나라와 무역마찰을 일으키게 되었다. 1985년 미국에 의해 円高가 급속하게 진행, 수출이 어렵게 되어 円高불황이라고 불리는 경기후퇴를 경험하게 되었다. 그러나 일본경제는 기술혁신과 경영합리화에 의해 다시 불황을 극복하게 되었는데 특히 자동차, 통신기기, 반도체, 컴퓨터, 사무용 기기 등의 하이테크 산업분야에서 수출을 증대, 1986년 12월부터 1991년까지 장기호황을 맞이하게 되었다.

　이리하여 일본경제는 GDP상 세계의 17%를 생산할 정도로 크게 성장하였고 무역흑자, 대외 순자산의 규모로는 세계 제일이 되었다. 그러나 1980년 후반부터는 일본의 경제는 실체경제와는 동떨어진 경향을 보이고 있었다.

　기업은 생산활동보다 주식, 부동산, 외환 등의 투기로 이익을 올리려는 재테크에 더욱 몰두하게 되었다. 금리 자유화를 배경으로 저금리의 풍부한 자금이 주식과 토지구입으로 몰려 주가와 지가가 상승하였다. 그 결과 취득 시의 가격과 시가와의 차액인 시세차익이 거품처럼 부풀어올라 경제실체와는 너무나 동떨어진 이상사태가 발생하게 되었다.

　이로 인해 경제활동은 일시적으로 활발한 것처럼 보였으니 1990년대가 되어 주가와 지가가 하락, 드디어 버블경제는 붕괴하였다.

　금융기관은 거액의 회수 불가능한 불량채권 때문에 경영 악화에 몰리게 되었고 은행은 이러한 기업에 대해 자금대출을 꺼리게 되어 경제는 더욱 불황으로 빠져들었다.

③ 東京書籍 〈現代社會〉 p.92

　1970년대 석유위기를 산업구조 전환과 기업의 합리화로 극복한 일본경제는 다시 활력을 띄게 되어 선진공업국을 능가하는 성장률을 보였다.

　그러나 1985년 프라자합의를 원인으로 円高가 급속하게 진행, 수출의존의 일본경제는 막심한 타격을 받아 円高불황이라는 심각한 불황에 빠지게 되었다. 円高를 피하기 위해 해외로 공장을 이전하는 회사가 속출. 국내산업 공동화를 초래하였다.

　한편으로 국내기업은 적극적 투자를 실시하고 일본정부도 내수확대정책을 폈기 때문에 경기는 점차 회복, 1980년대 후반부터 1990년대 초반에 걸쳐 일본경제는 平成景氣(헤이세이 경기)라고 불리는 장기간의 호황을 누리게 되었다. 平成景氣는 버블경기라고도 불리고 있다. 저금리로 인해 쉽게 자금을 조달한 기업은 이를 주식과 토지구입에 사용하였다. 이로 인해 주가와 지가는 타당하다고 생각되는 수준을 넘어 급격하게 상승, 버블이라는 현상을 보여주었다. 이러한 경제의 버블화는 자산가격 증대라는 의식 속에 소비자의 소비의욕을 자극, 고급승용차나 수입브랜드 품이 날개 돋친 듯 팔리게 되었다. 그러나 1990년 들어와 지가와 주가는 하락하기 시작, 버블경제는 4년 만에 막을 내리게 되었다.

　버블이 붕괴하자 심각한 불황이 닥쳐왔다. 이 불황은 2가지의 요인이 중복되어 발생하였다 하여 복합불황으로 불린다. 한가지 요인은 설비과잉으로 흔히 경기후퇴국면에서 보이는 현상이다. 또 다른 요인은 금전적 요인으로, 버블경기 시에 은행이나 논뱅크는 부동산의 취득 개발을 위해 자금을 융자했는데 버블 붕괴로 의해 상당액이 회수불능이 되어 많은 불량 채권을 안게 되었다. 이에 따른 은행의 대출기피로 인한 자금부족으로 도산하는 기업(특히 중소기업)이 속출하였다.

이상의 일본의 고등학교 역사, 경제교과서에 의하면, 버블경제의 붕괴과정을 대체로 다음과 같이 서술하고 있다.

> Plaza합의에 의한 円高 ⇒ 수출부진 ⇒ 기술향상 ⇒ 내수확대정책(저금리정책) ⇒ 경기회복 ⇒ 저금리정책, 내수확대, 금융규제완화 ⇒ 부동산, 주식에 자금유입 ⇒ 현실과 동떨어진 주가와 부동산가격 ⇒ 고금리정책, 토지세제, 금융긴축정책 ⇒ 급격한 가격하락 ⇒ 은행의 불량채권 ⇒ 대출회피 ⇒ 기업 구조조정, 해고(특히 중소기업) 도산 ⇒ 소득감소 ⇒ 매출감소 ⇒ 다시 설비, 인원감축 ⇒ 불경기의 연속

위의 과정에서 눈여겨보아야 할 것은 버블을 일으킨 직접적인 원인은 무엇인가에 대한 관점이다. 다음의 두 가지 관점에서 생각해볼 수 있다.

첫째, 일본정부의 내수확대를 위한 저금리 정책으로 버블이 일어났으며, 고금리정책, 토지세제, 금융긴축정책에 의해 버블이 해소되었다. 그러므로 일본정부의 정책에 의해 버블이 일어났으며 해소되었다는 관점과 둘째, Plaza합의에서 미국은 일본의 대미(對美) 무역수지 개선을 위해 일본에 일본 엔의 가치절상을 요구했는데, 이는 미국 달러화의 약세를 의미한다. 일본은 이 약속을 지키기 위해 円高정책을 펴면서 동시에 내수확대를 위해 저금리정책을 폈다. 이것이 유동성을

확대시켜 버블을 유발시켰다. 그러므로 버블의 시초는 미국에 의해 주도된 Plaza합의다. 즉 일본정부의 정책의 잘못을 지적하는 사람도 있고, 미국이 주도한 Plaza합의 자체가 버블을 일으켰다고 생각하는 사람들도 있다.

당시 미국은 재정수지, 경상수지 적자를 보이고 있었으며 무역수지 또한 적자를 기록하고 있었다. 그중에서 특히 대일(對日) 무역수지에서 미국은 큰 적자를 보고 있었기 때문에 이를 수정하기 위해 미국은 일본의 엔화의 가치를 올리도록 요구하였던 것이다. 円高에 의해 일본의 수출품은 가격 경쟁력이 떨어져 불리할 것이라고 생각했기 때문이며, 이로 인해 미일 간의 무역적자를 줄일 수 있다고 생각했던 것이다(이것은 2010년 서울의 G20회의에서 미국이 중국에 대해 요구하고 있는 것과 동일한 것이다).

일본은 이 요구를 받아들였고, 경기가 위축될 가능성이 있다고 본 일본정부는 내수확대를 위해 저금리 정책을 폈다. 동시에 금융규제를 완화시켜 일본의 기업들이 자유롭게 해외에서 자금을 조달하도록 하였다. 결과적으로 시중 통화량이 늘어나고 그 여유자금은 주식과 부동산으로 향하게 되었던 것이다.

동시에 국제금융의 중심이 된 동경에 많은 외국기업이 시장진입을 하게 되었고 이로 인해 부동산에 대한 투기적 수요가 발생하여 부동산의 가치가 급등하게 되었다.

그러나 일본정부는 이를 거품이라는 인식을 하게 되었고, 자산소득에 대한 사회적 불평등감, 격차문제의 발생 등을 우려하여 거품제거에 나서게 된다. 금리 인상, 대출규제, 부동산 관련 세제의 강화로 거품은 일시적으로 꺼지게 되었다. 이러한 일본의 '잃어버린 10년'이

미국과의 '머니전쟁'에서 일본이 패했기 때문인지, 아니면 버블이 발생하도록 한 일본정부의 정책적 실수인지 보는 관점에 따라 의견은 다를 것이다. 그런데 자국에 대한 자신감과 열광이 버블의 붕괴로 깨어졌을 때, 이를 미국과의 전쟁에서 패배로 보는 일부 일본인의 시각도 있다.

故 吉川元忠 神奈川大学 教授의 저서 "マネー敗戦"31)의 序文을 보면,

─생각해보면, 1980년대 이후 미국에의 자동차 수출 자율규제, 반도체 협정, 슈퍼 301조 등, 매일 신문지상을 장식했던 기사처럼 미국은 일미간의 무역수지 불균형에 비명을 올리고 있었다. 역으로 일본은 미국과의 산업 경쟁에서 계속 이기고 있는 것처럼 보였던 수출산업의 모습에 자부심을 가졌던 것이다. 그러나 그 '무역전쟁의 결말'(당시는 이런 단어까지 사용하였다)은 어떠하였는가?

최근 일본과 미국 간의 경제의 재역전에 대해서 이런 설명을 하고 있다. "일본은 물건 만드는 데는 이겼으나, 금융에서 졌다"라고. 이것은 어느 의미에서는 핵심을 맞춘 표현이라고 말할 수 있다. 단, 이 표현을 제조부문은 전체적으로 미국과의 경쟁에서 일본이 이겼지만, 금융부문 쪽은 지고 말았다라고 단순하게 이해해 버리면 이는 오히려 문제의 본질에서 멀어지고 있는 것이다. 이

---

31) 인용: 吉川元忠, "マネー敗戦〃 序文", 文芸新書, 1998年10月.

런 이해방식은 "토요타는 이겼는데, 東京三菱銀行은 졌다"고 하는 것과 같이, 물건 만드는 것과 금융을 동급에 두는 발상에서 생겨난 것이다. 물건을 만들어 판다고 하는 경제행위가 있는 반면에, 팔아서 얻은 돈을 소비한 후의 잉여금을 운용하는 경제행위도 있다. 물건의 경제와 돈의 경제는 코인의 양면과 같이 한가지로 취급해야만 한다.

"무역, 돈의 움직임"과 "돈, 자본의 움직임"이 일체라고 한다면, 1980년대의 일미무역전쟁의 이면에서는 일본과 미국의 머니전쟁이라고도 할 수 있는 사태가 벌어지고 있었을 것이다. 미디어는 이런 것을 거의 논하지 않았지만, 사실은 일본은 후자의 "전쟁"에 패배한 것이다. 아니, 조금 더 정확하게 말하면, 후자의 "전쟁"의 의미를 명확하게 의식하고 있었던 자는 머니 경제우위의 세계를 만들어내고자 했던 미국뿐이었다. 이것이 오늘의 고난을 부른 근본적인 원인이었다.

참고로, 2011년 현재, 중국은 일본의 예를 밟지 않기 위해 미국이 요구하는 위안화의 절상에 대해 상당한 거부감을 보이고 있다.

CHAPTER 3

버블경제의 배경

앞의 일본 교과서에서 버블경제의 발단을 "프라자합의" 또는 "미국에 의한 円高"라고 언급하고 있다. 즉, 세계 5개국 경제장관(일본, 미국, 영국, 독일, 프랑스) 및 중앙은행총재가 참가한 이 회의에서 각국은 일본에 대해서 엔화의 평가절상(円高)과 보호주의 철폐를 요구하였는데, 일본 교과서는 이것을 일본의 버블경제의 발단으로 보고 있는 것이다. 또한 버블경제의 붕괴 이후 버블경제에 대한 수많은 원인분석, 교훈, 반성, 대책 문건들이 나와 있는데, 대체적으로 이 "프라자합의"가 일본 버블경제의 근본적 원인이었다는 사실에 많은 전문가와 학자들이 공감하고 있다.

그렇다면 왜 프라자합의에서 일본통화의 가치를 올리기로 했을까? 이것은 세계 제일의 경제규모를 자랑하는 미국의 경제사정이 있었기 때문이다.

프라자합의의 배경을 살펴보자. 참고로 2011년도 현재에 벌어지고 있는 미국과 중국의 갈등은 "프라자합의"의 당시와 너무나 흡사한 상황이다. 단지 미국의 상대가 일본에서 중국으로 바뀐 형상일 뿐이다.

미국의
경제상황

(1) 미국의 주요경제지표

당시 미국의 주요 경제지표를 보자.

〈표 1〉 미국 주요 경제지표[32]

연도	1981	1982	1983	1984	1985	1986	1987	1988	1989
실질GDP 성장률(%)	1.8	−2.2	3.9	6.2	3.2	2.9	3.1	3.9	2.5
재정수지 (10억 달러)	−79.0	−128	−207.8	−185.4	−2,123	−2,212	−1,497	−1,552	−152.6
경상수지 (억 달러)	72	−58	−401	−989	−1,222	−1,454	−1,602	−1,263	12
무역수지 (10억 달러)	−22.3	−27.5	−52.4	−106.7	−117.7	−138.3	−152.1	−118.5	−109.4

1981년부터 1989년 사이는 레이건 대통령 시절이다. "프라자합의"
가 1985년 9월 22일 뉴욕의 Plaza호텔에서 열렸는데, 1985년 이전의

---

32) 참조: U.S. Census Bureau, Federal Government Finance & Employment Table 458, Foreign Commence & Aid Table 1283, http://www.census.gov/compendia/statab.

미국의 주요 경제지표를 보면, 재정수지, 경상수지, 무역수지 모두가
적자를 면하지 못한 상태였다. 레이건 대통령은 취임하자 개인 소득
세를 대폭 삭감하였으나 재정지출은 유지함으로써 정부의 재정적자
가 발생하게 되었다. 또한 무역수지에 있어서도 적자상태였는데, 당
시의 미국무역수지를 자세히 살펴보자.

<표 2> 미국의 무역수지차[33]

(단위: 10억 달러)

연도	수출	수입	수지차
1981	238.7	261.0	−22.3
1982	216.4	244.0	−27.5
1983	205.6	258.0	−52.4
1983	205.6	258.0	−52.4
1984	224.0	330.7	−106.7
1985	218.8	336.5	−117.7
1986	227.2	365.4	−138.3
1987	254.1	406.2	−152.1
1988	322.4	441.0	−118.5
1989	363.8	473.2	−109.4

미국의 무역수지 적자는 1981년에는 220조 달러에 이르렀으나,
1984년에 이르러 급격하게 늘어나기 시작, 프라자합의가 일어났던
1985년에는 무려 1,170조 달러에 달하였다

급등한 무역수지 적자에 대해서 미국의회는 정부를 맹렬하게 비난
하며 미국의 보호주의를 주장하였고, 그 적자폭을 줄이라고 강력하게
요구하였다.

---

33) U.S. Census Bureau, Foreign Commence & Aid, Table 1283.
http://www.census.gov/compendia/statab.

그래도 집을 사시겠습니까?

(2) 일본에 대한 압력

그러면 1980년부터 "프라자합의"가 열리던 1985년 사이의 미국의
무역수지에 대해 좀 더 알아보자.

〈표 3〉 각국별 對美 무역수지차[34]

(단위: 백만 달러)

국명		1980	1981	1982	1983	1984	1985
캐나다	수출	35,395	39,564	33,720	38,244	46,524	47,251
	수입	41,459	46,414	46,477	52,130	66,478	69,006
	무역수지차	−6,064	−6,850	−12,757	−13,886	−19,954	−21,755
프랑스	수출	7,485	7,341	7,110	5,961	6,037	6,096
	수입	5,265	5,851	5,545	6,025	8,113	9,482
	무역수지차	2,220	1,490	1,565	−64	−2,076	−3,386
영국	수출	12,694	12,439	10,645	10,621	12,210	11,273
	수입	9,842	12,835	13,095	12,470	14,492	14,937
	무역수지차	2,852	−396	−2,450	−1,849	−2,282	−3,664
독일	수출	10,960	10,277	9,291	8,737	9,084	9,050
	수입	11,693	11,379	11,975	12,695	16,996	20,239
	무역수지차	−733	−1,102	−2,684	−3,958	−7,912	−11,189
일본	수출	20,790	21,823	20,966	21,894	23,575	22,631
	수입	30,714	37,612	37,744	41,183	57,135	68,783
	무역수지차	−9,924	−15,789	−16,778	−19,289	−33,560	−46,152
한국	수출	4,685	5,116	5,529	5,925	5,983	5,956
	수입	4,147	5,227	5,637	7,146	9,353	10,013
	무역수지차	538	−111	−108	−1,221	−3,370	−4,057
미국 전체	총수출[35]	220,783	233,739	212,275	200,538	217,888	213,146
	총수입[36]	244,871	261,306	243,952	258,048	325,726	345,276
	총무역수지	−24,088	−27,567	−31,677	−57,510	−107,838	−132,130

---

34) U.S. Census Bureau, Foreign Commence & Aid, Exports, Imports and Merchandise Trade Balance by
Areas and countries, Statiscal Abstract of the United States 1985 Table 1446, 1987 Table 1406로부
터 작성.

위의 일본의 대미 무역흑자는 1980년부터 증가하기 시작, 1985년까지 계속 늘어나고 있는데, 그 규모는 다른 나라에 비해 대단히 큰 것이었다. 미국의 전체 무역적자 중에서 일본이 차지하는 비율(즉 일본의 대미 흑자)을 보면,

<표 4> 각국의 대미 무역 흑자비율[37]

국가	1980	1981	1982	1983	1984	1985
일본	41.2%	57.3%	53.0%	33.5%	31.1%	34.9%
캐나다	25.2%	24.8%	40.3%	24.1%	18.5%	16.5%
독일	3.0%	4.0%	8.5%	6.9%	7.3%	8.5%
영국	−11.8%	1.4%	7.7%	3.2%	2.1%	2.8%
한국	−2.2%	0.4%	0.3%	2.1%	3.1%	3.1%

일본은 미국의 무역적자 중에서 1980년부터 1982년 사이에는 50%를 차지하고 있으며(즉 미국으로부터의 무역 흑자를 일본이 대부분 차지하고 있음), 이후에도 계속 대미 무역흑자를 기록하고 있다.

당시의 일본은 기술혁신에 따른 뛰어난 제조기술을 보유하고 대외 수출에 박차를 가하고 있을 때이다. 일본의 전체 무역수지는 1983년을 기점으로 눈덩이처럼 불어났고 대미 수출의 무역수지 흑자도 1981년부터 급속하게 늘어나게 되었다.

그러나 일본국민은 질 좋은 자국상품을 선호하여 소비함으로써 일

---

35) 참고: 위의 총수출 금액에는 대외 군사적 지원(Military Aid Program), 대외원조(Grant-Aid), 재수출액(Re-exporting)은 제외되어 있다.

36) 참고: 일상 생활용품이 포함되어 있는 금액.

37) 출처: U.S. Census Bureau, Foreign Commence & Aid, Exports, Imports and Merchandise Trade Balance by Areas and countries, Statiscal Abstract of the United States 1985 Table 1446, 1987 Table 1406로 부터 작성.

미 간의 무역수지 개선은 좀처럼 이루어지지 않게 되었고, 이를 본 미국은 실제로 압박을 가하기 시작하였다. 가장 호조를 보였던 대미 일본자동차 수입을 제한하도록 압력을 넣기 시작하였던 것이다. 이에 호응하여 일본의 무라타(村田) 통산성 장관은 다음과 같은 담화를 1983년 3월 28일 발표하였다.

- 자동차 수출 자유규제 계속 문제, 대미 자동차 수출 자유규제 계속에 관한 무라타 통산성 담화(自動車輸出自主規制継続問題, 対米自動車輸出自主規制継続に関する村田通産相談話)[38]

"(앞부분 생략) 일본 차에 대한 수요가 강한 중에 미국에의 승용차 수출이 급증하여 미국자동차 산업을 둘러싼 혼란이 일어날 우려가 있다.

이러한 사태가 발생하는 것은 일미 각각의 경제에 중요한 지위를 차지하고 있으며 상호협력관계가 진전되고 있는 양국 자동차 산업의 장기적 발전에 있어서도 좋은 일이 아님은 명확하다.

통산산업성으로서는 이러한 (일본자동차의) 수출급증의 사태를 회피하고 자유로운 무역을 실현하기 위한 과도적 조치로써 우리나라 독자의 판단에 따라 1985연도에는 절도 있는 대미 승용차수출을 확보하기 위해 자동차 기업 각 사에 대해 개별적으로 신중하게 수출을 행하도록 지도하기로 한다."

---

38) 東京大学東洋文化研究所、田中明彦研究所 "データベス 世界と日本", 戰後日本政治外交 、国際関係, "日米関連資料集" 1971~2005 참조. http://ioc.u-tokyo.ac.jp.

미국의 레이건 대통령은 1983년 11월 일본의 나카소네 야스히로(中曽根康弘)총리를 방문하여 이 무역적자폭을 좁히기 위한 회담을 행하였다. 11월 10일 양국 정상회담이 성공적으로 끝나고, 다음날인 11월 11일, 나카소네 총리는 외국제품 수입 확대를 권장하는 담화문(製品輸入拡大に関する中曽根内閣総理大臣談話)을 다음과 같이 발표하였다.[39]

"저는 기회가 있을 때마다 외국 제품수입의 필요성을 호소해 왔습니다만, 이번 우리나라를 방문하신 레이건 대통령과의 세계경제 및 일미관계 전반에 걸친 의견교환을 통해 그 중요성을 한층 깊이 인식하였습니다.

우리나라로서는 지금이야말로 무역의 균형확대와 조화 있는 대외경제관계의 형성을 위해서 우리나라 무역발전은 수입의 확대에 달려 있다는 인식하에 제품수입의 확대를 추진해나갈 필요가 있습니다.

제품 수입 촉진기간인 이번 달을 계기로 국민각위 그중에서도 산업계에 계시는 분들은 외국제품의 수입확대에 한층 노력하실 것을 다시 한번 부탁드립니다."[40]

또한 나카소네 일본총리는 직접 본인이 동경의 백화점에 들러 수입 넥타이를 구입하여 그 자리에서 메는 장면을 TV를 통해 보여주기도 하였다.

그러나 미국은 무역수지차를 개선하기 위해 고삐를 늦추지 않는다.

미국은 1985년 7월 30일 "대외경제개방의 추진, 시장개방행동계획

---

39) 東京大学東洋文化研究所、田中明彦研究所 "データベス世界と日本", 戦後日本政治外交国際関係, "日米関連資料集" 1971~2005 참조, http://ioc.u-tokyo.ac.jp.

40) 東京大学東洋文化研究所、田中明彦研究所 "データベス世界と日本", 戦後日本政治外交国際関係, "日米関連資料集" 1971~2005참조, http://ioc.u-tokyo.ac.jp.

의 골격의 요지"(対外経済開放の推進, 市場開放行動計画(アクションプロ グラム)骨格の要旨)[41]라는 담화문을 일본이 발표하게 한다.

이 액션플랜에 의하면,
- 정부개입의 축소
- 적용대상품목 축소 규격기준 항목 삭감 완화
- 수입통관과정의 간소화
- 금융자본시장의 자유화
- 법률시장 개방
- 운수업의 외국기업 참여
- 보험업의 진출
- 일본 내 거주 외국인에 대한 국민의료보험 적용
- 해외여행의 촉진
등의 요구사항이 포함되어 있다.

---

41) 참조: 상동.

2

프라자합의
(Plaza Accord)

계속되는 재정적자, 무역적자에 미국은 뉴욕의 프라자호텔에 G5의 경제장관과 중앙은행총재를 초청, 이 문제를 협의하였다. 이 회의에서 5개 참가국이 합의한 사항은 일본은 "보호주의를 완화하고 수입을 확대시키며 엔화가치를 상승시키고 수입품을 소비할 수 있도록 소비자금융과 주택금융시장을 확대하라"는 것이었다.

이 당시 독일도 대미 무역수지가 일본에 이어 상당한 흑자를 기록하고 있었다. 따라서 미국은 독일에 대해서도 보호주의 무역완화, 국내소비촉진, 정부참여 감소를 요구하였고, 영국에 대해서는 공공부문 기업의 민영화, 보호무역주의 완화, 프랑스에게는 금융시장의 자유화를 위한 조치를 언급하였다(2011년 현재에도 독일은 미국에 상당한 수출을 하고 있으며 대미 무역수지흑자를 보고 있다. G20에서 미국은 독일에게도 무역수지 개선을 요구했으나 독일은 "그러한 무역수지는 자국의 우수한 기술력에 기인한다"라고 주장하며 미국의 요구에 반발하고 있다).

결론적으로 보면, 미국은 당시 대미무역수지 흑자를 즐기고 있던 일본, 독일에 대해서 시장개방 내지 환율인상을 요구한 것이다.

1985년 9월 22일 발표된 "프라자합의 성명"42)(5ヵ国蔵相・中央銀行
総裁会議声明)은 다음과 같다.

1. 프랑스, 서독, 일본, 영국 및 미국의 재경장관 및 중앙은행 총재
   는 오늘,

1985년 9월 22일 상호합의와 관련하여 다음 서울에서 개최되는 회
의의 사전준비의 일부로서 회합을 가지게 되었다. 참석자는 각국의
경제발전과 정책을 재검토하고 경제전망 대외수지, 그리고 환율에 대
한 합의를 평가하였다.

1-9(생략)

10. (일부 생략) 특히 미국은 대규모의 경상수지적자를 보이고 있
    는데 특히 일본과 이보다는 조금 떨어지는 독일은 크나큰 경상
    수지 흑자를 지니고 있다.

11. 미국의 경상수지 적자는 다른 요인과 함께 보호주의의 압력에
    의한 것이며 이를 방치할 경우 세계경제에 중대한 해를 끼치며
    이는 상호 파괴적 보복에 이를 수 있는 우려가 있다.

(앞 부분 생략)

일본정부는 인플레가 없는 지속적인 성장을 확보하고 외국제품의
국내시장에의 충분한 진입을 제공하며 또한 엔화의 국제화 및 국내
자본시장의 자유화를 실행하는 정책을 취한다.

---

42) 東京大学東洋文化研究所、田中明彦研究所 "データベス世界と日本", 戦後日本政治外交
国際関係, "日米関連資料集" 1971~2005참조. http://ioc.u-tokyo.ac.jp.

특히 일본정부는 다음의 의도가 명백히 담긴 정책을 실시한다.

1. 보호주의에 저항하며 외국제품 및 서비스에 대한 일본 국내시장의 개방을 위해 7월 30일에 발표한 행동계획(액션 플랜)을 성실히 실시한다.
2. 강력한 규제완화조치의 실시에 의한 민간활력을 충실화한다.
3. 엔화 환율에 적절한 주의를 주며 금융정책을 탄력적으로 운영한다.
4. 엔이 일본경제의 잠재력을 충분히 반영하도록 금융자본시장의 자유화 및 엔화의 국제화를 강력하게 시행한다.
5. (생략)
6. 내수확대를 위한 노력은 소비자금융 및 주택금융시장 확대조치에 의한 민간소비 및 투자확대에 초점을 맞춘다.

이어 1986년 4월 14일 나카소네 총리는 미국을 방문, 워싱턴에서 다음과 같은 프라자 합의에 대한 협조성명(中曽根內閣総理大臣のプレス・リマークス)[43]을 발표하게 된다.

"(앞 부분 생략) 저는 (레이건) 대통령께 향후 일본의 경상수지 불균형이 국제적으로 조화될 수 있도록 착실히 축소시켜나가는 것을 일본국민의 목표로 삼고 노력해갈 결의를 표명하였습니다.

이를 위해 일본은 구조조정이라는 획기적 시책을 선택하며, 일본경제를 수출이 아닌 내수에 의존하게 하고, 수입, 특히(외국) 제품수

---

43) 東京大学東洋文化研究所、田中明彦研究所 "データベス世界と日本", 戰後日本政治外交
国際関係, "日米関連資料集" 1971~2005참조, http://ioc.u-tokyo.ac.jp.

입이 증가할 수 있는 경제구조로 변화시켜나갈 필요가 있다고 생각합니다(이하 생략)."

　연이어 일본정부는 향후 엔화의 가치상승, 내수확대, 금융규제 완화의 시책을 연달아 발표하기에 이른다.

CHAPTER 4

버블발생의 형성요인

프라자합의에 따라 일본은 먼저 달러화에 대한 엔화가치 상승의 시책을 펴게 된다. 엔화의 가치를 올리면 다른 나라에 비해 수출가격이 비싸져 수출경쟁력이 감소하여 대미 무역흑자가 줄어들 것이라는 판단하였기 때문이다.

엔화의
가치절상

(1) 엔 환율의 추이

실제로 프라자합의 이후의 달러당 엔화의 기준 환율의 추이를 보자.

〈표 1〉 엔화 환률의 추이[44]

연도	달러당 엔화 기준환률	연도	달러당 엔화 기준환률
1981	210.00	1992	130.00
1982	233.00	1993	118.00
1983	237.00	1994	107.00
1984	231.00	1995	93.00
1985	254.00	1996	106.00
1986	185.00	1997	120.00
1987	151.00	1998	130.00
1988	127.00	1999	118.00
1989	130.00	2000	106.00
1990	150.00	2001	119.00
1991	135.00	2002	130.00

---

44) 日本總務省 總務局. 日本長期統計系列 第18章 貿易 國際收支 國際協力. "18-10 外國爲替相場"로부터
작성. http://www.stat.go.jp/data/chouki/index.htm.

1985년 2월 13일의 1달러당 엔화 환율은 263.4엔이었지만, 프라자 합의(1985년 9월) 이후의 환율추이를 보면 1985년 말에 200.6엔, 1986년 1월에는 190엔, 2월에는 180엔대, 5월에는 160엔으로 엔의 가치가 가파르게 상승하였다.

1987년 말에는 122엔을 기록, 이후에도 엔화의 강세는 지속되었다.

이처럼 미국의 요구대로 엔화강세가 가파르게 진행되었는데, 실제적으로 이 엔화강세가 대미 무역수지에 어떠한 영향을 끼쳤는지 보자.

(2) 대미 무역수지차 추이

아래의 도표를 보면, 1985년 프라자 합의 이후의 円高정책에 의해 일본의 대미수출은 경쟁력에서 밀려 실제로 총 수출액이 1986년부터 줄어들기 시작하였다. 대미 무역수지의 추이를 보면, 1985년에 약 9조 3,690억 엔의 무역수지 흑자였으나 그 이후로는 점차 흑자규모가 감소, 2000년 현재까지 1985년의 실적을 회복하고 있지 못한다.

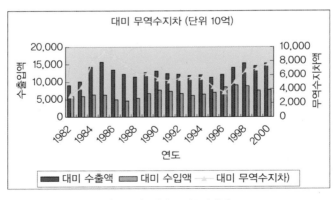

〈그림 1〉 대미 무역수지차[45)

따라서 대미 무역수지는 1985년 9조 3,690억 엔에서 버블의 전성기였던 1990년에는 5조 4.710억 엔으로 하락, 단순계산으로도 미국은 40%의 무역수지 개선의 효과를 보았던 것이다.

결과적으로 円高를 통해 대일 무역수지를 개선하고자 했던 미국의 의도는 성공하였다고 말할 수 있다.

〈표 2〉 프라자합의 이후의 일본 대미 무역수지 추이[46]

대미 무역수지
(단위: 10억 엔)

연도	총수출액	총수입액	무역수지
1982	9,015	5,990	3,025
1983	10,178	5,855	4,323
1984	14,221	6,363	7,858
1985	15,582	6,213	9,369
1986	13,564	4,918	8,646
1987	12,148	4,582	7,566
1988	11,487	5,388	6,099
1989	12,816	6,632	6,184
1990	13,057	7,586	5,471

(3) 일본 전체 무역수지 차의 추이

미국의 대일 무역수지차는 미국의 의도대로 개선을 보였지만, 프라자합의 이후의 일본의 전체 무역수지차는 어떻게 되었을까?

---

45) 日本總務省 總務局. 日本長期統計系列. 第18章 貿易 國際收支 國際協力. "18-1 主要國別我が国の輸出額". "18-2主要國別我が国の輸入額"으로부터 작성. http://www.stat.go.jp/data/chouki/index.htm.

46) 출전: 주47과 동일.

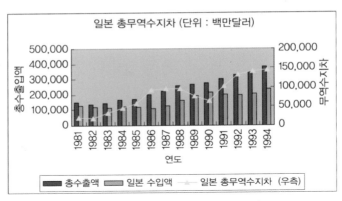

〈그림 2〉 일본의 총무역 수지차의 추이[47]

위의 그림을 보면 1985년 이후 일본의 수출은 오히려 늘어나고 있다. 반면에 수입은 별 변화가 없다가 1987년 이후 오히려 수입량이 늘어나고 있음을 볼 수가 있다. 그 이유에 대해서 알아보자.

〈표 3〉 일본의 전체 무역수지 차[48]

일본 총무역수지
(단위: 백만 달러)

연도	무역수지	수출	수입
1981	19,967	149,522	129,555
1982	18,079	137,663	119,584
1983	31,454	145,468	114,014
1984	44,257	168,290	124,033
1985	55,986	174,015	118,029
1986	92,827	205,591	112,764
1987	96,386	224,605	128,219
1988	95,012	259,765	164,753
1989	76,917	269,570	192,653
1990	63,528	280,374	216,846

47) 출전: 日本總務省 總務局, 日本長期統計系列, 第18章 貿易 國際收支 國際協力. "18-3 國際收支"
http://www.stat.go.jp/data/chouki/index.htm.

1985년 9월의 프라자합의 이후인 1986년, 1987년의 일본의 무역수지차를 보면, 円高임에도 불구하고 흑자폭은 크게 늘어났다. 이 이유는 크게 3가지로 들 수 있겠다.

첫 번째는 "J 커브효과(J-curve effect)[49]"다. 円高로 인해 수출경쟁력이 약해지고 수출액이 감소해야 하는데도 오히려 늘어나는 것은 円高로 인해 수출가격이 더욱 높아져 초기에는 오히려 수출액이 늘어나기 때문이다. 실제로 수출입 물량이 줄어들어 円高의 영향이 나타나는 것은 약 12개월이나 18개월 후라고 한다. 단일국가를 상대로 한 무역수지 개선의지와는 달리, 전체 무역의 경우는 다수의 국가를 상대로 거래를 하기 때문에 J커브 효과가 나타났다고 본다.

두 번째 이유는 원유가격의 하락이다. 사우디아라비아는 일본에 대해서 원유가의 수출가격을 인하, 1985년 1배럴당 27.3달러였던 것을 1986년 5월 이후에는 일본은 배럴당 12.9달러로 수입하게 되었다. 이로 인해 약 173억 달러의 무역흑자가 발생하게 되었던 것이다.[50]

세 번째는 円高로 인해 1985년에 비해 훨씬 낮은 가격으로 수입할 수 있으므로, 늘어나는 수출액에 비해 수입액은 감소되기 때문에 무역수지는 늘어나게 되었다.

1988년, 1989년에는 이미 버블경기가 상당히 진행되어 있었고, 이

---

48) 주49와 동일.

49) 한나라의 통화가치가 평가절하될 때, 환율의 변동과 무역수지와의 관계를 나타내는 것으로, 무역수지 개선을 위해 환율상승을 유도하더라도 초기에는 그 효과가 나타나지 않고 오히려 무역수지가 악화하는 현상. 일정시점(통상 12개월에서 18개월 후)이 경과한 다음에 무역수지가 개선된다. 즉 무역수지 개선을 위해 미국달러화의 가치를 절하하자 반대로 일본엔화의 가치는 상승하였다. 일본의 입장으로 보면, 円高이므로 수출이 악화되어야 하는데 오히려 증가하는 것은. 円高로 수출가격이 높아졌으므로 일본의 수출액은 늘어나고, 수출 물량이 줄어드는 데는 시간이 필요하기 때문이다. 그러므로 일본의 경우는 당분간 무역수지가 좋아지며, 미국은 오히려 무역수지차가 더 악화된다.

50) 참조: 經濟企劃廳, 年次經濟報告書 昭和61年8月15日、 "世界經濟環境の變化と國際收支".

에 따른 활발한 소비활동으로 인해 일본은 해외로부터 수입을 늘리게 된다. 버블의 절정기인 1990년에는 예년에 비해 무역수지가 악화되었으나 또 다시 1991년부터 일본의 무역수지 흑자는 더욱 불어나게 되었다. 이는 일본이 지니고 있는 세계제일의 기술력이 수출경쟁력을 높였기 때문이다.

그러나 1985년 9월의 프라자 합의 이후, 일본정부는 수출부진으로 인한 경기부진을 우려하여 1985년 10월 15일 내수확대를 위한 대책을 발표하게 된다.

(1) 금리인하

일본정부는 엔화가치 절상 이후, 내수의 지속적 확대를 위해 1985년 10월과 12월 두 번에 걸쳐 "내수확대를 위한 대책(內需拡大に関する対策)"을 발표하고 이를 위해 86년 1월30일부터 87년 2월 23일에 걸쳐 다음과 같이 금리 인하(공정할인율, 재할인율)를 단행하였다.

〈표 1〉 재할인율의 인하

실시일	공정할인율
1986.1.30	5.0 → 4.5%
1986.3.30	4.5 → 4.0%
1986.4.21	4.0 → 3.5%
1986.11.1	3.5 → 3.0%
1987.2.23	3.0 → 2.5%

금리를 2년 동안에 5번이나 내렸는데, 한 전문가의 견해[51]에 의하

---

51) 참고: 立松 潔, "バブル経済の金融的諸要因", 山形大学紀要 第26巻2号, 1996年1月.

면 첫 번째의 1986년 1월과 마지막 1987년 2월만 제외하고 1986년 3월, 4월, 11월의 세 번의 금리인하는 미국의 1986년 11월에 앞둔 중간선거를 위한 '협조 금리인하'라는 주장이 있다.

왜냐하면 미국은 선거를 앞두고 7월, 8월에 금리를 인하했는데 금리 인하는 시중자금 풍부－호경기－달러수요 증가－달러화 인상－타국통화 인하－자국 수입촉진이 되므로 이로 인해 수지적자를 발생시킬 가능성이 있으므로 일본이나 독일도 동일하게 인하시켜 보조를 맞추었다고 한다. 실제 당시에 상당한 대미 무역흑자를 기록하고 있던 독일도 금리를 인하하였다.

당시 일본의 주요 금리상황을 보면,

〈표 2〉 주요 금리수준[52]

(단위: %)

연도	재할인율	보통예금 금리	단기대출 금리	장기대출 금리	도시은행 주택 론	주택금융 公庫 론
1985	5.00	1.50	5.50	7.20	7.68	5.50
1986	3.00	0.26	3.75	6.20	5.50	5.25
1987	2.50	0.26	3.375	5.70	5.70	4.60
1988	2.50	0.26	3.375	5.70	5.70	4.55
1989	4.25	0.50	5.750	6.50	6.00	4.55
1990	6.00	2.08	8.250	8.10	8.50	5.50

재할인율이 1985년 5.00%에서 1988년 2.50%로 인하됨과 동시에 보통예금 금리도 1.50%에서 0.26%로, 그리고 장단기 대출금리와 주택론 또한 대폭 하락하여 예대마진이 최저 약3%, 최고 5%까지 늘어나게 되었다. 따라서 은행예금의 매력이 없어지고 시중에 여유자금이

---

52) 출전: 日本總務省 總務局. 日本長期統計系列. 第14章 金融 保險. "14-1 主要金利水準".

늘어나기 시작하였다.

당시의 통화공급량을 보면,

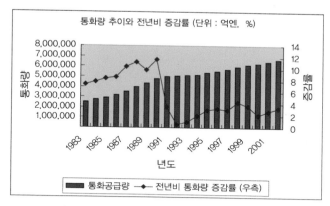

〈그림 1〉 통화량(M₂ +CD) 추이[1]와 전년비 증감률

〈표 3〉 전년도 비교 통화량 증감률[53]

(단위: %)

연도	전년비 증감
1983	7.35
1984	7.81
1985	8.38
1986	8.66
1987	10.38
1988	11.19
1989	9.91
1990	11.66
1991	3.64
1992	0.59
1993	1.06
1994	2.05

---

53) 출처: 주55로부터 작성.

1986년 11월 1일까지 금리가 세 번이나 인하되자 1987부터 시중 통화유통량은 더욱 늘어나게 되었다. 1987년부터 버블의 절정기였던 1990년까지의 통화유통량은 전년도 대비 평균10%를 기록하고 있다. 특히 1990년에는 전년도 대비 11.66%의 최고기록을 보여주고 있다 (참고로, 경기가 과열되었다고 인식한 일본정부는 1989년 5월부터 1990년 8월까지 금리를 5번 재인상시켰는데, 1991년의 전년도 대비 통화량증가는 급격히 감소, 버블제거의 효과가 즉각적으로 나타나기 시작하였다).

(2) 주식투자증가

그러면 저금리에 매력을 느끼지 못한 시중자금은 어디로 흘러갔을 까? 자산거래형태의 변화추이를 보기로 하자.

〈표 4〉 자산거래 형태의 변화[54]

(단위: 조 엔)

구분		1983	1984	1985	1986
법인	주식	6.7	10.7	12.6	35.0
	채권	18.2	39.5	58.0	54.2
개인	주식	41.6	52.8	53.7	93.5
	채권	5.4	6.4	9.1	10.1
합계	주식	48.3	63.5	66.3	128.4
	채권	23.6	45.9	67.1	67.1
토지거래		3.7	4.1	5.4	5.4

---

54) 인용: 日本 經濟企劃廳 "第7章 財政金融政策の動向", 年次經濟報告書, 1987年8月18日.

1985년 이전을 보면 법인은 안전한 채권에, 개인은 주식에 투자하는 경향을 보였으나 1986년부터는 개인은 물론 법인까지 주식투자에 집중하기 시작하였다. 법인의 경우, 1985년에 비해 1986년에는 277% 증가한 금액을 주식에 투자하였고(12조 6,000억 엔에서 35조 엔), 개인 역시 174% 증가한 93조 5,000억 엔을 주식에 투자하였다. 이에 비해 1986년 당시에는 부동산은 주식, 채권투자에 비해 인기를 얻지 못한 것 같다.

　　풍부한 시중자금을 가지고 저축이나 생산활동보다는 주식투자 활동에 집중하였다는 것을 다음의 표로 알 수가 있다.

〈표 5〉 근로자세대 저축대비 주식, 채권 투자비율[55]

단위: 천 엔

연도	저축	주식	채권	주식투자율	채권투자율
1983	6,108	384	255	6.3%	4.2%
1984	6,489	491	217	7.6%	3.3%
1985	6,920	497	286	7.2%	4.1%
1986	7,329	651	231	8.9%	3.2%
1987	8,194	947	225	11.6%	2.7%
1988	8,931	976	224	10.9%	2.5%
1989	9,946	1,291	211	13.0%	2.1%
1990	10,507	1,000	200	9.5%	1.9%
1991	11,283	818	220	7.2%	1.9%
1992	11,867	720	184	6.1%	1.6%
1993	12,358	801	183	6.5%	1.5%
1994	12,343	727	221	5.9%	1.8%
1995	12,613	671	176	5.3%	1.4%
1996	12,791	626	159	4.9%	1.2%
1997	12,500	513	140	4.1%	1.1%
1998	13,517	507	162	3.8%	1.2%
1999	13,927	758	195	5.4%	1.4%
2000	13,558	612	213	4.5%	1.6%

위의 표는 일본의 전 근로자세대의 저축 중, 얼마나 주식이나 채권에 투자를 하고 있는가를 조사한 것이다. 1987년 2월의 마지막 금리 인하 이후에 많은 근로자 세대는 주식투자에 열중하게 되었다. 이 계기가 된 것이 앞에서 언급한 日本電信電話公社(NTT)의 주식공개였다. NTT가 민영화를 위해 1987년 2월에 1주당 191만 엔에 주식을 공개하였다. 이 주식이 같은 해 4월이 되자 주식시장에서 1주당 318만 엔을 기록하고 상승세를 본 전문가들은 앞으로 주당 1,000만 엔까지 오를 것이라 전망하였다. 이를 전해 들은 많은 개인투자자들이 주식투자에 관심을 가지게 되었고, 주식가격의 버블을 일으킨 계기가 되었다.

위의 표를 보면, 1983년부터 1985년까지는 채권투자율이 4%를 기록하고 있으나 1986년부터 감소하기 시작하였고, 대신에 주식투자율이 상승하기 시작, 1987년에는 11.6%, 1988년에 10.9%, 1989년에 사상 최대인 13%에까지 이르러 많은 자금이 주식시장으로 몰렸음을 알 수가 있다. 주식가격의 정점이었던 1989년 이후부터는 주식에의 투자율이 하락하기 시작하였다.

---

55) 日本總務省 總務局. 日本長期統計系列. 第20章 家計. "20-4-a"1世帶あたり貯蓄及び 負債現在高(全世帶 勤勞者世帶)"로부터 작성.

금융규제의
완화

　시중자금이 풍부해진 이유 중의 하나가 금리 인하로 인한 것도 있으나, 또 다른 이유는 1980년대 금융자유화에 의해 기업들이 국내외에서 자유롭게 자금을 조달할 수 있게 되었기 때문이다.

　1984년 이전에는 기업의 자금조달이 주로 은행을 통해 이루어졌으나 금융규제 완화조치에 의해 기업은 유가증권을 통해 자금을 차입할 수 있게 되었으며, 국내뿐만 아니라 해외에서도 주식발생을 통해 해외자금을 조달하였다. 일본기업은 해외에서 달러로 주식을 발행하고 이 발행된 주식을 일본국 내의 투자자(주로 주식발행사의 관련회사)가 다시 구입하는 방식을 통해 은행을 통하지 않는 자금조달 방식을 취함으로써 자금조달 코스트를 훨씬 낮추었다.

　유가증권을 통한 기업의 자금조달의 추이를 보면,

단위: 억 엔

연도	부채총액	유가증권	사채	주식	외채
1985	174,011	44,417	3,224	21,171	20,022
1986	244,639	70,160	21,178	20,904	28,078
1987	552,170	103,475	17,925	48,622	36,928
1988	659,801	135,068	14,478	65,497	55,093
1989	669,237	219,723	30,814	102,500	86,409
1990	392,803	85,206	20,559	22,839	41,808
1991	−108,415	108,961	41,196	10,682	57,083
1992	−85,138	48,207	50,396	3,515	−5,704
1993	−94,553	26,351	37,222	9,425	−20,296
1994	193,378	22,968	39,740	9,227	−25,999
1995	316,546	31,113	39,455	8,708	−17,050
1996	102,594	27,386	34,228	18,616	−25,458
1997	−5,101	−14,117	110	20,752	−34,979
1998	150,127	−58,038	−56,211	14,056	−15,883

1985년에는 유가증권발행을 통한 자금조달은 주로 은행을 통한 차입이었으나 1987년경부터 사채, 주식, 외채 등의 다양한 수단을 통한 자금차입이 급증, 1989년에는 1985년에 비해 사채를 통한 자금조달은 약 10배, 주식과 외채를 통한 조달은 8배에서 10배에 이르게 되었던 것이다.

기업은 은행이 아닌 국내외에서의 자유로운 자금조달이 시중 여유자금을 더욱 풍부하게 하였고, 은행 또한 남아도는 자금을 운용하기 위해 중소기업에 집중적으로 자금을 빌려주게 되었다. 중소기업은 빌린 돈으로 부동산이나 주식을 구입하였는데, 버블의 붕괴에 의해 구입한 자산의 가치가 급락하게 되었고, 대출금은 불량채권화되었으며 결과적으로 금융기관이 부실화되는 원인을 제공하게 된다.

56) 참조: 日本總務省 總務局, 日本長期統計系列, 第4章資金循環勘定, "4-5-a 資金循環勘定".

CHAPTER 5

자산가치의
폭등

저금리 정책과 금융규제완화로 인해 시중에 충분한 여유자금이 유통되고 있었는데, 이 자금들은 어떤 이유로 부동산과 주식시장으로 집중되어 버블경제를 형성하게 되었는가, 그리고 자산의 폭등과정을 살펴보기로 한다.

부동산가격의
폭등

우선 일본 주택시장의 역사를 알아보자.

(1) 일본의 공동주택의 역사

일본은 좁은 국토와 많은 인구로 인하여 토지의 효율적 이용이 중요한 과제였다. 고도성장기에 대도시로 몰려든 사람들을 위해 주거시설이 필요하게 되었고, 이들을 효율적으로 수용하게 위해서는 복층(複層)의 공동주택의 건설이 필요하게 되었다. 2차 세계대전 이후의 일본의 공동주택 건설사[57]를 알아보면,

① 1950년대~1960년대 사이

1945년 전쟁이 끝나고 5년 후에 "住宅金融公社"가 발족되어 일본국민들에게 체계적으로 주택을 공급하게 되었다. 뒤이어 지방공공단체

---

[57] 참조: 日本住宅公團, "集合住宅團地の變遷と時代背景", http://www.danchi100k.com/rekisi/rekisi.html.

에 의한 住宅協會나 주택공급공사가 설립되어 정부의 금융공고(公庫)의 자금을 바탕으로 주택을 공급하기 시작하였다.

1960년에 고도경제성장기에 접어들어 많은 사람들이 대도시로 집중되었다. 주택난 문제를 해소하기 위해 1956년 기존의 주택공급 기관을 정비, 새롭게 "日本住宅公團"을 설립하였다. 이전의 주택공급 기관은 주로 공적(公的) 임대주택을 공급하였지만, 日本住宅公團 설립 이후부터는 민간주택건설회사가 주택건설에 참여, 주택을 민간인에게 판매하는 형태로 전환되었다. 또한 독립된 민간 건설회사가 "맨션(マンション-한국의 아파트에 해당)"이라는 분양주택을 판매하였다.

일본의 고도성장기 후반에는 도시에의 토지공급의 어려움으로 교외에 대규모의 고층아파트를 짓게 되었다. 당시에는 대규모 단지의 고층아파트에 사는 것이 서민들의 꿈이었으며, 여기에 사는 사람들을 "단지족(團地族)"이라 불렀다.

그때의 대단지라고 하면,
· 대도시 교외에 1955년부터 1965년 사이에 세워진 고층아파트로
· 상주인구가 1,000명～10,000명 이상의 규모이며
· 철근 콘크리트로 지은 건물로
· 부엌 겸 거실, 그리고 수세식 화장실을 갖춘 고층아파트를 지칭하는 것이었다. 그리고 대단지보다 더 큰 규모로 인구 10만 이상의 단지는 "뉴타운"이라 불렀다.

그리고 식사의 공간인 부엌과 수면을 위한 침실을 분리한 주택공간의 설계가 등장, 이전의 공영주택에서 보이던 2K(방 2개와 부엌

— 부엌에서 조리를 하고, 잠자는 공간인 방에서 식사를 하게끔 한 설계)와는 달리 식사와 침실을 분리한 2DK 타입이 등장하였다.

② 1970년대

1973년의 오일쇼크에 의해 지금까지 도시로 유입되던 인구가 지방으로 유턴하게 되었다. 이로 인해 주택공급이 수요를 넘게 되어 주택공단의 획일적인 주택공급은 멈추게 되었다.

지금까지의 공동집합주택의 공급 목적은 도시로 몰려든 사람들에게 주거지를 공급하는 것이었으므로, 우선 교외에 단지를 조성한 후 일률적이고 규칙적으로 고층아파트를 배치하여 사람들을 이 속에 수용하는 경향이 있었는데 이를 일부에서는 "우사기고야(うさぎ小屋－토끼장)"라고 부르기도 하였다. 이에 대한 반발로 개인의 취향을 어느 정도 살릴 수 있는 저층주택이 유행하게 되었다.

이전부터 존재하던 저층주택형태인 '테라스하우스'를 향상시켜 여기에 공동의 정원을 설치하였다. 이를 '타운하우스'라고 불렀다. 1981년에는 日本住宅公團을 개편하여 주택공급만이 주목적이 아닌 주택환경의 개선에 주안점을 둔 "住宅都市整備工團"을 설립하였다.

1980년대 중반에 들어와 동경을 기점으로 한 대도시의 토지가격, 주택가격의 급등으로 더 이상 저층 주택을 건설한 여유가 없어졌다. 대도시권의 급등한 토지가격과 토지공급의 어려움으로 자연히 용적률 100%를 넘는 고층건물을 지을 수밖에 없었다. 또한 주택가의 급격한 상승으로 주택구입이 어렵게 된 대다수의 도시민이 교외의 단지형 공동주택으로 옮기게 된다.

③ 주거 도심에의 복귀

교외로 빠져나간 근로자들에게 도심지에 있는 직장에의 출근과 귀가가 큰 부담이 되기 시작하였다. 또한 업무시간 종료 후의 도심의 공동화 또한 대도시의 사회문제 중의 하나였다.

이러한 한계를 극복하기 위해 도심에 용적률 400~1,000%를 넘는 초고밀도의 초고층 아파트를 건설하게 되는데, 초고층 부분에는 사람들이 주거하고 저층부에는 상업용 시설을 겸비한 복합주상아파트의 형태로 건설되었다.

또한 통근의 어려움을 없애기 위해 사무실과 주거시설이 일체화된 "오피스텔"이라고 부르는 職住 복합의 건물형태도 나타났다.

버블경제 속에서 부동산, 주식의 자산가치의 급상승으로 인해 여유가 생긴 사람들은 그러하지 못한 사람들과의 차별화를 시도하였다. 이러한 경향에 맞춘 것이 도심의 "1억 엔"을 넘는 초고층 호화아파트의 건설이었으며, 지방의 경우에는 "리조트 아파트"라고 해서 제2의 주거시설 구입 등의 현상이 생겨났다.

(2) 부동산가격 폭등의 원인

① 내 집 마련에의 꿈과 거주환경에의 불만

일본사람은 누구나 자기 집을 소유하기를 바라고 있다. 그러나 일본은 인구에 비해 땅이 좁아 누구나 다 집을 소유할 수는 없다. 일본국민은 어느 정도 자기 집을 소유하고 싶은 것일까? 1988년 總理府는

"토지문제에 관한 세론조사(土地問題に關する世論調査)"를 실시하였다.

〈표 1〉 토지, 주택의 소유권에 대한 의식[58]

구분	토지 주택 모두 꼭 소유해야 한다	집이 자기 소유라면 땅은 빌려도 상관없다	임대주택이라도 상관없다	모르겠다
전국	69.1%	11.2	15.2	4.6
대도시권	66.6%	14.5	20.2	4.6
지방권	74.7%	8.9	11.8	4.6

위의 세론조사에 의하면 일본국민의 약 70%가 토지와 주택을 꼭 소유해야 한다고 생각하고 있다. 이처럼 대부분의 국민이 자기 집을 소유하기를 바라는데, 과연 자기 집을 소유하고 있는 사람들은 얼마 정도일까?

〈표 2〉 전국 주택사정[59]

연 도	1978	1980	1988
총 주택 수(1,000호)	35,451	38,607	42,036
총 세대 수(1,000세대)	32,835	35,197	37,851
주택보유율(%)	60.4	62.4	61.4
1세대당 보유주택 수	1.08	1.10	1.11
1주택당 연면적(m²)	80.28	85.92	89.90
1주택당 방 수	4.52	4.73	4.87
1방당 거주 인원 수	0.77	0.71	0.66

위의 <표 2>를 보면, 일본 총 세대의 60%정도만 자신의 주택을 소유하고 있는 것으로 나타나고 있다.

---

58) 인용: 國土交通省 土地白書 平成2년. "土地の動向に關する年次報告. 圖4-3-8". 1990년.
59) 인용: 國土交通省 建設白書 平成1년. "表2H-1 全國住宅事情". 1989년.

1978년부터 1988년에 이르기까지 주택보유율은 약 **60%** 정도였으므로, 주택에 대한 수요는 항상 시장에 존재하고 있었다. 따라서 금리가 인하되었을 때 내 집 마련의 꿈을 가진 많은 사람들은 은행이나 住宅融資公庫로부터 융자를 받아 주택을 마련하고자 하였다. 1987년과 1988년의 경우, 住宅融資公庫의 이자율이 **4.60%**, **4.55%**를 기록하고 있었으므로 주택구입이 대단히 활발해졌다. 한편, 1985년 일본의 建設省은 당시의 주거환경에 대한 만족도 조사를 하였다.

〈표 3〉[60] 주거에 대한 일본국민의 평가

주택에 대한 평가(%)

구분	만족	대체로 만족	다소 불만	대단히 불만	모르겠음
전국	8.7	38.9	38.8	12.7	1.0
동경권	7.3	35.5	41.1	15.1	1.1
오오사카권	7.1	35.7	40.3	15.4	1.5
기타지역	9.7	41.3	37.3	10.8	0.8

거주환경에 대한 평가

구분	만족	대체로 만족	다소 불만	대단히 불만	모르겠음
전국	11.4	54.5	28.5	4.7	0.9
동경권	9.9	52.1	31.2	5.4	1.4
오사카권	8.2	49.9	33.7	7.2	1.1
기타지역	12.9	56.9	25.8	3.7	0.6

위의 조사결과에 의하면, 일본국민의 **50%**가 자신이 거주하고 있는 주택에 대해서 불만(다소 불만, 대단히 불만을 포함)을 가지고 있으며, 동경, 오사카의 대도시의 경우는 과밀인구와 좁은 주거환경 때문에 더 높은 불만을 나타내고 있다. 단, 거주환경에 대해서는 만족이 불만족보다 많은 결과였다.

60) 인용: 國土交通省 建設白書 平成1년. 表2-ㅏ5. 출저 "昭和63年度住宅需要實態調査"

주택에 대한 불만을 해소하기 위해 일본정부는 1986년 3월에 <제4기 주택건설 5개년 계획>[61]을 발표하는데, 정부가 바라는 <거주수준 목표>로서 "최저 거주수준"과 "유도(誘導) 거주수준"을 제시하였다.

"최저 거주수준"으로 부모와 자식 2명의 표준세대인 경우, 3DK(방 3개와 부엌)로 총 50m²의 면적을 제시하였고, "유도 거주수준"으로는 부부와 자식 2명의 경우, '도시 거주형'과 '일반형' 두 가지 형태로 분류하였는데, 도시의 중심 혹은 그 주변에 위치한 공동주택 거주형태인 "도시 거주형"에는 3LDK(방 3개와 거실, 부엌)로 총 91m²의 면적을 설정하였다. 그리고 도시근교 및 지방의 "일반형"의 경우에는 3LDKS(방 3개, 거실, 부엌, 예비실)의 123m²을 제시하였다.

일본정부는 전 세대가 최저거주수준에 이르도록 하며, 2000년까지는 전 세대의 50%가 유도 거주수준에 이르는 것을 목표로 하였다. 그러므로 1980년대 중반의 일본의 부동산시장을 보면 서민들의 내 집 마련에 대한 간절한 수요가 시장에 크게 존재하고 있었고, 일본인의 60%가 주택환경에 대한 불만을 가지고 있으며, 일본정부의 전 국민의 주거환경 개선을 위한 "제4기 주택건설 5개년 계획" 등이 발표되는 등, 전체적으로 부동산에 대한 니드가 시장 내에 상당히 존재하고 있는 상태였다.

② 대도시에의 집중

1990년 현재, 일본 전 인구 1억 2,300만 중에 대도시인 동경권, 나

---

61) 주: "住宅建設5ヶ年計劃"은 일본정부가 1965년부터 주거, 거주환경의 개선을 위해 현재까지 계속하고 있는 프로젝트이다.

고야권, 간사이권(東京圏, 名古屋圏[62], 關西圏[63]))에 살고 있는 인구가 49%를 차지하고 있다(참고로 한국의 경우도 2011년 기준으로 전체인구의 49.1%가 수도권에 거주하고 있다). 그중에서 동경권(埼玉県, 千葉県, 神奈川県을 포함)의 경우, 일본 전체 인구의 26%가 살고 있으며, 東京都에는 전체의 10%가 살고 있다.

〈표 4〉 각국의 수도권 인구집중 상황[64]

(괄호 안은 전체에 대한 점유율)

구분	인구(1,000명)	면적(km²)	인구밀도(인/km²)
동경권(1990)	31,797(25.7%)	13,548(3.6%)	2,347
나고야권(1990)	10,550(8.5%)	21,519(5.7%)	490
간사이권(1990)	18,117(14.7%)	18,548(4.9%)	977
뉴욕권(1988)	18,461(7.4%)	32,791(0.4%)	563
런던권(1988)	12,321(21.6%)	11,262(5.1%)	1,094
파리권(1990)	10,651(18.8%)	12,012(2.2%)	887

동경권의 경우, 토지면적이 13,548km²로 파리, 런던의 크기와는 비슷하나 뉴욕의 60%에 해당한다. 그러나 인구밀도를 보면 뉴욕의 40배, 런던의 2.2배, 파리의 2.6배이다.

좁은 땅에 많은 사람이 사니 주택과 사무실 공간이 더욱 필요하게 된다. 이에 반해 대도시의 택지는 한정되어 있으므로 주택과 사무실의 공급이 부족해지고, 토지나 주택, 건물에 대한 수요는 더욱 증가하게 된다. 공급보다 수요가 많으므로 자연히 토지가격과 주택가격이 상승하게 되며, 임대의 경우에도 토지구입비, 토지사용료가 임대료

---

62) 名古屋圏: 岐阜県 愛知県 三重県 포함.

63) 関西圏: 京都府 大阪府 兵庫県 奈良県 포함.

64) 인용: 國土交通省 國土レポート 平成12년. 圖表15.

속에 포함되어 임대료는 더욱 높아진다.

인구뿐만 아니라 금융기능, 연구기관, 학교, 비즈니스 등도 대도시, 특히 동경에 집중되어 있어 인구밀도는 더욱 높아졌다(이런 현상은 한국의 서울과 아주 흡사하다).

〈표 5〉 대도시 집중도[65]

(단위: %)

구분	동경권	3대 대도시권
주요금융기관 점포수(1987)	17.8	35.5
전국은행 예금잔액(1987)	47.3	70.7
수표교환액 1986)	79.0	93.9
주식매매액(1986)	64.7	87.0
학교(1988)	27.5	55.0
학생 수(1988)	40.5	68.5
연구기관(1987)	33.0	52.4
종업원 수(1987)	46.5	65.0

은행의 예금잔액의 약 50%가 동경권에 몰려 있으며, 일본 전체 예금잔액의 70%가 동경권을 포함한 3대 도시권(동경권, 나고야권, 관사이권)에 집중되었다. 수표 교환액과 주식 거래액은 동경권이 각각 전체의 약 80%, 65%를 차지하고 있으며, 학생 수, 종업원 수 또한 전체의 약 50%를 차지하고 있다. 금융기관 점포 수, 학교 수, 연구기관을 제외하고는 수표 교환액의 94%, 주식매매액의 약 90%가 3대 도시권에 집중되어 있다. 또한 전체 개인소비의 12%, 레스토랑의 15%, 백화점 판매액의 21%, 영화관의 12%가 동경이 차지하고 있다.

교육 집중도를 보면 국공립, 사립대학(전문대학 포함) 229개교가

---

65) 참조: 經濟企劃廳 年次財政報告書 昭和62年, 國土交通省 國土利用白書 平成1年에서 작성

동경권에 몰려 있어, 전체 대학교의 28%, 전체 대학 재학생의 42%가 동경권에 집중되어 있다. 그리고 대학진학자의 40%가 지방출신 학생으로, 이 학생들이 졸업 후 취직 등으로 출신지로 돌아가지 않고 동경에 머물러 있으므로 해가 갈수록 동경의 인구는 늘어나고 있었다.

도심권의 인구는 계속 늘어나고 토지, 건물은 부족하므로 도심에서의 주택가격은 더욱 상승하게 되고, 인구과밀로 인해 주거환경, 주택당 거주면적이 더욱 악화되자 사람들은 東京都를 벗어나 인근 교외지역으로 주거지역을 확대해나가게 되었다.

1990년 현재, 85%의 전국근로자가 통근시간이 평균 1시간 이내인데 반해, 동경의 경우는 65%의 근로자가 60분 이상의 통근시간을 가지고 있다. 또한 전체 동경 근로자의 20%가 통근시간 90분 이상 걸려근무지에 출근하고 있다.

참고로 동경권이나 대도시권에 머물려고 하는 이유에 대해서 조사66)를 하였는데, 이에 의하면 전체의 65%가 생활이 편리하기 때문이라 답하였고, 그다음으로 지적, 문화적 자극이 있기 때문, 능력 개성을 살릴 수 있는 취업기회 등을 그 이유로 답하였다.

고연령층, 퇴직자의 경우도 지방이 물가가 싸고 주거환경이 양호하기는 하지만 동경의 의료시설, 문화환경, 공공서비스의 충실함 때문에 그대로 동경에 머물게 된다.

---

66) 참조: 國土交通省 土地白書 平成14년. 表4-1-1. "將來の居住に關する調査".

③ 동경의 국제화

1980년대 중반부터 동경이 국제금융센터의 하나로 각광을 받게 된다. 실제 시장규모, 거래규모도 런던, 뉴욕과 어깨를 견줄 만큼 성장하였다.

<표 6> 주요 자본시장의 규모[67]

장소			동경	뉴욕	런던	파리
시가총액 (100만 달러)	주식	1984	644,412	1,529,459	236,321	41,059
		1989	4,260,383	2,903,546	817,998	337,572
	채권	1984	371,070	1,021,791	240,910	128,393
		1989	977,000	1,414,407	498,321	405,378
	합계	1984	1,015,482	2,551,250	477,231	169,452
		1989	5,237,383	4,315,953	1,316,319	742,950
상장회사 수	내국	1984	1,444	1,490	2,171	504
		1989	1,597	1,633	1,955	462

1989년에 이르러 일본의 주식, 채권시장은 1984년에 비해 시가총액에서 뉴욕, 런던, 파리를 누르고 세계 최대규모의 시장으로 성장하였으며, 상장회사 수도 세계적 규모이다. 외환시장 일일(一日) 평균 거래규모도 런던, 뉴욕에 이어 세계 3대 시장으로 성장하였다.

새로운 국제금융 센터인 일본에서 영업을 하기 위해 많은 외국기업들이 동경에 진출하게 되었는데 일본 진출 외국기업의 85%가 동경에 지점이나 주재원사무소를 설치하였다. 그러나 한정된 동경의 사무실 공간에 비해 수요는 늘어나게 되어 임대료는 급상승하게 되었다.

---

67) 인용: 國土交通省 首都圈白書. 平成3年. 표3-2-1 主要資本市場比較"로부터.

특히 동경의 토지구입비 혹은 토지사용료는 세계 최고의 수준이었으므로 이러한 비용들이 임대료 속에 모두 포함되어 동경의 임대료는 더욱 높아졌다. 당시는 저금리정책이었기 때문에 금융기관으로부터 건설자금을 융자받더라도 이자비용보다 임대료 수입이 더 크므로 모두가 앞을 다투어 건물을 건설하게 되었고, 이러한 움직임이 부동산 가격을 더욱 부추기는 결과가 되었다.

참고로 1994년 1월 당시의 각국의 사무실 임대료를 비교해보면,

〈표 7〉 도시별 임대료 비교[68]

(단위: 엔/m²)

도시	사무실 임대료	동경 기준 비율
동경	118,000	1.00배
오사카	89,000	0.75
뉴욕	64,860	0.54
로스엔젤레스	45,496	0.38
런던	104,776	0.88
프랑크프루트	61,495	0.52
파리	86,250	0.73
벤쿠버	22,710	0.19
모스크바	131,600	1.11
상해	159,800	1.35

동경의 사무실 임대료를 1로 하였을 때, 뉴욕은 0.54, 런던 0.88, 파리가 0.73, 프랑크프루트가 0.52에 해당되어 동경의 임대료는 세계 주요도시 중에서 가장 높은 수준을 기록하게 되었다. 이러한 세계 최고 수준의 임대료는 다른 한편으로는 외국기업의 진출을 방해하는 부정적 요소가 되어 오히려 동경의 국제경쟁력을 낮추는 원인이 되기도

---

68) 인용: 經濟企劃廳, 年次經濟報告 平成7年 "附表1-11-3 オフィスビル賃貸料の國際比較".

하였다.

④ 단카이(團塊) 세대에 의한 주택구입의 증가

1980년대 중반의 일본의 부동산 가치의 폭등에는 금리 인하, 대도시에의 인구집중, 동경의 국제금융센터화 등의 이유를 들 수가 있지만, 또 하나의 특이한 이유로 어느 일정 세대(世帶)에 의한 동시적 주택구입을 들 수 있다.

일본의 중년세대를 대표하는 단어로 단카이 세대(團塊世代)라는 것이 있다. 이는 2차 세계대전 직후의 1947년부터 1949년 사이에 태어난 세대를 지칭하고 있다(한국의 경우는 1955년부터 1963년 혹은 1964년 사이에 태어난 '베이비부머세대'를 말한다).

버블의 시작을 1985년부터라고 한다면 이들이 1947년생이면 37세, 1949년생이면 35세가 되는 시점이다. 가정적, 사회적으로 가장 안정되어 있는 연령대로 주택구입의 적령기라 할 수 있겠다.

이들은 전후 베이비붐 제1세대에 해당하며 일본의 인구분포상 약 800만 명 정도로 추정되며, 버블의 형성기에 30대 중반에 도달하여 의욕적으로 주택을 구입하고자 하는 주택 수요층이 되었던 것이다.

이들은 1947년 출생이므로 2007년에 대거 정년을 맞이하였다(한국의 경우는 2010년부터 베이비부머세대의 정년이 시작된다). 그간의 근로를 통해 어느 정도 재정적으로 안정된 이들은 향후 20년간 일본의 소비시장을 이끌어나갈 계층으로 지목되고 있으며, 자동차, 골프회원권, 실버산업 시장 등의 중요한 타깃층이 되어 있다.

전쟁의 폐허 속에서 일본의 재건을 위해 열심히 일한 세대로, 그리고 버블형성기에는 주택시장의 주 수요층으로, 현재는 일본의 소비시장을 이끌어나갈 중요한 세대로서 서서히 각자의 직장을 떠나고 있는 것이다.

가. 전후 베이비붐

1945년 전쟁으로부터 귀환한 청장년층들에 의해 급격한 출생의 증가현상이 일어났다(미국이나 한국에도 그 예를 보았듯이 전쟁 이후 많은 어린이들이 태어나게 된다).

이때 태어난 어린이들의 교육환경은 상당히 열악하였다. 많이 태어났기 때문에 한 학급당 학생 수가 많았으며 교실부족사태로 인해 오전, 오후반으로 나누어 등교하게 되었다. 인원이 많았으므로 자연스럽게 경쟁이 격화되고 진학을 위한 수험전쟁도 무척이나 어려웠다. 그리고 패전 이후 식량의 부족함으로 인해 발육상태도 다른 세대에 비해 떨어졌다.

이들이 성장하여 사회의 빈부의 격차를 목격하고 이를 시정하고자 급진적인 경향도 드러내기 시작한다. 사회문제뿐만 아니라 당시의 베트남전쟁에 대한 반전운동에도 적극적으로 참여하게 되었으며, 일부는 사상적으로 좌익 쪽으로 경도되어 급진단체활동에 적극성을 보이기도 하였다.

일본의 고도 경제성장기에 중고등학교를 졸업한 이들은 집단으로 동경이나 오사카의 대도시에 취직을 하러 나갔다. 사회에 진출하기는 했으나 패전후의 경제적 어려움과 과다한 동년배의 경쟁자 수 때문에 이들은 치열한 생존경쟁에 내몰리게 된다. 단카이 세대의 성격은 경쟁심과 자기주장이 강하며 일단 직장에 취직을 하게 되면 조직의 지시를 충실히 이행하고 완수하려는 경향이 강하였다.

이들의 조직에 대한 헌신적 봉사에 힘입어 일본의 고도경제성장이 가능하였고, 한편으로는 이들을 사회의 부조리에 항거한 전후(戰後) 일본의 학생 노동운동의 주역이라고도 한다. 단카이 세대의 격렬한 자기주장과 경쟁 속에서 살아 남기 위한 강한 투쟁심은 때때로 폭력사태를 불러일으켜 '浅間山荘事件(아사마산장 사건)'[69] 등을 일으켰다.

1970년대 후반에는 부족한 주택공급량과 열악한 주거환경으로 인해 자기소유의 주택에 대한 소유욕망 또한 강하였다. 따라서 일본정부는 800만에 이르는 결혼적령기의 단카이 세대에 대해 대도시 근교에 핵가족 단위의 아파트단지를 공급하였고 대기업에서는 사택을 제공하기도 하였다.

나. 소비특성

이들은 자기주장과 개성이 강하며 핵가족 단위의 가족을 영위하므로 외식이나 쇼핑을 즐기며 자가용에 대한 관심이 많은 편이다. 따라서 대도시 근교의 아파트 단지에는 생활필수품을 제공하는 상점이나 식당들이 자연스럽게 발생하였고, 점차 자식들의 출생으로 인해 인구가 불어나 중소도시로 발전해나갔다. 복장도 남성은 청바지, 여성은 미니스커트를 선호하였다고 한다.

기업 쪽에서 보면 800만에 이르는 대인구층이었기 때문에 당시의 자동차회사나 주택건설회사의 타깃 시장이 되었다.

---

69) 주: 1972년 2월 19일 聯合赤軍派 멤버 5명이 나가노현(長野縣)의 아사마 산장에서 산장 관리인의 아내를 인질로 경찰과 대치, 경찰 2명이 적군파에 의해 피살되었다. 대치 중 멤버들 사이에 갈등이 생겨 동료 한 명에게 린치를 가해 살해하였다. 전국에 TV 중개되기도 하였다.

다. 단카이 세대의 장래

버블경제 붕괴 시점에 이들은 40세 후반에 되었다. 자산가격의 하락에 따른 불경기로 기업의 도산이 줄을 잇게 되자 가장 고임금을 받던 이 세대가 정리해고의 타깃이 되었다. 일본의 전후 시대를 격렬히 살아나온 이들이 사회의 한구석으로 몰려나오게 되어 많은 사회문제를 불러일으키게 된다.

2007년부터 2010년에 걸쳐 정년을 한 이 세대는 일본정부에는 연금지급 문제로 재정적 부담을 주는 계층이지만, 소비시장 쪽에서 보면 이들이 받아 나온 퇴직금과 연금으로 인해 소비문화가 활발해질 것이라는 기대를 안고 있다. 양복을 만드는 회사에서는 이들이 정년퇴직하고 나면 정장(正裝)시장이 감소할 것이라는 예측을 하거나, 각 지방단체는 지방의 경제를 살리기 위해 퇴직금과 연금을 가지고 각자의 출신지로의 귀향할 것을 권유하는 캠페인을 벌이고 있으며, 실버산업관련 회사 쪽에서는 이들의 은퇴를 대단히 기뻐하고 있다고 한다(한국과 일본의 베이비부머세대가 다른 것은 일본은 자산의 구성에서 약 50%가 현금자산으로 구성되어 있으나 한국의 경우는 70%가 부동산 자산이다. 이러한 점에서 한국의 베이비부머세대가 일본처럼 은퇴 후의 소비문화의 주류가 될 수 있을지 의문이다. 위로는 부모세대를 모시고, 아래로는 자식세대를 양육하느라 현금자산을 지니지 못한 한국의 7080세대는 오히려 사회의 큰 짐이 될 수도 있다).

다수의 동시적 투기행위가 자산가격을 급등시킨 원인이기도 하지만, 800만에 이르는 단카이 세대의 자기집에 대한 소유욕구가 주택가격의 한 상승요인이었다는 것은 부인할 수 없다.

⑤ 은행의 적극적 대출행동

1980년대 금융규제완화에 의해서 대기업은 국내외에서의 주식발행 등으로 은행을 통하지 않고 자유롭게 자금을 조달할 수 있게 되었다. 당시의 일본상장기업의 증권시장을 통한 자금조달 경향을 보자.

〈표 8〉 일본 상장기업의 증권시장을 통한 자금조달 추이[70]

(단위: 조 엔)

구분	1985년	1986년	1987년	1988년	1989년	1990년	1991년
국내증권시장 조달	2.9	3.9	6.9	7.4	12.2	7.4	4.5
해외증권시장 조달	3.3	3.7	4.6	4.8	10.7	5.0	7.8
합계액	6.2	7.7	11.5	12.2	22.8	12.3	12.4

기업의 증권시장을 통한 자금조달은 1985년 6.2조 엔이었으나 일본의 주가가 피크를 이루었던 1989년에는 22조 8,000억 엔에 달하게 되었다. 풍부한 자체조달 자금을 보유하고 있는 대기업들이 은행융자를 멀리하자 각 은행들은 대출의 방향을 중소기업, 개인으로 돌렸다. 특히 전통적으로 제조업에 대출을 하였던 長期信用銀行과 信託銀行은 논뱅크나 부동산관련 업체에 융자를 집중하게 되었고, 시중은행 또한 개인의 주택론에 적극적으로 융자를 실시하였다.

---

70) 인용: 大藏省金融經濟研究所, "資産の價格變動のメカニズムとその經濟效果、附屬圖表II-5, 上場企業の內外證券市場を通ずる資金調達, フィナンシャル レビュー、1993年11月".

〈표 9〉 은행의 업종별 대출동향[71]

(단위: 억 엔)

연도	총대출액	제조업		건설업		부동산		개인	
		대출액	전체비율	대출액	전체비율	대출액	전체비율	대출액	전체비율
1985.03	2,578,027	654,844	25.4%	154,668	6.0%	200,918	7.8%	269,227	10.4%
1986.03	2,792,449	655,187	23.5%	166,500	6.0%	253,027	9.1%	296,831	10.6%
1987.03	3,037,264	638,648	21.0%	177,549	5.8%	335,651	11.1%	340,800	11.2%
1988.03	3,309,255	614,270	18.6%	182,336	5.5%	373,681	11.3%	417,438	12.6%
1989.03	3,588,647	601,415	16.8%	193,108	5.4%	423,242	11.8%	503,568	14.0%
1990.03	3,977,604	609,098	15.3%	206,299	5.2%	487,887	12.3%	600,359	15.1%
1991.03	4,133,410	621,250	15.0%	214,310	5.2%	489,280	11.8%	664,100	16.1%
1992.03	4,220,025	611,690	14.5%	233,980	5.5%	510,779	12.1%	698,950	16.6%
1993.03	4,279,545	612,344	14.3%	246,925	5.8%	541,295	12.6%	706,708	16.5%

위의 표를 보면, 제조업이나 건설업에 대한 은행의 대출은 1985년 이후부터 그 금액이 점차 감소하고 있지만, 부동산 관련업, 개인에 대한 은행의 대출은 점차 불어나 부동산가격의 피크였던 1990년 이후에도 계속 늘어나고 있다(이를 부동산 PF대출이라 불렀다). 1985년 부동산 관련업계에의 대출금액이 15조 4,600억 엔으로 전체 대출의 7.8%에 지나지 않았지만, 1990년에는 48조 7,800억 엔으로 전체의 12.3%로 급증하여 1993년에도 줄어들지 않고 있다. 특히 시중은행의 개인에 대한 대출도 급격히 증가, 1990년에는 약 60조 엔, 1993년에는 70조 6,000억 엔에 이르고 있다.

또한 은행은 자산가치가 급상승한 부동산이나 주식 등을 담보로 하여 융자를 실시하였는데 그 담보량의 추이를 보면,

---

71) 출처: 日本銀行 預金貸出關聯統計, 貸出先別貸出金. http://www.boj.or.jp.

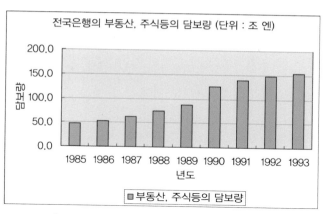

〈그림 1〉 전국은행의 부동산 주식 등의 담보추이[72]

　　1985년 이전에의 전년비 대비 부동산, 주식의 담보설정이 10% 미만이었으나 1986년에는 10.9% 증가, 1987년 18.6%, 1988년 20.1%, 1989년 17.1%, 1990년 19.1%의 증가율을 보였다. 1980년대 중반부터 주식과 부동산가격이 상승하여 자산가치가 높아지자 기업이나 개인들은 이를 담보로 제공하여 높게 평가된 자산가치에 따라 많은 금액을 은행으로부터 쉽게 대출을 받을 수 있었다. 버블경제의 절정기였던 1990년에는 그 담보량이 이미 125.8조 엔, 1991년에는 140조 엔에 이르렀다. 1991년부터는 부동산이나 주식을 담보로 받아들이는 은행이 줄어들기 시작, 1992년에는 전년대비 증가율 6.2%, 1993년에는 3.6%로 감소되었다.

　　일본의 금융 자유화는 1970년대 후반부터 시작되어 1980년대에 '개정 외화관리법(外國爲替管理法)', 1984년도의 '외화실수원칙(外貨實需原則－외화소비 시, 실제 목적 이외에는 외화를 사용할 수 없게 한

---

72) 인용: 國土交通省 土地白書. 平成6年. "圖表4-2-6 全國銀行の不動産財團抵當貸付殘高の 推移"로부터.

법의 폐지)' 철폐 등으로 인해 기업은 해외에서 스스로 자금을 조달
할 수 있었다.

한편 '프라자합의' 이행에 따른 円貨 환율인상, 수출감소, 경기침체
를 우려한 日本銀行은 내수확대를 위해 각 은행에 기업대출을 권장하
도록 지시를 내렸다.

대기업의 대출수요는 감소하였으므로 은행은 중소기업이나 개인
을 대상으로 적극적으로 대출을 권장하기 시작하였다. 다음의 에피소
드73)를 보면 당시의 은행이 어느 정도 대출공세를 폈던지를 짐작할
수 있다.

에피소드 1
(앞부분 생략) 1985년, 한 은행이 개발하였다고 하는 <제안형 융자
방식>이란 은행이 기업이나 개인에게 자금수요를 환기시켜 대출을
받게 하는 방식이다.
예를 들면, 유휴 부동산을 가지고 있는 기업에게 토지활성화라고
하여 맨션의 건설이나 상업용 빌딩의 건축을 권유하거나 또는 개
인에게 자산가 대책이라 하여 "상속세 대책'이라는 상품을 권하는
식이었다. 이 "상속세 대책"이란 소유 부동산을 담보로 은행으로부
터 돈을 빌려 임대목적의 맨션을 건축하게 하거나 해외부동산을
구입하게 하는 것이었다.

각 지점은 인원삭감 상황하에서 제한기간 내에 주어진 수익목표를
달성하여야만 했다, 할당량이 많은데다 거기에다 고금리 융자요건
도 따내어야 했으므로 업무가 대단히 힘들었다. 다행히도 토지, 주
가 등의 자산가격 상승 때문에 부동산, 주식, 골프회원권을 구입하
기 위한 자금의 융자 제안은 목표달성을 위한 가장 좋은 수단이 되
었다.
당시에는 논뱅크를 이용한 "소개융자", "우회융자"가 크게 행해졌

---

73) 인용: 畫間文彦 安田智彦, "1980年代の銀行貸出行動: 行動經濟學による分析への試み" 財務省 財務
綜合政策研究所研究部, 2004年9月.

다. 이것은 본래의 자금용도를 은폐하고 소개료라는 실질 서비스수
수료나 협력예금 등을 고객으로부터 받을 수 있었으므로 수익목표
달성을 위한 좋은 방법이었다. 더구나 논뱅크를 통한 융자에 있어
서 담보를 잡지 않는 경우도 있었다.

이러한 과정에서 담당은행원의 고충 또한 대단하였던 것 같다.

에피소드 2
처음으로 대형은행이 고객회사를 방문해 주었다고 해서 사장이 직
접 나와서 면담을 받아주었고 우리 은행 측에서도 자료를 준비하
여 정중하게 설명을 하였다.
그러나 그 후 많은 은행들이 방문하기 시작하자 사장은 모습을 보
이지 않고 경리부장이 나타났다. 80년대 후반이 되자 경리과장급이
나와서 "댁의 은행으로부터 빌리지 않아도 다른 은행이 얼마든지
빌려주기 때문에"라고 거절하였다. 결국에는 중소기업에의 대출금
리도 대기업과 동일하게 프라임 레이트(prime rate)가 적용되었다.

또한 시중 은행에 대한 상부은행의 압력 또한 대단했던 것 같다.

에피소드 3
버블기에는 우리도 어느 정도의 대출목표를 세우고 있었으나 상부
의 은행은 우리 목표 이상을 요구하였다.
1985년에 시중은행에 "(대출을) 더 사용해주십시오. 평소에는 쓰고
싶어도 쓸 수가 없었으니까"라고 권유하고 있었으나, 1년 후인
1986년부터 1987년 사이에는 "제발 좀 더 사용해주시오. 불황이라
니까"라고 사정하였다. 창구지도도 차입을 줄이기 위한 것이 아닌
늘이기 위한 것이었다.
실제로 우리 은행원들은 "이 대출금액은 대출자에게 조금 과도하
게 보이지만, 그러나 할당된 융자 금액을 남겨서는 안 된다"라고
생각하고 있었다. 만약 할당량을 남기게 된다면 동일한 양을 할당
받은 다른 은행에 지게 된다. 그리고 은행의 랭킹을 유지하기 위해
할당량을 완전 소모하지 않으면 안 된다. '우리 은행의 힘이 빠졌
다'라는 소문이 나면 앞으로 우리의 할당량이 줄어들 수가 있다.

이처럼 은행 간의 경쟁의식을 이용해 상부은행은 언제나 자신들이
의도한 것을 실현시키고 있었다.

어느 은행관계자는 "창구지도는 은행에는 부담이었다. 그만큼 융
자해주고 싶지 않은 때도 융자해주지 않을 수가 없었다"라고 술회하
고 있다.

에피소드 4
1988, 1989년도에는 7천억에서 8천억의 할당량이 있었으므로 일정
기간 내에 이것을 소화하려고 필사적으로 대출을 행했다. 할당량을
소화하지 못하고 남기면 그쪽으로부터 '힘이 없는 은행'이라고 여
겨지기 때문이었다.
이 버블 시기에는 대출 결제권한이 현장의 영업사이드에 있었기
때문에 융자본부의 최대의 업무는 어떻게 해서든지 각 융자지점이
할당액을 소진하도록 권장하는 일이었다. 월말쯤이면 영업추진부
장이 직접 지점장에게 전화해서 "어떻게 좀 해봐"라고 하는 얘기
는 유명하였다.

또 주어진 대출할당액을 준수하기 위한 시중은행의 경험담도 있다.

에피소드5
당시 대출금의 범위가 100엔 단위로 계산되어 조금이라도 이 범위
를 벗어나면 안 되는 시기였다. 본부가 할당량을 받아 각 지점에
배분한다. 대출금액이 그 배분보다 많거나 적으면 인격이 부정될
정도로 야단을 맞았다.
감독관청의 검사에서 언제나 "다른 은행은 이런 것을 해내고 있는
데 여기 은행은 왜 못하는 거야. 당신들은 정말 안 되겠어"라든가
"저쪽 은행은 이렇게 해서 수익을 올리고 있다든데" 등으로 선동
을 하고 있었다.

내수확대를 위해 대출 할당금을 받은 각 시중은행은 할당량을 채

우기 위해 적극적으로 부동산업체나 개인에게 대출을 권유하게 되었고, 이러한 시중의 풍부한 자금들이 기업의 생산활동에 쓰이지 않고 보다 높은 기대수익을 바라고 부동산으로 몰리게 되었던 것이다. 개인과 기업의 부동산에의 수요는 증가하기만 하였고, 시장은 대단한 활황세를 보였다. 버블의 시작이었다.

(3) 부동산 가치의 폭등

앞에서 부동산 가치 폭등의 요인으로 저금리, 내 집 마련에의 꿈, 동경에의 집중과 국제화, 은행의 대출행동, 단카이 세대의 내 집 마련의 적령기 등을 언급하였다. 그러면 이러한 버블의 형성요인들이 실제로 부동산 가치를 어느 만큼 올렸는지 알아보자.

① 버블 시의 주택건설 현황

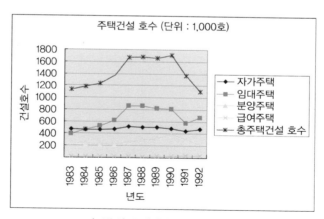

〈그림 2〉 주택건설 호수의 추이[74]

주택 총건설 호수는 1983년 114만 호 정도였으나, 1984년부터 상승하기 시작, 1985년부터의 부동산 자산가치의 상승에 힘입어 123만 호를 건설하였다. 1986년 내수확대와 주택환경개선을 위해 일본정부는 자가 주택건설을 위해 5조 원, 임대주택 건설을 위해 1조 원을 예산에 할당하고 있다. 또한 1986년 세제개정에서 주택취득 촉진 세제를 새롭게 제정, 주택구입자금의 증여세 면제의 특례조치를 취하고 있다.

1987년부터 1990년까지 매년 170만여 호를 건설, 피크를 이루고 있다. 그러나 버블의 해소와 함께 1991년에는 약 50만 호 줄어든 137만 호를 기록하고 있다. 여기서 눈여겨보아야 할 점이 자가주택과 임대주택의 건설 추이이다.

1984년 이전에는 자가주택의 건설호수가 많았으나, 1984년을 기점으로 임대주택의 건설호수가 자가주택보다 훨씬 많아지고 있다. 전체 신설주택 136만여 호 중에서 민간에 의해 건설된 임대주택이 전년도 대비 25% 증가하였고 토지공급 부족으로 인해 주택당 평균면적도 전년도비 2.7% 감소하고 있다. 이는 대도시 집중화와 국제화 현상으로 인해 토지와 주거시설이 모자라 임대주택의 수요가 크게 늘어났으며 이러한 수요증가에 의해 임대료가 상승, 건축주가 임대주택의 건축을 선호하였기 때문이다.

주택건설형태를 자택과 임대주택으로 나누어 좀 더 자세히 살펴보기로 하자.

---

74) 인용: 國土交通省 土地白書. 平成5年. "圖1-5-3 新設住宅利用關係着工戶數の推移"로부터.

● 자가주택

소유를 위한 자가주택의 건설은 1973년도에 76만 호를 피크로 감소하기 시작, 1985년도에는 46만 호에 그쳤으며, 특히 대도시의 경우 1975년도 이후 계속 감소추세를 보여왔다.

이러한 현상의 이유는 1985년 당시 금리가 저금리에다 토지가격, 주택가격은 안정되어 있었으나 개인소득이 충분히 늘어나지 않는 상태였다. 만약 융자를 받아 주택을 건설하더라도 나중에 대출금을 갚아 나가는데 무리함을 느꼈으며, 주택소유가 다른 투자형태에 비해 유리하다고 생각하지 않았기 때문이다. 1987년부터 버블 시기에도 자가주택의 건설호수는 40~50만 호를 유지하였으며, 버블해소 이후에도 비슷한 물량규모를 보이고 있다.

● 임대주택

전체 주택착공 호수 중에서 임대주택이 차지하는 비율은 1980년도 24%에서 1985년도는 43.5%로 늘어났다. 1983년까지는 매년 30만 호 정도를 건설했으나, 1984년부터 급격하게 증가, 자가용 주택건설 물량을 능가하기 시작하여 1986년에는 61만 호, 1985년부터 1990년까지 매년 80만 호 이상을 건설하였다. 1991년에는 58만 호로 감소하여 버블경기의 붕괴를 실감하게 되었다.

일본 經濟企劃廳의 1986년도 '年次經濟白書'에 의하면, 임대주택의 증가 이유를 금리하락과 젊은 연령층의 증가(15~24세), 소규모 세대의 증가, 목조주택의 노후화 등을 들고 있다.

1987년 住宅金融公庫의 임대주택 건설의 동기에 대한 조사75)에 의

하면, 임대주택을 건설하는 사람의 **50%**가 그 주요동기가 임대수요의 증가로 답하고 있는데, 이는 건축주가 임대수입의 증가를 기대하고 있는 것이다. 임대주택, 사무실공간에 대한 수요가 많아지자 임대료가 상승하기 시작하였고 도심의 주택지가 상업용 건물의 공급처가 되기 시작하였다. 도심의 중심가일수록 토지가격이 급상승하였고, 그 부담이 임대료에 포함되어 임대료 상승을 다시 부추기는 결과가 되었다. 이리하여 대도시의 토지가격과 임대료는 서로 맞물리며 동반 상승하게 되었다.

1986년	고정자산세 부담이 커졌다	은행융자 용이 ↓		재건축 시기도래 ↓	건설비인상 우려 ↙	
임대주택의 수요가 많아졌다 58.5%	14.8%	8.2%	5.1% ↑	4.5%	2.9%	6.1% ↑

건축업자의 권유   모름

1987년	고정자산세 부담이 커졌다 ↓	은행융자 용이 ↓		재건축 시기도래 ↓	건설비인상 우려 ↙	
임대주택의 수요가 많아졌다 45.2%	17.1%	16.3%	5.2% ↑	3.5%	4.4%	8.3% ↑

건축업자의 권유   모름

〈그림 3〉 임대주택 건설동기 조사

75) 인용: 國土交通省 國土利用白書. 平成1年. "圖1-1-12 賃貸住宅建設の動機"로부터.

② 부동산가격의 폭등

국제금융센터가 된 동경에 많은 해외 기업이 진출하기 시작, 사무실 공간이 절대 부족하고 임대료는 점차 상승하였다. 또한 동경에의 인구, 자금, 서비스, 취업의 집중에 따른 거주시설의 수요증가 또한 임대료를 상승시키는 주요 원인 중의 하나로 지적되고 있다.

상업지역의 사무실 공간부족, 인구집중에 의한 거주시설 공급부족을 해소하기 위해 건축주는 금융기관으로부터 토지를 담보로 하여 쉽게 건설자금을 융자받게 된다. 당시의 저금리 또한 당시의 주택건설 호황의 큰 원인이었다.

부동산가격상승의 추이를 토지, 주택(맨션) 순으로 살펴보자.

● **토지가격의 상승**

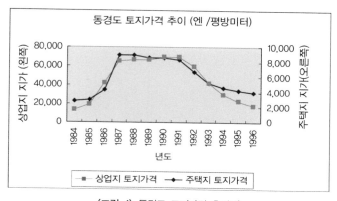

〈그림 4〉 동경도 토지가격 추이[76]

---

76) 출전: 總務省 統計局 "國民經濟計算, 15-20 不動産 土地"으로부터.

연도	상업지 토지가격	주택지 토지가격
1985	18,940	2,970
1987	64,930	8,900
1990	69,460	8,590
1992	59,725	6,736
1996	17,781	3,992
2001	12,187	3,185

동경도의 토지가격은 1986년부터 급격히 상승하기 시작, 상업지, 주택지 모두 1990년에는 세계최고치를 자랑하게 되었다. 1990년 $1m^2$ 당 상업지 토지가격은 69,460엔이었으며, 주택지 토지가격은 8,590엔 이었다. 그러나 1990년은 정점으로 2001년 현재 각각 12,187엔, 3,185 엔을 기록하고 있다.

당시의 동경도 토지가격을 세계 각 도시의 토지가격과 비교해보자.

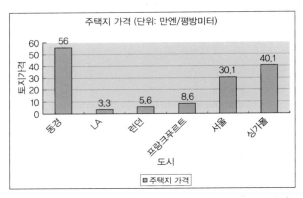

〈그림 5〉 도시별 주택지 토지가격 국제비교(1994년 1월 시점)[78]

---

77) 참조: 上同.

동경의 지가는 1994년 1월 현재 세계에서 가장 비싼 땅으로 기록되어 있다. 동경의 토지가는 런던의 10배, LA의 17배, 서울의 1.8배 비싸다.

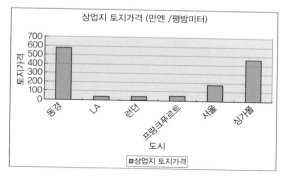

〈그림 6〉 도시별 상업지 토지가격 국제비교[79]

상업지 토지가격 또한 LA의 15.5배, 런던의 12.2배로 동경은 기업의 기업경영 코스트가 세계에서 가장 많이 드는 도시였다. 동경의 임대료가 너무 비싸 동경진출에 어려움을 느낀 외국기업들이 일본정부에 불평을 할 정도였다. 1990년 전후의 토지가격의 폭등에 의해 일본의 토지 총 자산액은 다른 국가에 비해 세계최대이었다.

〈표 11〉 일본의 토지 총자산 비교[80]

국명		일본	미국	영국
토지 자산액	1991년 말	2,197.0조 엔	601.5	151.2
	1992년 말	1,968.4조 엔	478.6	148.2
	1993년 말	1,864.6조 엔	479.6	117.6

---

78) 인용: 國土交通省 土地白書. 平成8年. "圖4-2-1 住宅地および商業地の 1m²當たり單價の國際比較"로 부터.

79) 인용: 上同.

일본의 토지 총 자산액은 1991년의 경우, 미국의 3.6배, 영국의 14.5 배에 해당하는 금액으로 만약 일본의 국토를 팔면 미국을 3.6개, 영국을 14.5개 살 수 있다는 얘기로, 일본의 토지자산의 폭등을 쉽게 짐작할 수 있는 대목이기도 하다.

한편 한 나라의 경제성장과 경제규모는 국내총생산(GDP)으로 파악할 수 있다. 일본의 총 지가총액이 실제 국내총생산의 성장에 비해 어느 정도 증가했는지 살펴보자.

〈표 12〉 일본, 미국의 총 토지가 총액/GDP 비율[81]

구분 연도	일본			미국	
	지가 총액 (조 엔)	지가 총액 (10억 달러)	지가 총액/ GDP	지가 총액 (10억 달러)	지가총액/ GDP
1970	163	456	2.22	751	0.74
1975	377	1,234	2.54	1,396	0.87
1980	700	3,459	2.91	2,998	1.09
1985	1,003	5,002	3.13	4,272	1.05
1990	2,365	17,469	5.50	5,007	0.90
1995	1,775	17,245	3.62		

위의 표를 보면 1990년도 미국의 지가총액은 약 5조 달러로 GDP에 비해 0.9배(=지가총액/GDP)의 성장을 보인 반면, 일본의 지가총액은 17조 5천억 달러로 GDP에 비해 5.5배의 성장을 기록하고 있다. 따라서 일본의 토지가격은 실제 경제성장률에 비해 과대평가되어 있다고 하겠다.

이러한 당시의 일본의 토지가격 수준은 기업의 경영코스트를 올리

---

80) 인용: 國土交通省 土地白書. 平成6. 7. 8年, "圖表 日米英土地資産額(1993年末現在)"로부터.

81) 인용: 金本良嗣, "都市經濟, 第3章 資産としての土地" 2001東京大學 經濟學部 敎授, http://www.e.u-tokyo.ac.jp/~kanemoto/kogi2001/kogi.htm.

는 주된 원인 중의 하나였으며, 국제경쟁의 관점에서 보아도 경쟁력을 감퇴시키는 원인으로 인식되기 시작하였다. 또한 경영관리 코스트의 상승에 따라 많은 기업들이 생산거점을 해외로 이전하는 계획을 세우기에 이르렀다. 이런 어려움은 일본의 국내기업에만 해당되는 문제가 아닌, 일본에의 시장참여를 바라는 외국기업에게도 일본의 높은 사무실임대료, 토지가격은 시장진입의 심각한 장애요소가 되었다.

● 주택가격의 상승

〈표 13〉 소득대비 주택구입가격의 국제비교[82]

구분	동경권[83]			런던			보스톤		
	주택가격	연소득	배수	주택가격	연소득	배수	주택가격	연소득	배수
1984	2,940.0	600.0	4.9	1,209.0	411.0	2.9	2,421.0	611.0	4.0
1985	2,989.0	636.0	4.7	1,321.0	482.0	2.7	3,678.0	704.0	5.2
1986	2,968.0	659.6	4.5	1,334.0	430.0	3.1	2,812.0	545.0	5.2
1987	3,843.0	662.6	5.8	1,411.0	435.0	3.2	2,655.0	468.0	5.7
1988	4,893.0	679.6	7.2	1,720.0	519.0	3.3	2,504.0	409.0	6.1
1989	5,579.0	734.1	7.6	1,969.0	584.0	3.4	2,376.0	445.0	5.3
1990	6,538.0	769.2	8.5	2,462.0	665.0	3.7	2,642.0	530.0	5.0
1991	6,370.0	827.3	7.7	1,966.0	597.0	3.3	2,369.0	485.0	4.6

위의 '주택'이라 함은 외국도시의 경우, 중간레벨 정도의 개인주택을 의미하며, 일본의 경우는 신축맨션(70㎡)을 말하고 있다. 동경권(사이타마현, 지바현, 카나가와현, 동경도 포함)의 주택가격은 1987년부터 급격히 상승, 이전에는 연간소득 대비 신축맨션의 경우, 5배정

---

82) 참조: 國土交通省 土地白書. 平成6年 "資料編. Ⅱ 諸の外國地域住宅價格と土地價格"으로부터 작성.

83) 동경권이라 함은 사이타마현(埼玉縣), 지바현(千葉縣), 동경도(東京都), 카나가와현(神奈川縣)을 포함한다.

도면 구입할 수 있었으나, 1988년에는 7.2배, 1989년에는 7.6배, 1990년에는 무려 8.5배가 필요하게 되었다. 이는 다른 국제 도시와 비교해도 지나치게 높은 배수로서, 런던의 경우, 개인주택을 구입할려면 1990년에 연간소득의 3.7배, 보스톤의 경우에는 1988년에 6.1배의 연간소득이 필요하였다.

주택 구입가격의 국제비교를 보자.

아래의 그림은 1994년 1월 1일 시점의 가격으로, 동경은 표준건물면적 150m², 택지면적 200m²이며, 로스엔젤레스의 경우는 표준건물면적 130~149m²으로 택지면적 600m² 크기이다. 런던은 표준건물면적 140m², 프랑크프루트는 120m², 파리는 120m² 서울은 150m²의 경우이다.

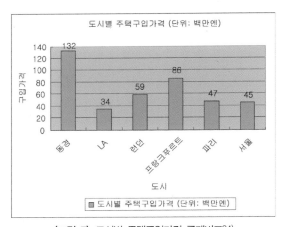

〈그림 7〉 도시별 주택구입가격 국제비교[84]

---

84) 인용: 國土交通省, 土地白書 平成7年, "圖表4-2-2 住宅價格의 國際比較"로부터.

동경의 주택구입가격은 1억 3,200만 엔으로, 런던의 2.2배에 해당한다. 동경이 세계에서 주택구입가격이 제일 비싼 도시이며, 그 다음이 프랑크푸르트, 런던, 파리, 서울, 로스앤젤레스의 순서이다.

한편 토지공급이 부족한 동경 도심(都心)에서는 자산가치의 상승에 따라 각 가계의 행동은 더욱 고급화되고 다양화 되기 시작하였다. 1호당 1억 엔을 넘는 도심의 초고층 맨션이 1,100호 이상 공급되었다. 당시에는 이를 "억션(億ショソ)"이라 불렀으며 사회적 지위를 나타내는 하나의 심볼이었다. 최상층에서 항례(恒例)의 동경의 스미다가와(隅田川)의 불꽃놀이를 바라보는 우아함과 고급스러움이 모든 사람의 동경의 대상이었으며, 일부 부유층이 타인과의 차별화, 그리고 앞으로 자산가치가 더욱 상승할 것이라는 기대감을 가지고 이 억션을 구입하였다. 그러나 버블이 붕괴된 후, 상당히 가격이 하락하였다.

1988년 國土交通省의 "住宅需要實態調査"에 의하면 별장이나 세컨드하우스를 가지고 싶다는 사람이 전국적으로 20%, 동경에서는 30%가 존재하고 있었다.

주택소유 형태의 다양화 가운데 "리조트맨션(Resort mansion)"이 1986년경부터 등장하기 시작하였다. 1986년에 1,975호, 1987년에 2,672호, 그리고 1988년에는 11,524호로 급격히 리조트맨션의 건설이 늘어났다. 이 리조트맨션의 소유자를 보면 약 60%가 이미 자신의 집을 소유하고 있는 사람들이었다. 특이한 것은 임대주택 거주자들의 8%가 리조트맨션을 보유하고 있는 점[85]이었다.

아마 장래에 부모로부터 집을 물려받을 가능성이 있는 사람이거나,

---

85) 참조: 經濟企劃廳 年次經濟報告 平成1年. "第2章1節 住宅建設의 多樣化高級化".

대도시에서 도저히 자신의 집을 마련할 수 없는 사람들이 거주하는 도시의 임대주택에서 하지만 때때로 교외의 리조트맨션에서의 여유를 즐기고 싶은 의도에서 구입한 것이라고 한다.

동경의 이러한 경향은 지방 대도시로 옮겨져 오사카, 나고야 지역의 신설주택건설이 늘어났고 주택의 분양가격도 대폭 상승하였다. 저금리에 힘입어 많은 사람들이 주택구입에 나선 결과, 오사카, 나고야의 신설 주택 판매율이 호조를 보여 신규 공급물량 대비 87~88%가 판매되었다.

③ 버블의 정점

지나친 토지, 주택, 주식가격의 상승에 경계심을 가진 일본정부는 1988년에 금리를 올리게 된다. 1989년도가 되어 시장금리가 상승하는 과정에서 주택금융금고(住宅金融公庫)의 대출금리가 인상되고 일반은행의 주택융자 금리도 상승하였다. 이로 인해 향후 금리가 더욱 인상되어 대출금 상환에 어려움이 많을 것이라 우려한 사람들이 주택구입을 위한 융자를 줄이자 건설경기도 후퇴하기 시작하였다.

한편으로 장래 금리인상에 대비해 인상 전에 서둘러 집을 지으려는 움직임도 보였다. 1990년도의 신규 주택 착공호수가 170만 호로서 사상최대를 기록하였는데 위의 움직임이 많이 작용하였기 때문이다. 1991년이 되자 총 140만 호가 건설되어 전체적으로 주택경기가 하락하기 시작하였고, 특히 임대주택의 감소가 눈에 띄게 되었다.

일본의 토지가격, 주택가격의 상승과정을 보면, 1983년 동경도심의 상업지부터 토지가격이 상승하기 시작, 1985년도의 프라자합의 이후의 금융규제완화와 내수확대 정책에 따라 주택지 가격도 동반 상승, 1986년, 1987연도에는 그 여파가 동경권(동경도, 지바현 시나가와현 사이타마현)의 상업지와 주변의 주택지로 파급해갔다.

붕괴과정도 상승과정과 동일하게 1988년에 동경도 도심부로부터 지가 상승세가 진정화되며 동시에 중심부의 주택지와 동경주변의 주택지도 진정되기 시작하였다.

한편 지방을 보면 1987년도에 오사카, 나고야의 대도시권에서, 1989년도에는 지방권에서 현저한 상승세를 보였다. 1988년도 금리인상과 함께 1990년 들어와 오사카, 나고야의 상승세도 정점을 지나고, 가을에 접어들자 총체적으로 부동산가격이 하락하기 시작한다.

이번 80년대의 부동산가격의 폭등을 과거와 비교해보면 다음과 같은 특징이 엿보였다.

- 지난번 상승기였던 1972~1973년과 비교해 이번의 상승기간은 1983년부터 1990년까지 8년간 장기 지속되었다는 점.
- 지난번에는 산업지, 주택지, 공업지 구별 없이, 그리고 도시와 지방 할 것 없이 전국적으로 부동산가격이 동반 상승한 반면에, 이번에는 동경 도심부의 상업지로부터 주변 주택지로, 동경에서부터 오사카, 나고야의 지방 권으로 파급되어갔다는 점.
- 지난번은 자금이 동시에 부동산으로 몰린 반면, 이번에는 동경권이 상승하는 것을 보고 주위나 지방 대도시권이 가격상승의 기대감으로 동경과 시차를 두고 자금이 몰린 점.
- 대도시권의 가격 상승률은 1983연도 가격과 비교해 2~3배의 급등률을 보였으나 지방도시권은 1.5~2배 상승률을 보였다는 점이 다르다.

② 주식가격의
폭등

(1) NTT주식공개

1980년대 후반, 수많은 일본의 개인투자자를 주식시장으로 달려가게 한 계기는 NTT주식의 공개였다.

1985년 당시 나카소네(中曾根康弘) 수상은 국철(國鐵, JR), 日本電信電話公社(NTT), 日本專賣公社(JT)의 3대 공기업을 민영화하기로 하고, 1987년 2월 10일에 NTT는 전체 1,560만 주 중에서 195만 주를 주당 119만 7천 엔에 공개하였다(액면가는 5만 엔). 다음해 4월에 주가는 이미 300만 엔으로 올라, 많은 전문가는 연말에는 주당 1,000만 엔까지 갈 것이라는 예상을 내놓았다. 2차 공개는 1987년 11월 주당 225만 엔에, 3차 공개는 10월 20일에 주당 190만 엔에 실시하였다.

1차 공개 시에 119만에 매입한 사람은 졸지에 떼부자가 되었고, 이를 곁에서 지켜본 많은 사람들이 NTT주식을 매입하고자 노력하였으며, "주식은 돈이 된다"라는 의식을 뇌리에 새겨주었다. 여유자금이 있는 사람들은 주식을 통한 단기간의 수익을 노리고 추종매입을 하였는데, 3차까지의 1년 8개월 사이에 약 151만 5천 명의 개인투자자가 NTT주식을 매입하였다.

그러나 1989년에 일본의 주식시장은 이미 정점에 이르고 있었으며, 이후 증권 전문가는 NTT의 실적과 자산상태를 정밀히 분석하여 주식당 가격은 60만 엔에서 80만 엔이 적절하다는 평가를 내렸다. 이로 인해 225만 엔에 매입한 사람의 꿈은 물거품이 되고 말았다.

결과적으로 돈을 번 곳은 일본정부가 되었는데, 3차에 걸쳐 총 540만 주를 공개하여 국고에 들어온 금액이 증권회사 수수료를 제외하고 10조 1천억 엔에 이르렀다.

이 NTT주식공개는 일본의 수많은 개인투자자들에게 "주식은 돈이 된다"라는 의식을 깊숙이 심어준 계기가 되었고, 일본 주식가격의 급상승의 한 원인이 되었다고 평가해도 과언이 아니다.

(2) 주가의 상승

① 주가상승과정

일본 주식가격의 상승과정을 보면,[86)]

---

86) 출전: 産業データプラザ 金融 保險業으로부터 작성. http://sangyo.kkc.or.jp/idp/index.aspx.

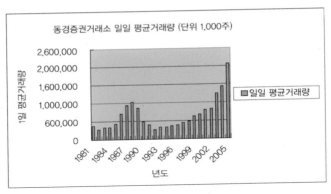

〈그림 1〉 동경증권거래소 제1부 일일 평균거래량

　　주식거래량을 보면, 1일 평균거래량이 1980년대에는 3억 주, 1986
년 7억 주, 1988년 10억 주까지 올라가 사상최대의 거래량을 기록했
다. 이후 하락하기 시작, 1990년 3억 주 수준으로 떨어졌으나 2005년
도에 20억 주를 돌파, 완전한 회복세를 보이고 있다.

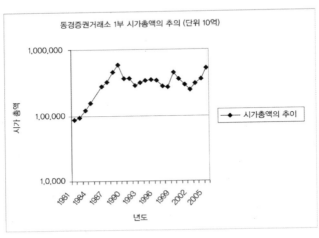

〈그림 2〉 동경증권거래소 1부 시가총액(단위: 10억)

그래도 집을 사시겠습니까?

주식 시가총액은 1989년에 약 590조 엔을 기록, 일본주식시장 역사상 최고의 시가총액을 기록하였다.

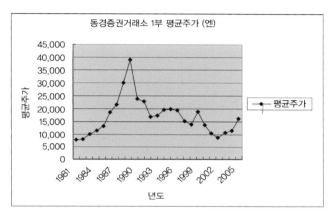

〈그림 3〉 동경증권거래소 1부 평균주가

일본의 80년대 주가 변동은 82년 10월을 기점으로 주가는 상승하기 시작했다. 1984년 초 주가는 10,000엔을 기록, 1985년의 프라자 합의에 따른 금융규제완화, 내수확대 정책에 힘입어 1987년에 20,000엔을 돌파했다. 1987년 10월의 세계적 주가 폭락사태였던 '블랙 먼데이'에서 일본 주식시장은 다른 나라와는 달리 일찍 회복세를 보였다. 1988년 4월에는 이미 폭락 전의 가격으로 회복하였다.

참고로 미국은 1989년 1월이 되어서야 폭락 전의 수준으로 회복하였고 런던시장은 폭락 이후도 고전을 면치 못하였다. 일본 주식시장은 1989년에는 그대로 상승기세를 보여 40,000엔대까지 육박하였다.

이를 정리하면,

연도	상장 회사 수	상장 종목 수	상장 주식 수 (100만 주)	시가총액 (10억 엔)	1일평균 매매량 (1000주)	평균 주가지수	단순주가 평균(엔)	평균 배당금 (엔)	PER(주가 수익률, 배수)
1985	1,052	1,058	249,328	182,697	414,754	997.72	682.47	6.27	35.2
1986	1,075	1,079	258,175	277,056	693,914	1,324.26	866.18	6.38	47.3
1987	1,101	1,102	270,952	325,478	946,753	1,963.29	1,103.85	6.44	58.3
1988	1,130	1,135	285,305	462,896	1,020,541	2,134.24	1,294.17	6.63	58.4
1989	1,161	1,165	303,222	590,909	876,917	2,569.27	1,579.99	7.06	70.6
1990	1,191	1,197	316,536	365,155	483,878	2,177.96	1,577.50	7.53	39.8
1991	1,223	1,229	322,361	365,939	372,856	1,843.18	1,268.41	7.81	37.8
1992	1,229	1,230	324,463	281,006	264,932	1,359.55	899.42	7.81	36.7
1993	1,234	1,234	326,601	313,563	343,983	1,525.09	963.30	7.52	64.9
1994	1,235	1,236	330,504	342,141	328,471	1,600.32	987.40	7.02	79.5

1985년의 프라자 합의 이후, 1989년에 총 주식시가총액, 주가지수, 평균주가, 주당 수익률이 최고치를 기록하였으며, 일일 평균 거래량을 제외한 다른 기록들은 2007년 오늘까지 깨어지지 않고 있다.

여기에서 주요국의 주가수익률을 비교해보자.

〈표 2〉 주당 수익률(PER)의 국제비교[88]

(단위: 배)

연도	일본	미국	영국	독일	프랑스
1970	11.6	17.8	14.3	10.6	13.0
1980	20.4	7.9	6.8	8.1	7.5
1990	39.8	11.7	10.1	12.6	9.3
1995	86.5	14.0	16.0	25.5	23.8
1998	103.1	24.5	22.9	23.5	26.2

---

87) 출처: 總務省 統計局, "第14章 金融保險, 14-29-a 上場株式取引高及び利回り".
88) 출처: 財務省 "財政金融統計月報".

각국의 주가수준을 평가하기 위해 1주당 주가수익률(PER)을 사용한다. 1980년 시점에서 보면 미국의 1주당 주가 수익률은 7.9배였는데, 반면에 일본은 20.4배였다. 1990년 미국이 11.7배였을 때도 일본은 39.8배이므로 미국과 비교하여 일본의 주식투자는 대단히 수익이 많이 나는 사업이었다. 따라서 NTT 주식공개의 학습효과도 경험한 일본의 주식투자자들은 주식에 투자하면 많은 수익을 올릴 수 있다는 기대심리가 다른 나라보다 훨씬 컸다고 할 수 있다.

한편, 한 나라의 경제규모와 성장을 알려면 그 나라의 국내총생산(GDP)을 보면 알 수 있다고 하였는데, 여기에서는 주식시가총액을 국내총생산액으로 나누어보아 실제 그 나라의 경제성장률에 비해 주식가치는 어느 정도 평가되어 있는지 알아보자.

〈표 3〉 국내총생산과 주식시가총액과의 비율[89]

연도	국내총생산 (10억 엔)	주식시가 총액 (10억 엔)	주식시가총액/ 국내총생산(배)
1980	240,969	73,221	0.30
1988	379,250	462,896	1.22
1989	408,534	590,909	1.45
1990	440,124	365,155	0.83
1991	468,234	365,939	0.78
1998	501,383	267,784	0.53

아래의 그림을 보면, 윗선이 주식시세 총액을 국내총생산으로 나눈 것이다. 물론 국내총생산은 분모가 되기 때문에 1로 한다.

---

89) 출전: 産業データブラザ 金融 保険業으로부터 작성.

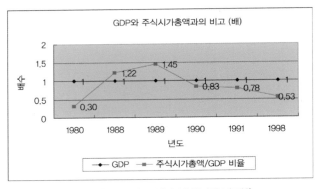

〈그림 4〉 GDP와 주식시가총액과의 비교90)

1980년에는 주식시가 총액이 일본 국내총생산의 30%에 지나지 않았으나 1988년, 1989년의 경우, 주식시가총액이 국내총생산의 각각 1.22배, 1.45배에 달하고 있다. 이는 실제 경제성장률보다 주식가격이 과다하게 평가되었으며, 따라서 1988년부터 일본의 주식시장은 심각한 버블상황하에 있었다고 볼 수 있다.

② 주가 상승의 원인

주가 상승의 원인은 4가지로 볼 수 있다.

첫 번째는, 1985년, 1986년에 일본정부가 금리 인하를 단행하였는데, 이 금리인하가 주가상승의 한 원인이 되었다. 금리가 낮아져 시중자금이 은행예금을 회피하고 주식시장으로 몰렸기 때문이다.

두 번째는 정부의 내수정책에 따른 통화량의 증가를 들 수가 있다. 시중의 여유자금이 1987년의 NTT주식공개에 힘입어 지속적으로 주

---

90) 출전: 産業データプラザ 金融 保険業으로부터 작성.

식시장으로 몰리게 되었다.

세 번째로 円高로 인한 기업의 영업이익의 증가가 주가상승에 기여하였다는 점이다. 즉 1983년부터 1985년까지 일본기업은 수출호조에 힘입어 크나큰 이익을 내었다. 그러나 프라자 합의에 의한 엔화의 강세 때문에 경기후퇴의 국면을 맞이하였으나 한편으로 円高 때문에 수입가격이 인하되어 기업의 원료구입 가격은 대폭 줄어 들었다. 그리고 일본정부는 경치침체를 우려하여 금융규제완화책과 더불어 "종합경제대책", "긴급경제대책" 등의 경기 부양책을 실시함으로써 기업의 수익은 크게 늘어났다. 기업의 수익이 늘어나고 시장의 여유자금도 풍부해지자 기업은 "기대수익"을 예상하고 주식시장에 여유자금을 투자하기 시작하였다.

마지막으로 기업의 평가익에 대한 투자자들의 과대평가를 들 수가 있다. 토지가격이 상승하자 기업이 부동산에 투자를 하게 되었고, 기업이 소유하고 있던 부동산도 그 가치가 증가하게 되었다.

기업이 보유하고 있는 자산의 규모가 커지면 커질수록 투자자들은 이를 적극적으로 평가하기 마련이다. 즉 기업 자산가격의 상승에 대해 투자가는 기업의 평가익 자산을 크게 평가한다는 것이다.

부동산가치의 증가에 의해 기업의 자산가치도 상승하게 될 때, 투자자들은 그 기업의 주식을 매입하게 되고, 자연적으로 해당 기업의 주가가 상승하게 되었다.

③ 골프회원권가격의 급상승

(1) 일본 골프의 역사

1901년 코오베(神戶)에 영국의 무역상이 4홀의 코스를 만들어 골프를 소개하였다. 1957년 사이타마현(埼玉県)의 카스미가세키(霞が関) 컨트리클럽에서 개최된 CANADA CUP에서 일본인 선수가 개인전, 단체전에 승리함으로써 이전에는 특권층의 스포츠라고 여겨지던 것이 일반에게도 널리 보급되었다.

1948년 처음으로 예탁금제도가 도입된 후, 많은 골프장이 건설되었다. 1971년에는 비공식으로 거래되던 골프회원권이 관동골프회원권거래 협동조합(関東ゴルフ会員権取引協同組合)이 발족되어 정식으로 시장거래가 시작되었다.

버블 시대인 1990년, 동경 코가네이 컨츄리클럽(小金井CC)의 회원권 가격이 5억 2,000만 엔이었으나 버블붕괴와 함께 2006년에 이르러서는 8,500만 엔으로 하락하였다.

회원권가격이 구입 시 가격 이하로 거래되자 회원들은 골프클럽에게 예탁금반환소송을 일으키게 되었다. 이에 골프클럽에서는 "회원권 분할(會員券分割)"이라는 고육책을 내놓았는데, 이는 골프클럽이 금전으로 회원들에게 예탁금을 돌려줄 능력이 없기 때문에 한 장의 회원권을 일정금액으로 여러 장 분할하여 주위의 가족이나 친척 등의 명의로 하여 플레이할 수 있게 한 것이었다. 단 예탁금 반환을 일정 기간 연기한다는 조건이었다.

(2) 일본 골프업계 현황

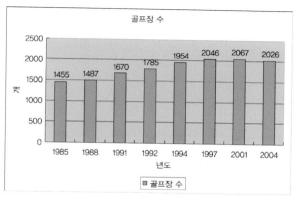

〈그림 1〉 골프장 수[91)

① 골프장 수와 운용형태별

1985년 일본의 골프장 수는 1,455개였으나 1991년에는 1,670개로 증가하였다. 그러나 부동산, 주식과 달리 일본의 골프장은 버블경제가 해소된 후에도 꾸준하게 증가해 2001년에 2,067개로 피크를 이루었다.

---

91) 출처: 經濟通算省 經濟産業政策局 調査統計部 "平成16年版 特定サービス産業實態調査" 2005年11月 25日.

버블이 붕괴되었어도 골프장 수가 증가한 이유는 버블 시에 폭등한 회원권가격에 자극을 받아 추가수익을 기대하며 1990년 전후로 새로운 골프장을 건설하기 시작하였는데 이 골프장들이 최근 들어 완성되었기 때문이었다.

각 골프장의 자본금 규모, 운영방법 등으로 나누어보면,

<표 1> 각 골프장의 운영방법별. 자본금 규모[92]

구분			2001년	2004년	구성비
전체 골프장 수			2,067개	2,026개	100%
회사	자본금 규모	5천만 엔 미만	783	782	38.6
		5천만~1억 엔 미만	427	397	19.6
		1억 엔~5억 엔 미만	529	547	27.0
		5억 엔 이상	231	203	10.0
회사 이외 법인 혹은 단체			94	91	4.5
개인			3	6	0.3

각 골프장의 운영방법별 구분을 보면 회사형태가 전체의 95.2%를 차지하고 있으며, 그 외 법인, 단체, 개인에 의해 운영되고 있는 것이 5% 정도이었다. 회사운영형태의 골프장 별 자본금 규모를 보면, 5,000만 엔 이하가 전체의 약 40%를 차지하고 있었다.

2004년의 경우, 전체골프장 중에서 회원제로 운영되는 곳이 1,351개(67%)이며, 회원, 비회원 양체제로 운영되는 곳이 384개(19%), 비회원제로 운용되는 곳이 291개(14%)이었다. 또한 전체 골프장의 67%가 예탁금제 회원제 형태로 운영되며, 그 외 주주회원제, 주주/예탁금 병용제(併用制), 사단법인 회원제등으로 운영되고 있었다.

---

92) 출처: 上同.

② 연간 이용자 수, 연간 매출액

아래의 <그림 2>를 보면, 일본 골프장의 연간 매출액은 1985년에
8,300억 엔을 시작으로 버블의 전성기였던 1991년에 약 1조 5,300억
엔, 그리고 1992년을 피크(1조 7,261억 엔)를 이루었다. 2004년 현재
9,758억 엔의 매상을 기록, 1992년에 비해 45%의 매출액 감소를 보이
고 있다.

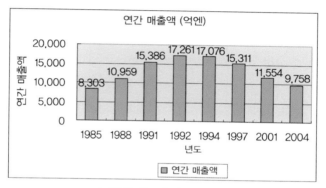

〈그림 2〉 골프장 연간매출액93)

위의 연간매출액을 수입 명세별로 구분해보면,

---

93) 출처: 經濟通算省 經濟産業政策局 調査統計部 "平成16年版 特定サービス産業實態調査" 2005年11月
25日.

<표 2> 연간 수입명세[94]

(단위: 백만 엔)

구분	2001년	2004년	구성비(%)
이용요금(그린피 등) 수입	591,689	875,846	49.6
캐디피 수입	198,424	484,043	15.7
명의변경 수수료 수입	41,850	153,154	3.7
년 회비 수입	64,487	35,795	6.5
식당, 그늘집 매상 수입	170,799	63,185	15.1
기타 수입	88,160	146,951	9.5
합계	1,155,408	92,720	100

전체 수입 중에서 이용요금과 캐디피 수입이 약 65%를 차지하고 있다. 그 다음이 식당, 그늘집 등의 식음료 수입이 15%, 연회비와 명의변경료 수입이 약 10%를 차지하고 있다.

골프장 이용요금(18홀 그린피)의 평균액을 보면,

<표 3> 18홀 그린피의 평균이용금액[95]

(단위: 엔)

구분			2001년			2004년		
			평일	토요일	일,공휴일	평일	토요일	일,공휴일
회원제	법인	정회원	1,332	1,532	1,531	1,332	1,519	1,520
		평일회원	1,183	5,499		1,103	3,782	
	개인	정회원	1,231	1,293	1,297	1,262	1,331	1,347
		평일회원	1,244	4,984		1,175	3,461	
	비회원		7,529	13,560	13,397	6,489	12,031	11,991
비회원제			6,058	10,625	10,458	5,397	9,416	9,241

비회원의 경우, 주말의 개인 그린피는 약 13,000여 엔이며 정회원

---

94) 출처: 上同.

95) 출처: 上同.

은 1,200엔 정도이다. 2004년의 그린피는 2001년에 비해 점차 저렴해지고 있는 경향을 보이고 있다.

아래 <그림 3>의 연간 이용자 수를 보면,

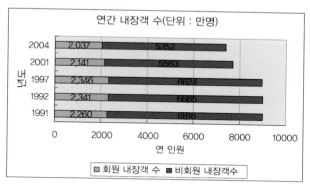

〈그림 3〉 연간 내장객 수96)

1991년 9,070만 명을 피크로 점차 감소하기 시작, 1992년에 9,006만명, 1997년 8,970만 명, 2001년 7,704만 명, 2004년에 7,389만 명에 이르고 있다. 전체적으로 일본 골프사업의 전망은 경기침체에 따른 내장객 수의 부족, 그리고 버블 붕괴와 가계수입 감소에 따른 출생인구의 감소(少子化) 현상 때문에 내장객 수나 연간 매출액은 더욱 감소하리라 예상하고 있다.

(3) 골프회원권가격의 급상승

버블경제 시에 일본 내 명문 골프장의 회원권 가격의 상승추이를 보자.97)

---

96) 출처: 上同.

① 코가네이 컨트리클럽(小金井カントリー倶樂部): 동경도(東京都) 소재

　이 골프클럽은 1937년 10월에 자본금 1,000만 엔으로 개장하여 현재 총 15만 평 규모에 18홀, 총 6,739야드, 72파, 현 정회원 431명으로 일본을 대표하는 최고의 골프장이다.

　주위가 택지이기 때문에 고정자산세, 지가세(地價稅) 등의 세금부담이 많아 명의 변경료 1,260만 엔, 연회비 21만 엔을 받고 있었다. 높은 명의변경료, 연회비임에도 불구하고 입회 희망자가 많고 엄격한 가입심사를 행하기로 유명한 명문골프장이었다(모 유명 정치가도 가입이 안 되었다는 에피소드가 있다).

　이 골프장의 회원권 가격의 추이를 보면,

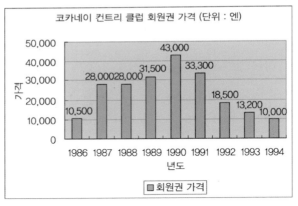

〈그림 4〉 코가네이 컨트리클럽 회원권 가격의 추이

97) 참고: 日生ゴルフ 홈페이지, http://www.plus-web.co.jp.

1986년 10,500만 엔으로 순조롭게 가격이 상승하여 1990년 버블경제의 최정점에서 43,000만 엔에 거래되었다. 이후 1991년부터 하락하기 시작, 1994년에 10,000만 엔에 거래되었다.

② 동경 요미우리 컨트리클럽(東京よみうりカントリークラブ): 동경도(東京都) 소재

1964년 개장하였으며, 자본금 60억 5,300만이며 모회사는 요미우리(讀売) 그룹이다. 총 20만 평에 18홀, 7,017야드로서 개인회원과 법인회원 합쳐 1,160명으로 요미우리 그룹의 대표적인 골프코스로 국제대회와 일본시리즈 등을 개최하는 명문코스이었다.

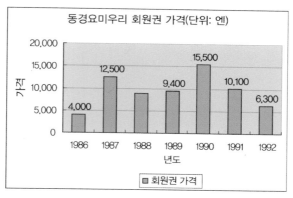

〈그림 5〉 동경요미우리 컨트리클럽 회원권 가격

1986년 4,000만 엔이었으나 버블경제와 함께 상승, 1990년 15,500만 엔의 최고치를 기록하였으나, 이후 하락하여 1992년에 6,300만 엔에 거래되었다.

③ 사가미하라 골프클럽(相模原ゴルフクラブ): 神奈川県 소재

　1957년 개장하였고, 개인 법인회원 합쳐 1,466명으로 총 42만 평, 자본금 2억 7,000만 엔 시나가와현의 대표적인 골프장이었다. 1986년 5,000만 엔, 1990년 21,500만 엔의 최고가격을 보였으나, 버블 붕괴 이후 하락하기 시작하였다.

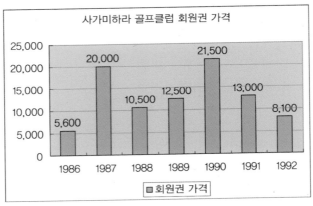

〈그림 6〉 사가미하라 골프클럽의 회원권 가격

④ 레이크우드 골프클럽(レイクウッドゴルフクラブ): 神奈川県 소재

　1990년 버블의 전성기에 개장하였으며, 총 40만 평 규모로 회원 수 470명이며 시미즈건설(淸水建設), 손보재팬(損保ジャパン)이 경영모체이다.

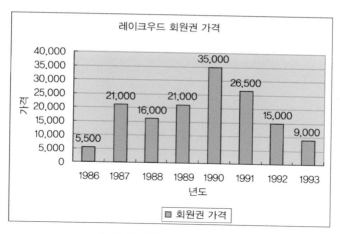

〈그림 7〉 레이크우드 회원권 가격

1986년 5,500만 엔에서 상승하기 시작, 1990년 35,000만 엔의 최고
치를 기록, 그 다음해부터 하락하기 시작하였다. 일본에는 버블 시에
골프회원권가격의 상승을 보고 많은 회사들이 골프장을 건설하기 시
작하였다. 이 골프장들이 완성된 시기가 대체로 1995년경이 된다. 그
러나 1991년부터 골프회원권가격은 폭락하기 시작, 새로운 골프장이
완성되었다 하더라도 많은 어려움을 겪게 되었다.

⑤ 타카노다이 컨트리클럽(鷹の台カントリー倶楽部): 千葉縣 소재

1954년 개장하여 정회원 1,010명의 역사가 오래된 골프클럽이다.

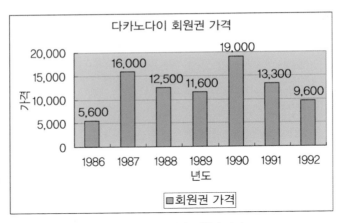

〈그림 8〉 다카노다이 회원권 가격

1986년 5,600만 엔이었으며, 1990년 19,000만 엔을 기록하였으며 다음해 13,300만 엔으로 하락하였다.

⑥ 무사시컨트리클럽(武蔵カントリークラブ): 埼玉県 소재

총 36홀로 자본금 6억 4,400만 엔, 정회원 수 1,665명이었다. 1986년 4,300만으로 상승하기 시작, 1990년 15,000만 엔의 최고치를 기록하게 되었다.

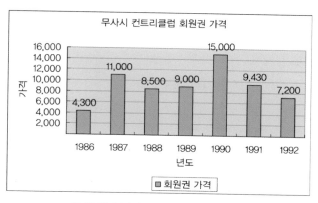

〈그림 9〉 무사시 컨트리클럽 회원권 가격

이상 각 골프클럽의 회원권 가격 추이를 도표로 정리해보면,

〈표 4〉 회원권 가격의 급상승

(단위: 만 엔, %)

구분	1986년	1990년	1991년	상승률
코가네이	10,500	43,000	33,300	410%
동경요미우리	4,000	15,500	10,100	390
사가미하라	5,600	21,500	13,000	380
레이크우드	5,500	35,000	26,500	636
타카노다이	5,600	19,000	13,300	340
무사시	4,300	15,000	9,430	349

위의 표를 보면, 주식이나 부동산가격과 같이 버블경제와 함께 골프회원권가격이 급상승, 명문골프장의 가격이 대체로 버블 형성이 시작되는 1986년의 가격에 비해 대체로 400%에서 500%의 상승을 보였다. 저금리와 풍부한 시중자금을 바탕으로 많은 사람들이 골프회원권에 투자를 하였던 것이다.

높은 생활비,
소비의 증가

부동산, 주식, 골프회원권의 자산가치의 급격한 상승을 경험한 사람들은 활발한 소비활동을 보이게 된다. 타인과의 차별화를 하기 위해 고급 외제차나 보석, 고가의 미술품을 구입하게 되고, 해외여행을 나가 명품 등을 구입하게 되었다. 적극적 소비활동에 힘입어 국내의 소비자가격도 상승하기 시작하였다.

(1) 동경의 높은 생활비

1989년 1월 당시의 동경과 뉴욕의 소매물가를 비교해보겠다.

〈표 1〉 동경과 뉴욕의 소매가격 비교[98]

(단위: 엔)

품목	단위	동경	뉴욕	배수(%)
전기요금	200kwh/월	4,836	3,711	130%
가스요금	35만kcal/월	4,714	2,105	224%
수도요금	30㎡/월	3,735	1,485	252%
버스요금	1회	160	128	125%
택시요금	5km	1,190	702	170%

영화비	1회	1,492	830	180%
이발료	1회	2,755	1,816	152%
돈육	100g	146	96	152%
양파	1kg	144	104	138%
바나나	1kg	229	106	216%
식빵	1kg	371	293	127%
위스키	1병	3,569	1,168	306%
소형승용차	2000cc 1대	1,941,000	1,181,856	164%
컬러TV	20인치	125,600	62,615	201%
컬러필름	24장	535	364	147%
카세트테잎	60분	357	177	202%
우유	100g	354	141	251%
휘발유	1리터	125	38	329%
등유	18리터	872	542	161%

뉴욕과 비교하여 동경의 공공요금은 전기요금이 1.3배, 가스요금이 2.2배, 수도요금이 2.5배, 버스비가 1.3배, 택시비가 1.7배 비싸며, 위스키의 경우는 뉴욕보다 3배나 비싸다. 그리고 컬러TV가 2배, 우유가 2.5배, 휘발유가 무려 3.3배나 비싸다. 부동산, 주식가격, 골프 회원권 뿐만 아니라 서민의 생활에 직접적으로 영향을 미치는 공공요금, 휘발유 값 또한 상당한 거품이 들어가 있었다고 보인다. 국내여행 경비가 너무 비싸 해외로 빠져나가는 사람이 넘쳐나 연휴 시의 나리타공항(成田空港)은 인산인해를 이루었다.

---

98) 인용: 經濟企劃廳. 年次經濟報告. 平成1年 "附表2-1. 小賣價格國際比較例".

(2) 고가 수입품의 증가

〈표 2〉 고가 수입품의 증가[99]

(단위: 10억 엔)

구분	다이아몬드		백금및 은		승용차		시계
	무게(g)	금액	수량(kg)	금액	대	금액	금액
1985	239,193	137	650,486	173	52,225	129	60
1986	345,516	157	560,645	139	73,466	181	56
1987	479,828	207	764,117	204	108,339	294	62
1988	673,500	266	1,142,739	220	150,629	388	80
1989	656,912	307	1,380,264	207	195,312	554	123
1990	660,851	369	1,673,876	251	251,169	894	161
1991	615,570	279	1,193,900	225	195,455	697	159
1992	581,175	232	896,128	144	185,556	633	140
1993	659,144	216	808,038	138	207,319	563	133

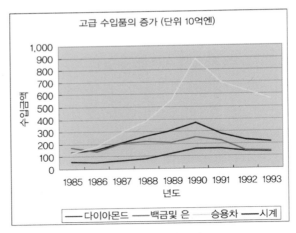

〈그림 1〉 수입품의 증가

---

99) 출처: 總務省 統計局 國民經濟計算, "18章 貿易 國際收支 國際協力 18-6"
http://www.stat.go.jp/data/chouki/index.htm.

수입승용차의 경우, 버블의 전성기였던 1990년에 수입금액으로 8,940억 엔을 기록, 버블이 시작되던 1985년의 1,290억 엔에 비해 약 7배의 증가, 다이아몬드수입은 3,690억 엔으로 2.7배, 백금은류는 2,510억 엔으로 1.5배, 시계는 1,610억 엔으로 2.7배의 수입증가액을 보였다.

왕성한 소비활동과 함께 해외여행자가 1985년 이후 급속도로 늘어나기 시작하였다.

〈표 3〉 해외여행객의 증가100)

(단위: 1만 명)

연도	1980	1981	1982	1983	1984	1985	1986	1987	1988	1989
출국일본인	391	401	409	423	466	495	552	633	843	966
입국외국인	132	158	179	197	211	233	206	216	236	284

1985년에 비해 일본에의 입국 외국인 수는 1989년에 약 1.2배의 증가를 보였으나 출국 일본인의 경우는 급속한 증가를 보이고 있다. 1985년에 495만 명이었으나 버블의 전성기였던 1989년에는 약 2배의 증가를 보인 966만 명의 해외여행자를 기록하였다. 출국 일본인의 83.9%가 관광목적이었으며, 단기상용, 업무목적의 출국은 11.5%에 지나지 않았다.

내수확대 정책과 풍부한 시중자금에 힘입어 부동산, 주식, 골프회원권의 자산가치는 급상승하고, 개인소비 또한 왕성함을 보여, 일본경제는 최대의 호경기를 보였다. 일본인들은 이를 "헤이세이 경기(平成景氣)"101)라 불렀다. 일본의 경제적 호조에 힘입은 일본인의 자신감

---

100) 인용: 國土交通省 運輸白書 平成2年 "2-1-8圖 出國日本人と入國外來客の推移".

101) 주: 일본에는 경제사상 4번의 호경기가 있었다고 한다. 첫 번째가 간무경기(神武景氣)로, 神武는 일본의 초대 왕의 이름이다. 초대왕의 즉위 이후 최대의 호경기라고 하는 의미로, 제1차 고도경제성장기였던

은 바로 "세계경제의 일본앵커론"으로 이어졌다. 당시의 일본은 세계 최강의 나라였다.

1955년부터 1957년의 기간이다. 6·25전쟁의 특수가 밑바탕이 되었다고 한다. 그다음이 이와토경기 (岩戸景氣)로서, 1958년 6월부터 1961년 12월간의 42개월간 지속된 호경기시절이다. 그다음이 이자나 기경기(いさなぎ景氣)로 1965년부터 1970년까지 계속된 호경기이다. 이자나기는 일본의 역사책이라고 하는 '日本書記'에 등장하는 신으로, 일본열도를 만든 신이라고 한다. 동경올림픽 직후의 기간으로 간무 경기, 이와토경기보다 더 뛰어난 호경기였으므로 신의 이름을 붙였다고 한다. 그다음이 헤이세이경기(平成景氣)로 대체로 1986년 12월부터 1991년 2월 사이의 49개월간으로 보는 것이 통설이다.

CHAPTER 6

버블의
한가운데에서

버블 시의
사회상

49개월간 계속되는 平成景氣 속에 일본자금은 미국에서 록펠러센터 빌딩을 구입하고, 고호나 르누아르의 그림, 골동품, 해외 리조트를 해외로부터 사들였다. 거리에서는 도요타의 소아라(ソアラ), 닛산의 시마(シマー) 등의 국산 고급차, 페라리, 포르셰, 벤츠, 재규어, 롤스로이스 등의 외제수입차를 흔히 볼 수 있게 되었다.

서민들은 폭등한 부동산가격에 내 집 마련의 꿈을 접고, 임대주택에 살더라도 인생을 즐기기 위해 차를 바꾸거나 국내외 여행을 나가게 되었다. 자산가치의 폭등을 경험한 사람은 행복하였고, 서민은 서민대로 풍요로운 생활을 즐기게 되었다. 당시의 사회상을 시사 유행어, 실제 경험담을 통해 알아보기로 하자.

(1) 버블 시의 패션과 유흥

● 80년대의 패션, "DC브랜드"102)

'DC브랜드'라고 하는 것은 디자이너와 캐릭터 브랜드(Designer & Character Brand)의 약어로서, 대형 의류메이커는 만들 수 없는 디자이너의 개성이 전면에 드러난 상품을 말한다. DC브랜드의 성공배경에는 80년대에 들어와 막 버블이 시작하려던 시기로, 자유롭게 쓸 수 있는 돈이 많아진 젊은이들이 패션에 돈을 많이 사용할 수 있었기 때문으로 보인다.

DC브랜드가 유행할 당시에는 전신을 하나의 브랜드로 감싸 입는 젊은이가 증가하였다. 어떤 브랜드, 어느 디자이너의 옷을 입고 있는가에 따라 입는 사람의 개성과 주장을 표현하였던 시기였다.

● 보디콘(Body con)

80년대 후반이 되면 버블경기는 가속도를 더해간다.

'보디콘'이란 섹시하고 성숙한 여성을 지향하는 직장 여성인들이 통근 시에 입을 수 있는 섹시한 패션을 말하는데, 어쩌면 이 보디콘은 버블경제하의 일본여성을 나타내는 상징이기도 하다.

DC브랜드의 조금 루즈한 디자인에 만족하지 못했던 여성들 사이에서 이 보디콘 패션은 급속히 늘어나기 시작, 그 붐은 1986년에서

---

102) 인용: "ファッションの歴史" 홈페이지. "80年代ファッション". http://www.fashion-rekishi.com.

1989년까지 계속되었다.

보디콘이라 함은 '보디 콘셔스(body conscious)"의 약어이다. 여성으로서의 자신의 체형을 의식한다고 하는 스타일은 1981년도 밀라노 패션에서 처음 발표되었으나 일본에서는 여성의 곡선미가 더욱 드러나도록 강조한 것이다.

앞머리를 조금 말아 올리고 짧은 미니스커트에 하이힐을 신고, 잘록한 허리에 당당한 어깨를 자랑하는 보디콘 패션으로 무장한 여성들은 회사업무가 끝난 뒤에는 디스코클럽으로 직행하였다. 이즈음부터 보디콘은 출근복장뿐만 아니라 무도회장에서의 복장으로도 인식되었다.

● 고급 디스코클럽 붐103)

1980년대 중반부터 록본기(六本木, 동경의 유흥가) 주변에서는 대규모이며 호화스러운 내부 인테리어를 자랑하는 고급 디스코클럽이 번성, 아자부(麻布, 동경 한국 주일 대사관이 있는 곳)의 "마하라쟈(マハラジャ)", 아오야마(青山, 동경의 고급스러운 동네)의 "킹 앤 퀸(キング&クイーン)", 록본기의 "에리아(エリア)", "지팡고(シパンゴ)" 등이 인기가 높았다.

록본기 주변에서는 "마하에리시대"(마하라쟈와 에리아의 시대라는 뜻), 전국적으로는 "마하라쟈 전성시대"라고 일컬어졌다. 또한 히비야(日比谷, 동경)의 "라디오시티"는 OL(Office Lady, 여성직장 근무자),

---

103) Wikipedia 사전. "ディスコ"항목 참조. http://wikipedia.org/wiki.

샐러리맨 전문출입 디스코클럽으로, 남성은 정장에 넥타이를 착용하여야 하며 사원증을 제시하지 않으면 입장이 불가능한 곳이었다. 종종 일류기업의 회사 배지를 달고 클럽에서 여성들에게 명함을 돌리는 남성 샐러리맨의 모습이 자주 보였다.

이 클럽들은 내부 인테리어에 수억 엔을 들여 대리석을 사용한 호화스런 분위기에다 콘서트 홀에 버금가는 음향 조명기기의 설치, 여성의 춤이 눈에 띄도록 일인(一人)무대(お立ち台, 오다치다이: 춤에 자신이 있는 여성이 이 일인무대에 올라 조명을 받으며 자신의 춤을 피로한다)를 설치하였다.

일반석과 구별되어 유리로 칸막이된 VIP룸의 설치와 호텔급 종업원들의 정중한 서비스, 고급레스토랑과 견줄만한 뛰어난 주방장의 요리, 남성끼리의 클럽입장 거부, 청바지착용입장 금지, 클럽의 분위기에 맞지 않는 손님의 입장 거부 등을 채택, 고급화와 비현실적 공간을 창출함으로써 종래의 디스코클럽과 차별화를 꾀하고 새로운 고객층을 획득하고자 했다.

이러한 고급클럽에서는 패션모델 수준의 미소년 종업원에게 화장을 시키거나 웨이터나 DJ에게 계급별로 구분하여 호화스러운 제복을 입혔는데, 이들을 노린 여성객들이 클럽에 쇄도하였다.

그리고 검은 옷(黑服, 구로후쿠)이라고 불린 매니저급 종업원이 패션모델이나 단골 여성손님에게 프리패스나 서비스드링크 등의 우대서비스를 제공하였고, 이들을 댄스플로어 입구 근처의 LV석(Lady VIP석)에 앉히거나 오다치다이에서 춤추게 하여 입장한 남성손님들의 눈에 띄게 하는 상술을 썼다.

이런 여성객을 노리고 모인 남성으로부터는 비싼 입장료(당시

4,000～5,000엔)를 받거나 VIP룸 차지를 하는 등, 흔히 말하는 "꽃이 있는 곳에 나비가 모인다"는 상술이 당시 고급 디스코클럽의 손님 유인수단이었다.

고급디스코클럽의 드레스코드 때문에 입장이 거부당한 고교생이나 10대 청소년들은 신주쿠(新宿)나 시부야(渋谷) 등의 일반 디스코에서 놀게 되었다. 이 덕분에 록본기 주변의 디스코는 어른들이 안심하고 놀 수 있는 사교의 장으로 변화되어 종래의 부정적 이미지로부터 벗어나 일반인이 멋있게 차려 입고 가는 유행의 발신 스포트로 인지되기 시작하였다. 이러한 고급지향은 당시 버블경기 하의 여유있는 젊은이들의 센스에 들어맞았다.

여성의 패션은 DC브랜드가 중심으로 '핑키 앤 다이앤', '로페', '쥰코 시마다' 등의 보디콘과 셔츠에다 '에르메스'의 스카프나 '샤넬'의 체인벨트로 치장한 '원랜', '롱소바쥬'에 '크리스찬 디오르'의 "포이즌"을 뿌리는 것이 정해진 스타일이었다.

남성은 '컴디컬슨', '와이즈', '아스톤보라쥬' 등의 DC브랜드 셔츠에 샤넬의 '안테우스'가 인기였다. 또한 디스코에서 '죠르지오', '아르마니' 등의 이탈리아계 브랜드셔츠가 유행한 것은 1980년대 후반부터 1990년대 전반이었다.

● **줄리아나 도쿄(ジュリアナ 東京) 붐[104]**

버블경기 붕괴 직전의 1991년 동경만 근처의 시바우라(芝浦)에 외국

---

104) 참조: Wikipedia, http://www.wikipedia.org/wiki.

계의 거대디스코 "줄리아나 동경"이 오픈하였다. 외국인 DJ에 의한 테크노사운드에 보디콘의 여성들이 "줄리선(ジュリ扇)"이라고 불리는 털 달린 접부채를 돌리면서 거대한 다이(臺)에서 춤추는 붐이 생겨났다.

이 줄리아나 동경 붐의 패션은 1980년대 중반 이후의 DC브랜드에 의한 품위 있는 보디콘과는 달리 맨살을 노출시킨 과격한 보디콘이 특징으로, 때로는 노출도를 강조하기 위한 자가제작의 보디콘도 등장하였다.

이런 과격한 보디콘에 속옷이나 T백 팬티가 보이는 것도 상관없이 서로 다투어 다이에 서는 여성을 보려고 많은 남성들이 몰려드는 이상스러운 열기가 솟아났다.

이런 장면들은 매스컴이나 미디어에 의해 보도되어 줄리아나 동경 붐은 지방에까지 번져갔다. 당시 이미 인기가 떨어져 있던 지방의 "마하라쟈", "킹 앤 킨" 등에서도 더욱 큰 다이를 증설, 줄리아나 동경붐에 편승하여 전국적으로 다시 인기를 모으게 되었다.

이처럼 전에 볼 수 없었던 줄리아나 동경 붐은 나고야 등의 지방에서 동경보다 더욱 과격화되어 노출경쟁은 끝없이 진행, 종래에는 속옷바람으로 다이에서 춤추는 여성까지 등장하여 거의 스트립쇼에 가깝게 되었다.

줄리아나 동경에서는 순수한 춤을 즐기던 단골손님들은 노출경쟁에 싫증을 느끼고 이탈하게 되었으며 사회비판과 경찰의 지적도 있고 해서 거대한 다이를 철거하고 크리스털 스테이지가 설치되었으나 예전의 열기는 돌아오지 않고 1994년 폐점하였다.

현재 TV 등에서 버블경제를 소개할 때 이 줄리아나 동경의 다이에서 부채를 흔드는 보디콘 여성들의 영상을 내보낸다.

● 이벤트 컴퍼니언

1980년대 후반 버블경제와 함께 이벤트나 전시회의 증가에 따라 이벤트컴퍼니언의 존재가 대중화되었다. 대규모 이벤트나 전람회에서의 컴퍼니언 업무뿐만 아니라 거리에서 안내장(전단지) 배부나 앙케이트 의뢰 등의 업무에 종사하는 여성까지 "이벤트 컴퍼니언"이라고 불릴 정도로 그 범주가 넓어졌다.

업무내용은 모터쇼나 사무기기의 신상품 발표회 등의 전시회나 이벤트 등에서 제복을 입고 전시품의 옆에 서 있거나 전시품의 설명 등의 접객 안내가 주업무 내용이었다.

최근에는 카메라 촬영을 즐기는 관객들과도 좋은 관계를 유지하는 컴퍼니언도 생겨났다. 전시품의 설명이나 이벤트의 사회진행 등의 나레이션 업무를 하는 여성을 "나레이션 컴퍼니언(약칭 나레콘)"이라고 부르며 구별한다. 기본적으로 화려한 업무로써 여겨지기 때문에 외모에 자신이 있는 여성이 주로 종사하였다.

이 직업의 출세과정을 보면, 이벤트 컴퍼니언에서 레이싱 걸을 거쳐 주간지 표지나 사진집을 장식하는 그라비아 아이돌이 되어 본격적으로 연예계에 데뷔하는 것이 출세패턴의 하나인데, 여대생이 아르바이트로서 이 업무에 활약하는 경우는 대학 졸업 후에 스튜어디스나 아나운서가 되기 위한 또 다른 출세패턴의 하나였다.

● 이벤트계 서클[105]

주로 대학생들이 즐기기 위한 목적으로 결성된 단체로 "이베사(이벤트 서클의 줄임)"라고도 한다. 이벤트계 서클은 일반적으로 대학교의 비공인 단체로 활동하는 경우가 많은데 공식학생 단체로 인정하는 대학도 있었다.

그 출현은 1970년도 후반의 테니스, 디스코 붐 시절부터였으며, 특히 버블경기의 정점이었던 1980년대 후반에 전성기를 이루었다.

기본적으로 테니스, 스키 등의 스포츠를 즐긴다는 명목을 내걸기는 하지만 실제로는 디스코 등 밤의 유흥, 헌팅(難破, 난파)이 주 목적이었기 때문에 별명으로 "유흥서클, 난파서클" 등으로 불렸으며, 주로 수도권의 대학생을 중심으로 결성되었다.

초기에는 수도권 대학을 중심으로 대학별 서클이 존재하였는데 차츰 '인카레(Inter college의 줄임말)'라고 불리는 대학통합 모임 서클이 주류가 되었으며 "리그"라고 불리는 상부조직이 이 서클들을 관리하게 되었다.

각 리그 밑에 수십 개에서 백 개 정도까지의 서클들이 존재하였으며, 일본 전국에 산재해 있던 산하의 서클을 동원하여 "50점포(서클) 합동 디스코 파티" 등의 수천 명에서 수만 명을 동원하는 파티를 개최, 이벤트당 수백만 엔에서 수천만 엔의 매상을 올렸다. 따라서 학생 서클의 집합체라고 하기보다 학생기업이라고 하는 쪽이 더 어울릴 정도였다.

---

105) 참조: 106과 同一. http://www.wikipedia.org/wiki.

이러한 리그의 대학생 동원능력을 본 미즈노, 후지중공업, 닛산자동차 등의 대기업이 자사선전이나 졸업생에의 어필을 목적으로 각 리그에게 협찬의 형식으로 파티나 리그 운영에 금전적 지원을 하는 경우도 발생하였다. 그러나 지나친 기업화와 버블경기의 붕괴, 디스코 붐의 종언에 의해 1990년 전반에는 서클이나 리그는 해산하게 되었다.

(2) OL(Office Lady)의 추억

● OL의 즐거움[106]

버블이 지나고, 한 직장여성의 회고담을 들어보자.

"보디콘"이 유행했던 시절은 정말 버블 절정의 시기였다고 기억합니다.

무엇을 숨기겠습니까, 그때 20살이 된 저는 고향의 성인식에서 입었던 복장은 전통 복장이 아닌 '준코 시마다'의 보디콘 슈트였습니다. 당시 보디콘이라고 하면 준코 시마다가 아니면 '아라이야' 제품 – 어깨 폭이 넓은 반면 허리는 잘록하게 들어간 재킷에 미니스커트, 초하이힐의 내 모습은 일본의 전통 복장을 한 동년배 중에서 제법 눈에 띄었던 것은 아닐까요? 성인식 뒤에는 그 모습으로 '마하라쟈(유명 디스코클럽)'나 '이빔(당시 나고야에 오픈한 디스코클럽)'에 놀러 갔

---

106) 인용: オフィス・マッチング・モウル, "週刊モグラ通信" 第111, 114号, 2005年5月1日/23日.
http://www.m-mole.com/mog.

었지요. 지금 생각하면 부끄러운 회상이지요.

그런 버블 속에 동경에 상경하여 일단 "여대생"이었던 저는 공부는 거의 하지 않고 놀기에 바쁜 매일을 보내고 있었습니다. Hanako (당시 유행한 패션잡지)에서 멋있는 바니 클럽을 체크 하거나 워터후론터(동경 미나토구 해안변)에 매일 밤 놀러다녔던 기억이 납니다.

이 세대는 저축보다는 신 나고 화려하게 돈을 써버리고자 하는 인종들이었습니다. 행복인지 불행인지.

한 남학생이 지방에서 상경하여 버블 최전성기를 동경에서 지내게 되었습니다. 그러나 당시의 남학생은 여대생보다는 혜택을 덜 받는 환경이었습니다. 디스코에 갈 돈을 마련하기 위해 아오야마(青山, 동경의 고급스러운 거리의 하나) 근처에서 심야의 도로공사 아르바이트를 하고 다음날 디스코에 가기 위해 멋있는 정장을 차려입고 히비야선(日比谷線, 긴자와 록본기를 통과하는 지하철 노선)에 올라탔던 기억.

이것은 지방에서 올라온 남학생들 대다수의 생활모습이었다고 생각합니다. 이 남학생의 경우, 그 심야의 아르바이트 중에 BMW를 탄 또래의 젊은 사람이 길을 묻고 감사의 표시로 1,000엔을 주었을 때 이를 거절하지 못했던 굴욕적인 기억도 있었다고 합니다.

사귀고 있는 여자애에게 티파니의 반지를 사주기 위해 심야의 도로에서 아르바이트를 하고 있었던 남자, 이것이 바로 나의 앗시군(あつし君)이었습니다."

참고로 앗시군의 설명을 곁들인다.

● 앗시군(あっし君)

늦은 밤 귀가하려고 하는 여성이 남자친구에게 전화를 한 통 하면 남자친구가 나타나서 아무 군소리 없이 자가용으로 여성을 안전하게 귀가시켜준다. 이때 전화 한 통화에 즉시 달려와서 여성의 발(足, 아시) 대신 역할을 하는 남자를 앗시군이라 하였다. 남자친구는 여자친구로부터 그 어떤 대가도 바라지 않고 그저 열심히 여자친구의 발 역할을 할 뿐이었다,

여대생이라는 것만으로 세상의 귀여움을 독차지하고, 젊은 보이프렌드는 앗시군(あっし君), 나이 지긋한 아저씨 보이프렌드는 메시군(メッシ君, 메시군: メッシ는 飯을 뜻하는 것으로, 밥 사주는 아저씨)으로 구별하여 사귀는 등, 세상은 자기중심으로 움직이고 있다고 진심으로 생각하였다.

진심으로 남자들에게 금품을 바치게 했던 친구(貢ぐ君: 미쯔구군, 선물 등을 여자친구에게 갖다 바치는 남자친구)도 많았고 취직도 상사(商社)나 매스컴 등 자신이 원하는 곳을 택해서 할 정도였다.

● 잡지 'Hanako'

여성잡지 'Hanako'의 콘셉트나 애독자를 일컫는 말이다.

결혼 전까지는 일도 레저도 철저하게 즐기는 새로운 타입의 여성군들을 지칭한다. 당시의 일본 경제는 폭발적인 호경기를 보이고 있었으며, 여성들도 직업을 가지고 남성과 동등하게 대우받으며 일하고 있었다. 그러므로 생활유지를 위해 남성에게 의지할 필요도 없었고,

독립적인 생활을 즐길 수가 있었다.

이와 유사한 말로 '오야지 갤(オヤジ ギャル-아저씨형 여성)'이라는 것이 있었는데, 유명한 여성만화가 中尊寺ゆう子(쥬손지 유우코)의 작품 "스윗 스폿(スイート スポット)"의 등장인물로서, 여성이 지하철이나 전철역 앞에서 서서 먹는 메밀국숫집(立ち食いそば)에서 남성들과 똑같이 먹는다든지, 전철 안에서 스포츠신문을 읽는다든지(스포츠신문에는 야한 사진이나 기사가 많다) 피곤해지면 '융켈 황제액(영양드링크나 숙취해소제 같은 것)'을 마신다. 또는 길거리에 서서 골프스윙 연습을 하거나, 자주 골프장에 간다. 경마장 동네어귀의 술집에 자주 나타났으며 맨션 등의 부동산을 사기도 하였다.

돈과 차가 없는 남자는 학생, 사회인을 불구하고 인기가 없었다. 데이트는 이벤트 성이 중시되고 크리스마스 이브의 고급호텔은 젊은 커플로 만원을 이루었다. "오야지 갤"은 여성의 아저씨화 현상을 표현한 것으로, 당시 일본의 폭발적인 호경기 속에서 강한 경제력을 지닌 여성들의 자신감을 나타내고 있는 표현이었다

● 영화 "버블로의 GO!!"[107]

버블을 주제로 한 영화를 만든 감독의 또 다른 감회를 들어보자.

"크리스마스에는 아카프리(赤プリ-아카사카 프린스호텔)에 머물며……

---

[107] 인용: 映畵 "バブルへGO!!"의 감독 馬場康夫 인터뷰기사, 日經WagaMama.
　　　http://www.waga.nikkei.co.jp/enjop/movie.aspx?i=20061227e2000e2.

버블 시대는 디즈니랜드, 스키장, 고급 이탈리언 레스토랑이 젊은이를 상대로 돈을 번 시기. 왜냐하면 크리스마스에 젊은이들이 '아카프리'라고 하는 고급호텔에 묵으면서 SEX를 하는 그런 시대였습니다.

기업도 젊은이를 대상으로 장사를 하였습니다. 젊은이도 이에 호응하여 레인보 브리지(동경도 미나토쿠 해변가에 1993년에 세운 흰색의 다리. 우리의 광안대교와 닮음)가 생겼다고 하면 모두 보러 가서 돈을 썼습니다. 당시는 젊은이들이 돈을 쓰기 때문에 돈이 돈다고 하는 시대였습니다.

아르바이트 시간도 그렇습니다. 1970년대 후반부터 1980년대 전반 사이의 기간과 1990년 시점을 비교하면 1989년 쪽의 학생의 바이트시간이 2배 이상으로 늘어나 있습니다. 왜냐면 1975, 1976년경의 전공투(全共鬪: 1968년에서 1969년 대학분쟁 시의 반체제 학생투쟁단체) 세대의 학생은 헬멧을 쓰고 각목을 휘두르며 화염병까지 만들어 국회를 포위하고 있었기 때문에 아르바이트할 시간이 없었기 때문입니다."

그러나 선진 일본건설의 주역인 일본의 베이비부머인 "단카이 세대"는 쾌락을 쫓아가는 버블 속의 젊은이를 나무랐지만, 버블이 꺼진 후에 실제로 버블을 일으킨 자신들 때문에 이 젊은 세대들이 직장을 얻지 못해 거리를 헤매게 될 줄은 꿈에도 몰랐을 것이다.

(3) 고급품 지향

● 국산 고급차

─시마 현상

日産自動車가 1988년 신발매한 고급차 시마(シ-マ)는 폭발적인 인기를 얻었다. 주문하여 손에 들어오기까지는 반년 정도 걸리는 것은 당연한 일로, 거리에서 이 차가 지나가면 모두가 뒤돌아볼 정도로 매력 있는 차였다. 일본경제의 호황, 円高의 영향으로 외제 수입차가 인기를 얻었던 중에 일본인의 고급품 지향을 만족시켜주었던 국산차로, 이러한 현상을 '시마현상'이라고도 불렀다. 차량가격은 500만 엔이었다.

─하이소 카(High society car의 줄임말)

토요타 자동차의 소아라(ソアラ)가 심볼적 존재.

300만 엔이 넘는 국산차를 20대의 젊은이가 구입. 우아한 생활에 어릴 적부터 익숙한 2세들이 등장하기 시작. 고귀한 숙녀들을 태우기에 적합한 것이 바로 하이소카였다. 1980년대의 고급차붐과 함께 많은 젊은이들이 이 차를 선호하였다.

─초 고급차

국산차의 경우도 600~800만 엔 정도 하는 고급차로서 도요타의 '세르지오'나 닛산의 '인피니티 Q45' 그리고 혼다의 'NSX' 등의 고급차가 속속 등장. 외제차로서는 BMW, 벤츠, 재규어 등 1,000만 엔 이상의 유럽 고급차가 일본 국내에서 잘 팔렸는데, 그중에서 재규어 XJ

220은 일본가격으로 6,670만 엔이었다.

● 고가 미술품

야스다화재(安田火災)가 런던 경매에서 53억 엔에 낙찰한 고호의 명화 "해바라기"가 1987년 7월 일본에 도착하였다. 같은 해 10월 23일 자 日本經濟新聞 夕刊에 의하면,

"올해는 고가 그림의 수입이 많아 8월까지의 그림 수입총액이 이미 과거 최고를 기록하였다"고 전하였다. 유럽으로부터의 수입그림의 평균단가는 538만 엔으로 작년의 약 3배에 달하고 있는 것이 23일 동경세관이 발표한 전국 통관통계에 의해 밝혀졌다. 억 단위의 고액 그림의 수입이 계속되어 평균단가를 상승시켰다"고 보도하고 있다.

국내의 "여유자금"현상이 円高에 의해 해외에도 영향을 주어 런던이니 뉴욕의 옥션에서 재팬머니의 위력을 발휘하고 있었다.

(4) 나의 버블 체험기[108]

버블의 전성기 속에서 호경기를 즐기던 직장인의 얘기를 들어보자.

● 골프회원권

"나는 20년 전에 신설의 골프회원권 판매 회사의 맹렬 영업맨이었

---

108) 인용: http://www.hamacco.com/private/taikenki/taikentop.htm "私の體驗記!!".

습니다. 당시는 투자대상으로 골프회원권이 날라 다닐 정도로 잘 팔렸습니다. 신문에 신설 골프장회원 모집 광고가 1면에 나가면 아침부터 문의전화가 계속되었습니다. 계약을 위해 손님의 자택을 방문하면 주위의 사람도 함께 사거나 연이어 소개가 있어 그렇게 열심히 영업을 하지 않아도 잘 팔렸습니다.

한 달에 5건을 계약하면 '어라, 이것이 보너스?'라고 할 정도로 월급봉투가 두툼하였습니다. 한 만큼의 소득이 있었기에 미친 듯이 일했습니다. 당시 동년배의 연간 급료가 250만 엔 정도였을 때 나의 보수는 1,500~2,000만 엔 정도였습니다.

일본경제의 경기도 좋고 무엇을 해도 잘 되고, 무엇을 팔아도 잘 팔리는 시대였습니다. 부동산이 있으면 은행이 이를 담보로 얼마든지 돈을 빌려주는 시대로 부동산 중개인 시험이 큰 인기였습니다."

● 고급 술집출입

"당시는 지금처럼 '카뱌쿠라(카바레클럽)' 같은 것이 많지 않았기 때문에 건방진 마음이 들면 고급클럽에서 2~3차에 걸쳐 놀았습니다. 잠깐 앉았다 하면 4만 엔 하는 술집도 있었습니다(긴자의 술집은 또 한 단위 높았습니다만).

"오늘 한잔하자"라고 마음먹으면 술집이나 클럽을 3차까지 가는 겁니다.

마시다 보면 당연히 마지막 전철이 떨어져 2만 엔을 주고 택시를 타고 귀가를 하든지, 아니면 동경 시내의 고급호텔에 투숙하든지 하였습니다. 하룻밤에 20만 엔 정도 쓰는 것은 흔한 일이었습니다. 현금이 없는 경우는 카드를 사용했습니다만, 너무 많이 쓰다 보니 카드의 사용한도액을 넘어 창피를 당한 적도 있습니다.

당시 요정이나 고급클럽에서 기분 좋게 돈을 뿌렸던 사람은 증권회사나 부동산회사 종사자였습니다. 그러나 나처럼 20대 전반의 젊은 사람이 호기 있게 돈을 쓰는 경우가 드물어 술집의 여성들에게 인기를 모아, 제가 천하라도 잡은 것 같은 기분을 느꼈습니다. 지금 생각하면 "단순한 바보"였습니다.

(5) 버블 시의 TV드라마와 스포츠

① 트렌디 드라마

트렌디 드라마(Trendy drama)109)는 1990년 전후에 많이 제작된 일본 텔레비전 드라마의 한 장르로서, 도시에 사는 남녀의 연애와 트렌드를 묘사한 현대풍 드라마이다.

트렌디 드라마의 배경은 말할 것도 없이 80년대 중반부터의 버블경제이다.

버블 때에는 자산가치의 상승에 따라 모두가 부자라는 감을 가지게 했던 시대로서, 왕성한 소비활동을 보인 시기였다. 평범한 OL이 일 년에 몇 번이나 해외여행을 가거나 고가의 명품 수입품을 구입하거나 고급 레스토랑에서 저녁식사를 즐기던 시대였다.

트렌디 드라마는 사치스런 맨션에 살며 직업은 스타일리스트 같은

---

109) 주: 일본식 영어.

주인공이 멋있는 연예게임을 반복하는 러브 코메디가 주요내용이었다. 주로 짝사랑, 삼각관계, 전(前) 애인들이 섞여서 연애관계를 형성하나 절대로 심각하지 않은 코미디 터치였다.

연애 드라마라기보다 도시의 최신 라이프 스타일을 보여주는 카탈로그 잡지적 내용이었다.

당시 트렌디 드라마의 공통점[110]을 본다면,

- 황금시간대에 방송되며 시청자는 시청률을 확보할 수 있는 주부, 여성직장인, 사회인을 타깃으로 한 오락작품이어야 한다. 저연령층, 노년층은 시청률 타깃으로 삼지 않는다.
- 배역은 드라마 방송 시점에서 연기나 연예활동이 활발한 미남미녀 혹은 튀는 개성의 소유자, 또는 시청자에게 지극히 호의적으로 받아들여지고 있는 배우, 가수, 탤런트 등이 기용된다.
- 주요 등장인물은 꽃미남, 꽃미녀이어야 한다.
- 등장인물의 직업은 유행의 최첨단이어야 한다. 기업의 경우에는 광고기획부문에서 근무하며, 프리랜서의 경우는 디자이너여야 한다. 또는 매스컴, 텔레비전 관련직업, 혹은 의사나 조그만 사업장을 가진 독립된 오너이다.
- 방영 당시의 화제의 스포트, 패션, 아이템, 라이프스타일 등이 드라마에 반영되어 있어야 한다.
- 주인공은 주로 고급맨션(그것도 높은 층)의 아름다운 인테리어로 장식된 방에 살고 있으나 약간 현실적 생활감이 모자란다. 의상은 최고급으로, 상당히 높은 임대료의 호화스러운 주거지가 배경이며, 자주 가는 곳은 유행하는 카페테리어, 레스토랑, 바 등으로 호화판 생활을 유지하고 있다.
- 주인공들이 기다리거나 만나는 장소는 멋있는 팝, 록 클럽계가 많다.
- 맥주보다 와인이나 샴페인을 마신다. 맥주를 마시는 장면은 황혼무렵의 장면에 한한다.
- 주인공은 꽃미남이면서 "부드럽고 친절한" 성격으로 주위로부터

---

110) 인용: Wikipedia, http://www.wikipedia.org/wiki.

신뢰를 받고 있다. 때로는 이 부드럽고 친절함 때문에 주위의 많은 여성이 오해를 하게 된다.
- 기념일(크리스마스, 생일)을 소중히 하는 경향이 있다.
- 주인공은 분위기 있고 멋있는 야경이 보이는 장소에서 눈물을 글썽거리며 복받치는 감정을 주체 못하는 느낌으로 "사랑해" 하고 고백한다.
- 여성 주인공은 선 머슴애, 말괄량이, 푼수 끼가 있는 성격의 설정으로 굉장히 밝은 성격을 지닌 미녀이어야 한다. 시청자들이 반감을 가지기는커녕 주위에 흔히 있는 성격으로 친근감을 느끼게 하여야 한다.
- 주인공 이외의 조연들은 남겨진 사람들끼리 짝짓기를 하거나 주인공과 히로인의 티격태격하는 것을 어느 정도 거리를 유지하면서 지켜보고 있거나 도와주거나 한다.
- 주제가는 방송 시에 계속해서 흘려보냄으로써 시청자의 마음에 각인되게 하여 빅 히트곡이 되게 하는 경우가 흔하다. 당시 싱글 판매가 200만 장을 돌파하는 곡('101回目のプロポーズ'의 주제가였던 'CHAGE & ASUKA'의 'SAY YES' 등)이 많이 탄생하였다.

버블이 붕괴하기 시작할 무렵, 일본의 드라마는 트렌디 드라마에서 순애(純愛)나 가족드라마(101번째의 프러포즈 등, 101回目のプロポーズ)로 옮겨가게 된다. 세련되고 도시적인 것보다 가족의 사랑, 어려운 환경에서의 분투 등의 따뜻한 인간적인 내용의 드라마가 등장하기 시작하였다. 돈에 움직인 시절에서 인간의 마음으로 옮겨가기 시작한 것이 버블 붕괴 이후였다고 생각한다.

② 버블 시의 스포츠111)

버블 시에 특히 유행했던 스포츠는 카 레이싱(car racing)과 골프였다.

---

111) 참조: Wikipedia, http://www.wikipedia.org/wiki.

카 레이싱에서는 나카지마 사토루(中嶋悟)가 일본인 최초의 F1 레이서로 인기를 얻었으며, 골프에서는 아오키 이사오(青木功)가 국제대회에서 우승을 하였으며, 여성골프로서는 오카모코 아야코(岡本綾子)가 세계적인 활약을 보여주었다.

● 카 레이싱
- 나카지마 사토루(中嶋 悟)

일본인 최초의 풀타임 F1드라이버로서 1987년 브라질 그랑프리에서 데뷔, 1992년 은퇴할 때까지 5년간 버블경기로 들끓던 일본에 F1의 붐을 일으켰다.

F1에서의 성적은 총 80회 참여(결승진출 74회)하였으며 예선 최고 기록 6위(1988년 멕시코GP, 일본GP)였으며, 결승 최고 성적은 1987년 영국GP와 1989년 호주GP에서의 4위였다.

● 골프
- 아오키 이사오(青木 功)

14세부터 골프를 시작 1977~81년 4년 연속 일본투어 상금왕
1978년 세계 매치 플레이 선수권에서 해외 첫 우승
1980년 전미 오픈 4일에 걸쳐 잭 니클라우스와 펼친 사투는 유명
1981년 미국투어에 정식 출전
1983년 하와이언 오픈 우승
1989년 호주 투어 우승으로 세계 4대 투어(일, 미, 유럽, 호주) 우승
　　　　달성
2001년 미국 시니어투어에서 통산 1,000시합 출전

2004년 일본인 최초의 세계 골프전당 가입

잭 니클라우스가 "아오키선수의 100야드 이내에서의 기술을 세계 제일"이라고 칭찬하였으며 그레이그 노만과는 절친한 사이였다.

- 오카모토 아야코(岡本綾子)

원래는 소프트볼 선수로 전국체전에서 우승하여 소속회사의 우승 포상으로 하와이 여행을 하게 되었는데, 여기에서 우연히 골프를 접한 것이 인연이 되어 프로 골퍼로 전향하게 되었다. 일본의 여성선수로 처음으로 미국의 LPGA투어에 참가한 이래 1982~92년 사이에 총 17대회에서 우승하였다. 1983~91년 사이 LPGA투어 상금 획득순위 톱 10위에 8번 들었다. 일본인 운동선수들의 아메리카에서의 성공의 초석을 깐 장본인이라고 불린다.

자산격차의
발생

투자자는 자신의 보유자산을 예금 등의 금융자산에 투자할 것인가, 혹은 부동산 등의 실물자산에 투자할 것인가를 고민하곤 한다. 여기에서 판단의 기준은 투자 후 얼마만큼의 수익을 얻을 것인가에 대한 "예상 수익률"이 될 것이다. 각각의 예상 수익률을 계산하여 금융자산과 실물자산의 투자비율을 결정하게 될 것이다.

일본기업의 경우, 1986년도 시점에서 토지를 매입한 기업이 전체의 40%였으나 1987년도에는 47.5%에 이르고 있다. 또한 한 여론조사에 의하면, 토지를 구입한 기업, 개인의 10% 정도가 애초부터 실제 사용할 목적이 아닌 장래의 가치상승에 대한 기대 때문에 구매하였다고 답하였다. 이를 보더라도 당시 1980년대 후반의 일본기업이나 개인은 부동산에 대한 예상 수익률을 높게 책정하고 있었다는 것을 알 수가 있으며, 이러한 요인이 당시 일본의 부동산가격을 상승시켰으며 투기를 불러일으켰다고 볼 수 있다.

버블경제 속에서 토지나 주택, 주식의 소유자는 자산가치의 상승혜택을 볼 수 있었으나 그러하지 못한 자는 높아진 부동산가격 때문에 내 집 마련의 꿈을 포기하는 경우가 발생하게 되었다. 때문에 자산을 가진 사람과 그러하지 못한 사람 사이의 자산격차는 버블경제가 팽창하면 할수록 점점 벌어지게 되었다. 이런 사회풍토 속에서 사회 구성원 상호 간에 심각한 사회문제, 불신감이 생겨났다.

(1) 주식소유자의 분포

다음의 표를 보면 부유층일수록 자산을 주식의 형태로 많이 보유하고 있음을 알 수 있다.

〈표 1〉 소득 분위별로 본 보유 금융자산 종류별 구성(1985년)[112]

(단위: %)

분위	정기성 예적금	생명보험	주식	주식투자신탁
제1분위	46.1	31.3	1.3	1.0
제2분위	49.0	25.3	2.7	0.9
제3분위	47.7	26.0	5.3	0.4
제4분위	49.6	22.9	6.2	0.4
제5분위	43.2	20.1	11.8	0.6

주: 1분위: 연간 근로소득이 380만 엔까지의 계층, 2분위: 연간 근로소득이 380만 엔 초과에서 526만 엔까지, 3분위: 연간 근로소득이 526만 엔 초과에서 705만 엔까지, 4분위: 연간 근로소득이 705만 엔 초과에서 982만 엔까지, 5분위: 연간 근로소득이 982만 엔 초과의 고소득계층

정기예금 형태의 금융자산 보유비율은 제4분위가 가장 높고, 제5분위가 가장 낮으며, 생명보험의 경우는 제1분위가 가장 높고 제5분위가 가장 낮으며, 주식보유의 경우를 보면, 연간근로소득이 높을수록 그 비율이 높아져 제1분위는 1.3%로 가장 낮으나 제5분위는 무려 11.2%로 가장 높은 비율을 보여주고 있다. 이는 주가가 피크를 이루

---

112) 출처: 經濟企劃廳 年次經濟報告 平成5年, "第2-3-3表 所得分位別 貯蓄種類別構成", 1993年 7月 27日.

었던 버블경기 시에는 주식을 많이 보유한 부유계층일수록 그 자산
가치를 증가시킬 기회가 많았음을 나타내며, 또한 그러하지 못한 계
층과의 경제적 차이를 더욱 넓히는 계기가 되었던 것이다.

각 분위별 주가 상승에 의한 자산가치의 증가추이를 보면,

〈표 2〉 소득 분위별 주식 자산가치의 증가[113]

(단위: 조 엔, %)

구분		1984	1985	1986	1987
주식보유 비율(%)	1분위	6.3	8.8	7.4	6.0
	2분위	8.0	8.8	11.9	12.0
	3분위	12.4	12.0	10.9	11.0
	4분위	18.3	18.7	17.4	18.0
	5분위	55.0	51.7	52.4	53.0
전년말 주식보유 잔액(조 엔)		847	57	66	96
연평균 주가 상승률(%)		26.1	22.2	32.9	47.9
주가 상승에 의한 자산가치의 증가	1분위	0.8	1.1	1.6	2.8
	2분위	1.0	1.1	2.6	5.5
	3분위	1.5	1.5	2.4	5.1
	4분위	2.3	2.4	3.8	8.3
	5분위	6.8	6.6	11.4	24.4

<표 2>에서도 부유계층(5분위)일수록 금융자산의 주식투자비율이
높음을 알 수가 있으며(매년 전체주식투자액의 50% 이상을 제5분위
계층이 차지), 버블경제가 형성되기 시작한 시점을 1985년 후반 이후
로 본다면, 1986년도에 32.9%의 주가상승에 의해 제1분위는 자산가
치가 1조 6,000억 엔 늘어났음에 불구하고 제5분위는 11조 4,000억 엔
이 늘어났고 1987년에는 제1분위의 주식자산가치가 2조 8,000억 엔

---

113) 인용: 經濟企劃聽 年次經濟報告 昭和63年, "第4-1-22表 所得階層別 株式資産價値增大", 1987年 8月
    5日.

늘어났으나 제5분위는 무려 24조 4,000억 엔의 자산증대를 경험하였다. 주가상승은 1989년까지 계속되었으므로 제5분위의 자산가치는 더욱 증대하였음을 알 수 있다. 따라서 버블경제 시에는 제1분위와 제5분위의 자산격차가 점점 늘어나게 되었다.

(2) 대도시와 지방의 토지자산 가치의 격차

버블경제 시의 부동산가격의 상승은 동경으로부터 시작하여 1~2년의 시간차를 두고 오사카, 나고야로 확대해나갔다. 주로 인구집중이 심했던 대도시권을 중심으로 부동산가격이 상승하였기 때문에 지방권에서는 대도시권에 비해 부동산가격의 상승을 보기는 어려웠다.

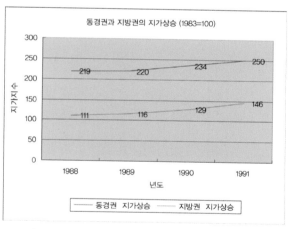

〈그림 1〉 동경권과 지방권의 토지가격의 상승추이[114]

---

114) 출전: 國土交通省 土地白書 平成5年, "表3-1-8 三大圈の地價の推移(住宅地)".

버블경기가 한창이었던 1988년부터 1991년까지의 토지가격의 상승추이를 1983년을 지수 100으로 하여 살펴보면, 동경권(동경도, 지바현, 사이타마현, 카나가와현 포함)과 지방권의 토지가격 상승비율은 약 2:1의 비율임을 <그림 1>을 통해 알 수가 있다.

1988년 지방권의 토지가격이 지가지수가 111이라면 동경권은 약 2배인 219, 1990년 지방권이 129일 때, 동경권은 234였다.

한편 샐러리맨이 버블 시에 동경권에서 단독주택을 구입하려면 연간 근로소득의 8배, 맨션을 구입하려면 5.3배가 필요함을 이미 앞에서 언급하였다. (단독주택 대지 130m², 맨션 전용면적 68m²기준). 이에 반해 지방권의 단독주택 구입가격(대지면적 193.5m²)은 동경권 가격의 40%만 있으면 구입이 가능하였다. 따라서 지방권의 샐러리맨이 내 집 마련의 가능성(취득능력)이 동경권보다 훨씬 수월하지만, 만약 이 지방의 샐러리맨이 대도시권으로 전근하거나, 또는 자식의 교육문제로 인해 전학을 하였을 경우, 지방권의 소유주택을 팔아도 동경권 내에서는 집을 마련하지 못하는 결과를 낳았다.

이처럼 부동산가치의 증가는 서민들의 희망인 내 집 마련의 꿈을 포기하게 하였을 뿐만 아니라 한편으로는 자산가치의 폭등을 보인 3대 도시권(동경권, 나고야권, 오사카권)과 그러하지 않은 지방권과의 자산가치의 격차를 불러일으켰다. 이러한 자산가치의 격차는 교육의 격차까지 부르곤 하였다.

3대 도시권과 지방권의 부동산 자산가치의 증가 정도를 보자.

(단위: 조 엔)

구분		1986~1990년 사이의 토지자산 증가액(A)	동기간 중의 권내 총생산액(B)	A/B
3대권	동경권	655.8	621.2	1.06
	나고야권	69.2	151.8	0.46
	오사카권	336.5	295.4	1.14
지방권		226.9	889.8	0.25

위의 표는 버블 시기인 1986년부터 1990년 사이의 각 지역의 부동산 가치의 증가분을 동기간 중의 각 지역의 총생산액의 합계로 나누어보았을 때(부동산가치의 증가분/각 지역의 총생산액), 그 비율이 크면 클수록 부동산 가치의 증가가 컸다는 것을 의미하게 된다.

지방권의 경우, 토지자산의 증가액은 실제 총생산액의 25%에 지나지 않는 반면, 동경권은 106%, 오사카권은 114%, 나고야권은 46%였다. 이는 나고야권을 제외한 동경권, 오사카권의 토지자산 증가액이 동일권 내의 실제 총생산액보다 훨씬 컸다는 것을 나타내며 그만큼 지방권에 비해 대도시권의 토지자산의 평가익이 늘어났다는 것을 의미한다.

한편 토지의 구입, 보유 이후 실제로 이를 사용했는가 여부에 대한 조사에서는 1989연도 시점에서 법인은 12%, 개인은 10% 정도 실제 사용하지 않고 보유만 하고 있는 상태였다.

그 이유에 대해서는 법인의 경우, 미사용 보유자의 50%가 "애초부

---

115) 인용: 內閣府 國民生活白書. 平成2年. "第2-3-4表 地域別にみた土地資産の增加額".

터 실제로 토지를 이용할 의사가 없었다"라고 밝히고 있다.

이것은 토지자산의 추가 가격상승을 기대한 투기목적의 구입이었음을 알 수 있으며, 사용하지 않고 다른 용도(주차장, 창고, 나대지)로 방치한 경우, 근본적으로 토지공급이 모자란 대도시에서 더욱 그 가격을 상승시키는 역할을 했다.

특히 법인의 경우 풍부해진 자금을 설비, 투자 등의 생산활동에 사용하지 않고 부동산에 투자, 자산가치의 상승을 추구했다는 점도 쉽게 짐작할 수 있다.

(3) 격차발생에 대한 세론조사(世論調査)

이러한 격차문제에 대해 당시의 일본국민은 어떻게 받아들여지고 있었는지에 대해 알아보자.

日本 內閣府의 "국민생활선호도" 조사에서 "수입, 재산의 불평등에 대해 어떻게 생각하고 있는가?"라는 질문을 하였다.

⟨표 4⟩ 수입 재산의 불평등에 대한 의식[116]

(단위: %, 복수대답)

구분	충분히 만족	꽤 만족	만족 합계	뭐라고 할 수없음	그다지 만족 못함	거의 만족 못함	불만족 합계	무응답
1981년	2.3	8.6	10.9	34.5	29.3	13.6	42.9	11.6
1984년	1.8	9.4	11.2	34.2	30.8	14.6	45.4	9.2
1987년	1.9	5.3	7.2	40.9	33.5	18.0	51.5	0.4
1990년	1.3	5.4	6.7	42.6	29.1	20.8	49.9	0.8
1993년	1.1	4.3	5.4	45.8	31.0	17.2	48.2	0.7
1996년	1.0	4.0	5.0	44.4	31.0	19.0	50.0	0.6

1999년	0.8	4.0	4.8	44.5	31.0	19.2	50.2	0.4
2002년	1.0	3.5	4.5	43.5	29.5	22.4	51.9	0.1
2005년	0.8	3.3	4.1	39.8	30.8	24.3	55.1	0.9

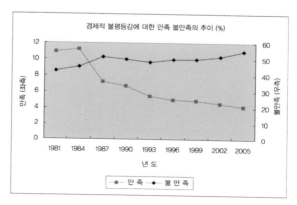

〈그림 2〉 사회적 불평등감에 대한 만족, 불만족

　　이 조사에 의하면, "거의 불만족을 느끼고 있다"라고 대답한 비율
이 버블이 시작되었을 무렵인 1980년도 중반부터 상승하기 시작하여
버블의 피크인 1990년에 20.8%를 기록, 많은 사람들이 자산가치 급등
에 의한 격차의 발생에 대해 불만을 나타내었다. 이후 하향세를 보였
으나 1990년대 중반부터 불평등감이 재상승하기 시작, 2005년에는
24.3%의 최고치를 보이고 있다. '그다지 만족하지 못함'과 '거의 만족
못함'을 포함한 전체 불만족의 합계는 1987년에 51.5%, 1990년에
49.9%로 응답자의 반이 경제적 불평등감을 나타내고 있다. 이러한 불
평등감은 버블해소 이후에도 계속되어 2005년에는 55%의 가장 높은
수치를 보이고 있다.

---

116) 인용: 內閣府國民生活局, "平成17年度 國民生活選好度調査" 2006年6月20日.

반면에 만족의 비율은 버블경제 이후부터 점점 줄어들어 1984년도에 11.2%였던 것이 1987년에 7.2%, 1990년에 6.7%, 2005년에 4.1%를 기록, 시간이 지날수록 수입과 경제적 만족감이 줄어들고 불평등함을 느끼는 사람이 늘어나고 있다. 1990년에 불평등함을 느끼는 사람이 만족을 느끼는 사람의 약 7배, 2005년에는 약 14배에 이르고 있다.

버블 시에도 사회 전반에 경제적 불평등감이 만연하였는데, 버블 붕괴 이후에는 그 불평등감이 더욱 늘어났다는 조사결과는 정부가 어떤 정책적 수단(금리 인상, 규제강화 등)을 사용하여 버블을 해소하는 것은 사회 내의 자산격차를 줄이기 위해서는 효과적이기는 하나, 이로 인해 발생되는 사회적 반발감과 후유증(자산가치 하락, 불경기, 실직)은 사회의 심각한 문제임을 드러내고 있다. 자산가치의 버블을 제거하기 위해 금리 인상, 토지세제 강화 등의 강도 높은 수단을 사용한 결과, 버블은 어느 정도 해소되었으나 경기침체에 따른 기업의 수익감소와 구조조정, 정규직 사원의 채용기피, 이에 따른 개인과 가계의 소득저하, 정규직과 비정규직과의 임금격차 등이 고정되기 시작, 많은 사람들이 소득의 분배에 대해 불평등감을 느끼고 있음을 의미한다.

또한 1990년도, 國土交通省의 "토지자산 격차에 관한 앙케트조사(土地資産の格差に関するアンケート調査)"에서 "부동산가격의 급등에 대해 어떻게 생각하고 있느냐?"라는 질문에 대해 다음과 같이 답하고 있다.

〈표 5〉 토지가격 폭등에 대한 의식117)

(단위: %, 복수응답)

구분	대단히 곤란	곤란	앞으로 곤란할 것이다	곤란하지 않음	개인적으로 대단히 기쁨
단독주택소유	23.4	17.0	45.6	3.2	5.3
맨션소유	19.2	25.8	37.5	6.7	11.7
임대 단독	46.0	15.9	28.6	3.2	1.6
임대아파트	45.5	15.3	22.8	5.9	1.5
사택	45.0	7.9	38.1	—	1.6

〈표 6〉 토지가격 폭등에 대한 곤란한 이유118)

구분	주거, 토지 구입이 곤란	인간관계가 끊어졌다	근로의욕이 감퇴한다	보유세가 걱정이다	상속세가 걱정이다
대단히 곤란	72.7	15.9	33.4	25.1	32.7
앞으로 곤란	49.1	14.8	18.3	31.7	45.9

　　부동산가격폭등에 대해 집을 소유하지 못한 사람(임대단독, 임대아파트, 사택 거주)의 약 50%가 "대단히 곤란해하고 있다"라고 답하고 있으며, "대단히 곤란", "곤란", "앞으로 곤란"을 합하여 "곤란하다"고 생각하는 사람은 80% 이상이다. 단독이나 아파트 소유자의 20% 정도도 역시 같은 답을 하고 있으나, 아파트, 단독주택에서 월세를 내거나(일본은 전세제도가 없음) 회사 사택에서 거주하고 있는 사람의 80% 이상이 부동산 자산의 상승으로 인한 경제적 격차의 발생에 대해 상당한 부정적 의식을 가지고 있음을 알 수가 있다.

　　그리고 "어떤 이유로 부동산가격 폭등에 대해 상당히 곤란해하고

---

117) 인용: 國土交通省 土地白書 平成3年 "表4-2-1 地價高騰についての考え方". 1991年.
118) 인용: 上同, "表4-2-2 地價高騰により困ってる理由".

있느냐?"라는 질문에 대해, 첫 번째가 "주택이나 토지의 구입이 향후 불가능할 것이기 때문"(72.7%), 두 번째로 "근로의욕이 감퇴되었기 때문"(33.4%), 다음으로 "보유세나 상속세가 걱정되기 때문"이라 답하였다.

위의 앙케트 조사 결과는 서민의 대다수가 향후 부동산가격 폭등 현상이 계속된다면 내 집을 마련할 수가 없을 것이며, 설사 부모가 집을 소유하고 있더라도 결혼을 앞둔 자식들이 앞으로 집을 장만하기에는 상당히 어려울 것이라고 생각하고 있음을 위의 조사결과로 알 수가 있다,

더욱 심각한 사회적 문제라고 여겨지는 것이 "치솟는 부동산가격을 보고 근로의욕을 잃어 가고 있다"는 사람이 응답자의 33%에 이르고 있다는 사실이다. 가지지 못한 자는 자산가치 증가의 기회가 없으며, 이 증가폭은 자신이 아무리 근로하여도 내 집을 마련할 수 없다는 절망감에 근로를 회피하는 풍토가 사회에 만연되고 있다는 증거이다.

그리고 1992년 저축홍보중앙위원회(貯蓄弘報中央委員會)는 집을 소유하고 있지 않는 사람은 "앞으로 주택취득에 대해 어떠한 생각을 가지고 있는가"에 대해 "저축과 소비에 관한 세론조사(平成4年貯蓄と消費に関する世論調査)"를 행하였다.

현재 내 집이 없는 사람 중에, 앞으로 내 집 마련을 포기하였다는 사람이 전체 조사 대상자의 38.2%, 대도시 거주자의 45.8%, 중소도시

거주자 40%로 나타났다. 연간소득계층별로 보면, 역시 수입이 적은 사람일수록 내 집 마련의 꿈을 포기하는 비율이 많음을 쉽게 알 수가 있었다.

연간 소득 200만 엔 미만 계층의 62.5%, 200만 엔에서 300만 엔 계층의 53.7%, 500만 엔에서 700만 엔의 29%가 내 집 마련의 꿈을 포기하고 있다.

한편으로, 자산가치의 상승을 기대하고 대출을 받아 투자를 하였으나, 오히려 자산가치의 감소를 경험하고 있는 사람들에게 정부가 위에 언급한 사회의 불평등함과 격차를 줄이기 위해 금리를 상승시켰다면, 대출이자 부담은 더욱 커질 것이고, 그 추가 이자 부담만큼 소비생활이 줄어들므로 생활에 어려움을 느끼게 될 것이고, 이자를 올린 정부를 비난하게 될 것이다. 그러므로 정부는 정부대로 심각한 고민에 빠지게 된다. 버블은 붕괴되기 마련이라고는 하지만, 어떤 방식으로 그 버블을 제거할 것인가는 가진 자와 가지지 못한 자의 양쪽의 상반된 입장을 생각할 때, 선택하기는 쉽지가 않은 문제일 것이다.

그러나 한 가지 분명히 기억해야 할 사실은 각 투자자 자신이 판단하고 선택하였다는 것이다. 그 책임은 엄연히 선택한 각 투자자에게 있는 것이다. 그 누구도 그 빚을 갚아 줄 수는 없는 것이다. 누군가 그 빚을 탕감해 주기에는 정부에나 은행에나 엄청난 부담이기 때문이다.

그러면 일본정부는 버블제거를 위해 어떤 정책을 구사하였는지 보기로 하자.

버블의 제거

일본정부의
버블제거 정책

　일본의 대미(對美)수입흑자를 축소하기 위한 프라자 합의 이후, 합의사항 이행을 위해 일본정부는 저금리 정책, 금융정책 완화정책을 시행, 이로 인해 시중의 여유자금이 부동산과 주식으로 몰리기 시작, 자산가치의 폭등현상이 생겼다.

　자산가치의 폭등으로 자산격차문제가 발생하기 시작, 사회 전반에 경제적 불공평함을 느끼는 사람들이 늘어나고 근로의욕이 감소하기에 이르렀다.

　일본의 높은 토지가격은 외국기업의 일본시장 참여를 막는 장벽의 역할까지 하게 되어 미국정부로부터 비난을 받게 되었다.

　이에 일본정부는 이러한 사태를 방관할 수 없다고 판단, 거품제거에 들어가기로 결정한다.

　일본정부는 즉각 다음과 같은 조치를 실시한다.

(1) 토지거래 감시구역제도 도입(1987. 9)

① 제도 도입의 경위

토지거래 감시구역 제도는 1983년부터 급격히 오른 지가를 억제하기 위해 1987년에 국토이용 계획법(國土利用計劃法)의 일부를 개정하여 제도화하였다.

지가 상승이 현저한 지역에 대해 토지거래의 신고서 제출의 강화 등을 통해 투기적 목적의 거래를 억제할 필요성이 있다고 1986년 6월의 임시 행정개혁심의회의 최종답신에서 밝히고 있다.

국토이용 계획법에서는 시가화(市街化) 구역에서는 2,000m² 이상, 시가화 조정(市街化調整) 구역 및 그 외의 도시계획구역에서는 5,000m² 이상, 도시계획 구역 이외에서는 10,000m² 이상의 토지에 대해 토지거래를 행하기 이전에 신청서를 제출하도록 의무화하여 가격 및 이용목적의 심사를 실시하도록 하였다.

그러나 대도시의 시가지에서는 토지거래의 신고서 제출이 필요가 없는 소규모 면적의 토지거래가 대단히 많이 발생하였다(당시 東京都 전체에서 거래신고서 제출 대상이 전체의 5.5%에 지나지 않음). 이로 인하여 국토이용계획법에서의 신고서 제출의 취지가 충분히 달성되고 있지 않다고 판단하였고, 따라서 추가의 토지감시구역 설정의 조치가 필요하다고 인정되어 1987년 8월부터 이 법을 시행하기에 이르렀다.

② 시행방법

각 현(縣)의 지사(知事)는 "지가가 급격하게 상승 또는 그럴 가능성이 있고" 이로 인해 "적정하고 합리적 토지 이용의 확보가 곤란할 것이라는 우려가 있다"고 인정되는 구역에 대해 토지이용 심사회 및 관계 시 군의 의견을 청취한 다음에 "5년 이내"의 기간을 정해 감시구역을 지정함과 동시에, 현의 규제에 따라 거래서 제출 대상면적을 결정, 거래신고서 제출을 의무화하도록 하였다.

그리고 지사가 감시구역을 지정한 경우, 해당 지역의 지가의 동향과 토지거래의 상황을 상시 파악하기 위한 조사를 실시할 수 있으며, 또한 감시구역 내의 토지매매계약을 체결한 당사자에 대해서 필요한 보고를 요구할 수 있도록 정하였다.

이러한 조사의 결과, 감시구역 지정의 사유가 없어졌다고 인정될 때에는 지사는 신속하게 지정을 해제하여야 한다.

(2) 금리의 인상(1989. 5~1990)

일본정부는 부동산을 비롯한 전 산업에의 융자를 억제하기 위해 1989년부터 1990년 사이 5차례에 걸쳐 재할인율을 1989년 5월의 2.5%에서 1990년 8월에 6%까지 인상하였다.

<표 1> 재할인률의 인상[119]

실시일	공정할인률(%)
1989. 5. 31	2.5 -> 3.25
1989. 10. 11	3.25 -> 3.75
1989. 12. 25	3.75 -> 4.25
1990. 3. 20	4.25 -> 5.25
1990. 8. 30	5.25 -> 6.0

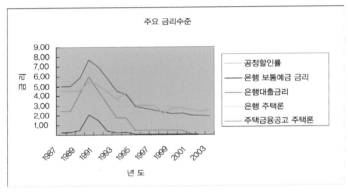

<그림 1> 주요금리수준[120]

　　공정할인율을 인상함에 따라 각 대출금리도 상승하게 되었다. 일
반은행의 대출금리는 1989년 5.828%에서 1990년에 7.838%, 1991년에
7.504%로 급인상하여 시중에의 대출을 줄이기 시작하였다. 그리고 주
택론의 경우에도 은행의 경우, 1990년에 대출금리를 8.5%로 인상하
였다.

---

119) 출처: 日本銀行 金融統計月報. 2007年7月6日.
120) 출처: 總務省 統計局 14章 金融保險 "14-1 主要金利水準".

그래도 집을 사시겠습니까?

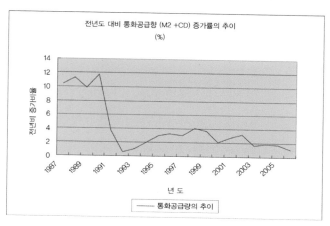

〈그림 2〉 통화공급량의 추이[121]

대출금리의 인상은 시중의 통화유통량을 줄여 부동산이나 기타 자산에의 투기를 억제하고자 의도였다. 통화공급량을 보면, 1987년에 전년 대비 10.4% 증가, 1988년 전년 대비 11.2% 증가, 1989년 9.9% 증가, 1990년 7%의 증가를 보였으나, 1991년부터 일본정부의 정책은 주효하기 시작했다. 1991년에는 전년 대비 3.6% 증가, 1992년에 0.6% 증가에 그쳐 통화유통량이 급격하게 줄어들었다.

(3) 부동산 관련 융자 총량규제(1990. 4)

금융기관의 부동산업 관련 대출에 있어서 '그 대출의 증가 비율은 전체 대출금액의 증가율 범위 내에서 한정되어야 한다'는 大藏省의 행정지도가 1990년 4월에 있었다. 이 '총량 규제'는 금융기관의 부동

---

121) 출처: 日本銀行 金融統計月報. 2007년7월6일.

산관련 융자의 적극적 자세가 부동산가격 급등의 한 요인이라고 보고 이를 억제함으로써 부동산가격 급등을 막으려는 의도였다.

실제적으로 이 '부동산융자 총량규제'는 1990년 4월부터 1991년 12월까지 실시되어 토지가격, 주택가격의 억제에 금리인상 수단과 더불어 큰 공헌을 하였다. 1994년 이 행정지도는 정지되었다.

(4) 토지기본법(1989. 12. 22 시행)

일본은 국토가 협소한데 인구는 많다. 그리고 일본인은 전통적으로 개인소유의 집을 선호하기 때문에 자연히 토지에 대한 수요가 크다. 따라서 많은 사람들은 토지의 가격은 내리지 않을 것이며 항상 오를 것이라는 "토지신화"를 가지고 있다.

또한 개인뿐만 아니라 신용이 부족한 중소기업의 경우, 소유토지는 금융기관으로부터 돈을 빌릴 때 좋은 담보가 된다. 좋은 담보가 된다는 것은 앞으로 가치가 하락하지 않을 것이라는 확신이 있기 때문이며, 금융기관도 이 토지신화를 믿게 되었다.

그러므로 토지라는 것은 사용되기 위한 것이 아닌, 하나의 담보가치로서 소유하게 되었고 결과적으로는 효율적인 토지 개발과 이용의 측면은 무시하게 되었던 것이다.

이런 경향을 시정하기 위해서 일본정부는 적정한 이용 계획에 따른 토지 개발, 투기적 거래의 억제, 토지가격의 급등에 따른 소유자의 적절한 금전적 세금 부담 등을 명시한 다음의 토지기본법을 1989년

12월 22일 시행하게 되었다.

- 제1조(목적)
적정한 토지이용의 확보를 꾀하며, 정상적인 수요 관계와 적정한 지가의 형성을 도모하기 위한 토지정책을 종합적으로 추진하며, 이와 함께 국민생활의 안전 향상과 국민경제의 건전한 발전에 기여함을 그 목적으로 한다.

- 제2조(토지에 대한 공공의 복지우선)
토지는 공공의 복지를 우선으로 한다.

- 제3조(적정한 이용 및 계획에 따른 이용)
소재지역의 자연적, 사회적, 경제적, 문화적 조건에 따라 적정하게 이용되어야 하며 토지이용 계획에 따라 이용되어야 한다.

- 제4조(투기적 거래의 억제)
토지는 투기적 거래의 대상이 되어서는 아니 된다.

- 제5조(토지가치의 증가에 따른 이익에 대한 적절한 부담)
토지가치가 증가하는 경우에는 토지소유의 권리가 있는 자에 대해 가치증가에 따른 이익에 대한 적절한 부담을 요구한다.

- 제13조(토지거래의 규제에 관한 조치)
국가 및 지방공공단체는 토지의 투기적 거래 및 지가의 급등이 국민생활에 끼치는 폐해를 제거하고 적정한 지가의 형성을 위해 토지거래의 규제에 관한 조치와 그 외의 필요한 조치를 취한다.

- 제15조(세제상의 조치)
국가 및 지방 공공단체는 세부담의 공평성 확보를 도모하며 토지에 관한 적정한 세제상의 조치를 취한다

- 제16조(공적 토지평가의 적정화)
국가는 적정한 지가의 형성 및 과세의 적정화를 위해 토지의 정상 가격을 공시함과 동시에, 공적 토지평가에 있어 상호 균형과 적정화가 이루어지도록 노력한다.

- 제17조(조사의 실시)
국가 및 지방 공공단체는 토지의 소유, 이용상황, 지가의 동향에 대해 조사를 실시하고 자료를 수집하는 등의 필요한 조치를 취한다.

(5) 토지세제개혁

일본정부는 부동산 소유자에 대해서 금전적 부담이 가도록 토지관련 세제를 강화하기로 한다. 먼저 일본의 토지세제를 간단히 살펴보자.

① 일본의 토지세제

토지에 대해 일본은 취득, 보유, 양도의 3단계에 과세를 하고 있다.
취득단계에서 상속세, 등록면허세, 부동산취득세가 있고 보유단계에서 고정자산세, 도시계획세 특별토지보유세가 있다.
또한 양도단계에서 양도차익에 대한 과세로서 법인세, 소득세, 주민세의 3가지가 있다.

버블형성에 있어서 지적당한 것이 보유에 대한 세부담이 적었다는 사실이다. 보유에 대한 세부담의 하나인 고정자산세는 거주지방의 각 주민이 향유하는 서비스에 대한 대가를 지불하는 성격이 강하기 때문에 각 市村은 낮은 수준의 세금을 부과하였으나 국제적으로 비교하여 너무 낮은 상태였다

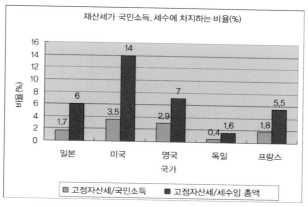

〈그림 3〉 재산세의 국제비교[122]

일본의 고정자산세가 전체국민소득에 차지하는 비율이 1.7%로 미국의 3.5%, 영국의 7%, 프랑스의 5.5%에 비해 국제적으로 낮은 수준이다. 그리고 고정자산세가 세수입에 차지하는 비율도 일본은 6%로 국제적으로 낮은 수준에 머물러 있었다.

이와 같은 낮은 보유 코스트는 토지의 유효이용을 저해하고, 토지의 낮은 이용(低利用), 미이용(未利用), 또는 방치에 이르게 되었다. 이는 다른 자산에 비해 방치해도 토지가격이 상승하므로 더욱 유리하다고 판단하였기 때문이며 실제로 토지의 투기적 거래의 온상이 되었다. 그러므로 토지는 이용가치보다 자산가치에 의미를 두게 된다.

토지양도에 따른 차익에 대한 과세는 개인의 경우 4,000만 엔 이내의 양도익에 대해서는 20%의 소득세, 4,000만 엔 초과에 대해서는 2

---

122) 인용: 森信茂樹, "日本の土地バブルと税制", 財務省 財務綜合政策研究所, 2006年 3月.

분의 1을, 종합과세 법인에 대해서는 통상법인세율 적용과 함께 소유 기간 10년 이하는 20% 추가 과세하였지만, 이러한 양도차익에 대한 과세가 부동산 투기를 방지할 정도의 수준은 아니라고 판단되었다. 또한 대출을 받아 부동산을 구입하면 대출이자에 대해서는 소득공제가 되며 건물을 세울 경우 감가상각이 매년 인정되므로 기존 토지세법상에는 더욱 유리해지는 면이 있었다.

상속의 경우도 토지평가는 현금이나 주식보다 낮으므로 유리한 상태였다. 따라서 상속세와 소득세를 경감시키기 위해 많은 사람이 토지를 구입하며 건물을 세우는 경향이 있었던 것이다.

일본정부는 이러한 토지과세에 대한 안이함이 투기행위를 불러일으켰다고 판단하고 다음과 같은 강력한 토지세제강화정책을 발표하게 된다.

② 토지세제 과세강화(1992. 1)

● 지가세(地價稅)
토지의 자산으로서의 유리함을 없애고 투기적 거래를 억제, 토지의 유효이용을 촉진하기 위하며 고정자산세의 적절한 과세를 위해 국세로서 지가세를 신설하여 토지 보유에 높은 세금을 부과.

납세의무자는 국내에 있는 토지 및 공지(空地)를 가진 개인 및 법인으로, 과세시기(매년 1월 1일)에 소유하고 있는 토지가격의 합계에서 일정 기초공제를 한 다음, 나머지 금액에 일정세율을 곱한다.

● 특별 토지 보유세

토지의 취득가액을 과세표준으로 하고 토지의 소유 및 취득에 대하여 부과하는 세금. 토지 보유분에 대해서는 고정자산액의 과세금액의 1.4%이며 토지 취득분에 대해서는 취득가액에 3%를 곱한다.

● 양도차익세 강화

종래 양도세가 높을 경우 부동산의 매매를 꺼려 장기적으로 효율적 토지이용이 떨어진다는 개념으로 낮은 세율을 유지하였으나, 버블 시기에 보면 그런 효과를 볼 수가 없었으므로 단기적 부동산 거래에 대해서는 양도차익세를 강화하였다. 개인의 경우 2년 이내 보유 후 양도시, 법인의 경우 5년 초과 보유 후 양도 시 과세를 강화하였다.

〈표 2〉 토지관련 과세강화[123]

구분		보유		양도	
		기존	토지세제 개혁	기존	토지세제 개혁
법인	국세	없음	지가세의 도입	법인세률(소유 5년 이하는 20% 추가과세)	보유기간에 따라 과세. 2년이하는 30% 분리과세
	지방세	고정자산세	세율인상	법인주민세 법인사업세	같음
개인	국세	없음	지가제 도입	4,000만 엔까지 20%, 초과는 50% 종합과세	일률적으로 30% 인상
	지방세	고정자산세	세율 인상	4,000만 엔까지 6%, 초과는 50% 종합과세	일률적으로 9% 인상

---

123) 인용: 森信茂樹, "日本の土地バブルと稅制. 圖表9 日本の土地稅制の推移" 財務省 財務綜合政策研究所, 2006年3月.

이상의 일본정부의 거품경제 제거 정책(토지거래 감시구역제도 도입, 금리 인상, 부동산융자 총량 규제, 보유세, 양도세 강화)에 의해 급속히 부동산가격이 하락하기 시작하였으며, 토지신화는 종언을 고하게 되었다.

2

거품제거정책의
효과

부동산, 주식 등의 자산가격의 급등에 대해 일본정부는 앞에서 언급한 정책을 시행하여 거품제거에 나서게 된다. 부동산, 주식, 골프회원권의 자산가격의 하락추이를 통해 이러한 정책들이 얼마나 효과적이었는지 보겠다.

(1) 부동산

① 토지가격의 하락

토지가격 중 가장 높은 상승률을 보인 대도시의 상업지역의 토지가격 지수를 1985년을 100으로 하여 2005년 현재의 하락폭을 알아 보면, 1991년을 정점으로 6대 도시의 평균지가 짓는 급격히 하락하고 있다.

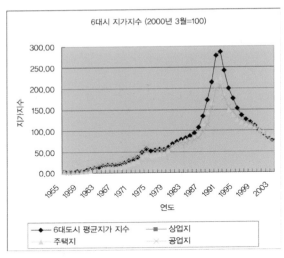

<그림 1〉 6대 도시 평균지가지수[124]

즉 6대 도시의 부동산의 기준시가는 1990~1991년을 정점으로 하락, 2005년 상업지 전국 기준시가는 기준시가 지수를 2000년 3월=100으로 하였을 때, 1991년에 최고 519.4를 기록하였으나 2003년 현재 72.1까지 하락, 약 86%의 감소세를 보이고 있다. 주택지도 전성기인 1991년에 223.4를 기록하였고 2003년에는 84.8를 기록, 약 60%의 하락폭을 보였다.

124) 출전: 總務局 統計局 長期統計系列 "15-18 用途地域別市街地価格指数".

〈표 1〉 상업지 토지가격의 하락폭125)

도시명	1985년=100		하락률(%)
	최고치	2005년	
동경도 23구	281.7	54.0	−80.8
오사카시	384.9	39.5	−89.7
쿄도시	403.6	54.6	−86.5
코베시	368.5	57.1	−84.5
지바시	495.0	53.7	−89.2
쯔지우라시	154.0	28.1	−81.8
쿠마가야시	291.3	43.7	−85.0
오오쯔시	318.0	50.1	−84.2
나라시	396.7	69.6	−82.5
와카야마시	229.0	44.9	−80.4

또한 도시상업지역의 토지가격이 최절정이었던 1991년, 동경도 23구의 경우 최고치 281.7을 기록하였으나 2005년 현재 지가지수는 54.0으로 최전성기보다 80.8%가 하락하였다. 수도권과 대도시권인 오사카, 나고야권를 비롯한 주위도시의 상가지역 토지가격의 지수는 2005년 현재 평균 80% 이상의 하락폭을 보여주고 있다. 즉 현재의 지가지수는 버블 전성기의 20% 가치에 해당한다는 것이다.

② 수도권의 주택지와 중고 맨션, 단독주택 가격의 하락

전성기인 1991년 이후의 수도권(동경도, 지바현, 사이타마현, 요코하마, 시나가와현)의 토지, 중고맨션(한국의 아파트), 단독주택의 하락추이126)를 살펴보자.

---

125) 인용: 内閣府 年次經濟報告 平成17年, "附表1-5 商業地地價のピークからの2005年への下落率", 2005年7月.

126) 출처: 財團法人東日本不動産物流流通機構, "首都圏不動産流通市場動向(2002년)", 2003年5月13日. http://www.reins.or.jp.

● 주택토지 가격

〈표 2〉 수도권 주택지 토지가격 하락 추이

연도	거래건수	m²당 단가	가격(만 엔)	면적(m²)
1992	2,337	44.58	6,586	147.76
1993	2,532	38.66	5,702	147.51
1994	2,861	34.12	5,073	148.68
1995	3,384	31.21	4,563	146.23
1996	3,625	29.70	4,339	146.08
1997	3,325	29.67	4,298	144.84
1998	3,868	26.14	3,762	143.94
1999	4,313	25.03	3,591	143.43
2000	4,651	23.87	3,396	142.31
2001	4,175	22.60	3,222	142.60
2002	4,720	21.13	3,023	143.07

수도권의 주택지 토지가격은 1992년에 147.76m² 규모인 경우에 6,586 만 엔이었으나 2002년에는 3,023만 엔으로 하락(143.07m² 규모), 약 55% 의 하락폭을 보이고 있다.

그러나 거래건수를 보면, 매매가격과는 달리 매년 토지 매매 거래 건수가 순조롭게 증가하고 있다. 이것은 토지나 내 집에 대한 수요가 항상 대기하고 있는 일본의 상황에서 버블의 해소로 인해 토지가격 이 저렴해졌으므로, 대기하고 있던 수요자가 전보다 훨씬 싼 가격으 로 용이하게 토지를 입수하고자 했기 때문이다. 이러한 상황은 일본 정부의 버블해소 정책의 긍정적인 면이 되겠다.

● 중고맨션 가격의 추이

〈표 3〉 수도권 중고 맨션가격의 하락 추이

연도	거래건수	m²당 단가	가격	면적	건축 연수
1992	20,580	59.15	3,714	62.79	11.19
1993	25,568	55.88	3,535	63.26	11.89
1994	24,637	50.66	3,204	63.25	12.74
1995	24,084	40.55	2,578	63.57	13.79
1996	21,860	39.27	2,494	63.50	14.40
1997	22,106	37.85	2,356	62.23	14.93
1998	22,356	34.87	2,192	62.87	15.20
1999	23,277	33.53	2,123	63.32	15.34
2000	25,802	32.11	2,031	63.26	15.80
2001	25,539	30.65	1,957	63.85	16.16
2002	25,630	30.61	1,971	64.39	16.13

버블의 전성기인 1991년을 지나 1992년부터 2002년에 이르기까지 전용면적 62m²~64m²의 경우, 거래건수는 꾸준한 상승을 보이고 있으나 판매가격은 1992년 3,714만 엔에서 2002년 1,971만 엔으로 약 47% 하락하였다.

물론 동일 물건이 아닌 수도권에 소재하는 비슷한 크기의 아파트로, 건축연수에도 차이가 나므로 전체적으로 50% 정도 하락했다고 말할 수는 없으나, 2002년에는 비슷한 규모나 상태의 물건을 1992년도 가격의 반으로 구입할 수 있다고 할 수 있다.

도심과 교외의 맨션가격의 하락폭을 비교해 보면, 도심의 경우, 버블기에는 토지가격의 급등에 의해 맨션가격에 토지구입비가 포함돼 자연적으로 구입가격이 상승하게 되었으므로 많은 사람들은 도심에 집을 장만할 엄두를 못내고 도심을 떠나 교외로 빠져나가게 되었다.

그대신 당시 도심에는 투자용의 원룸 또는 최부유층을 타깃으로 한 초고층 고급맨션이 건설되고 있었다.

교외에서는 신혼가족을 타깃으로 한 전용면적 80m² 전후, 구입가격 1,000만 엔 정도의 맨션이 주로 건설되었다.

그런데 버블이 꺼진 후, 도심과 교외의 맨션의 가격을 보면, 도심의 원룸, 초고층 고급 아파트는 15%정도의 하락에 그쳤으나, 교외의 소형 평수의 맨션은 40% 정도까지 크게 하락하였음이 밝혀졌다. 그 이유는 버블이 꺼진 후에는 도심의 맨션가격도 많이 하락하여 전보다 쉽게 도심에 집을 마련할 수 있게 되었기 때문에 출퇴근의 어려움을 겪었던 직장인들이 교외의 맨션을 팔고 도심으로 돌아가는 경향이 나타났기 때문이다.

따라서 교외 맨션의 매물이 많아졌으며, 이로 인해 많은 중산층이 구입한 교외의 소형 맨션은 그 가격 하락폭이 심각하여 더욱 큰 손실을 입는 결과로 나타났다.

● 신축맨션 가격의 하락

〈표 4〉 수도권 신축맨션가격의 하락 추이[127]

연도	맨션가격(수도권)	연도	맨션가격(수도권)
1990	6,123만 엔	1998	4,168만 엔
1991	5,900	1999	4,138
1992	5,065	2000	4,034
1993	4,488	2001	4,025

그래도 집을 사시겠습니까?

1994	4,409	2002	4,003
1995	4,148	2003	4,069
1996	4,238	2004	4,104
1997	4,374	2005	4,107

수도권의 전용면적 70m²의 신축 맨션(한국의 아파트)의 구입가격
은 1990년에 6,123만 엔이었으나 버블의 제거가 시작된 1991년부터
하락하기 시작, 2002년에는 35% 하락한 4,069만 엔에 이르렀고, 2005
년에는 4,107만 엔을 기록하고 있다.

참고로 맨션구입가격과 근로자의 연간수입과의 배수를 비교해보자.

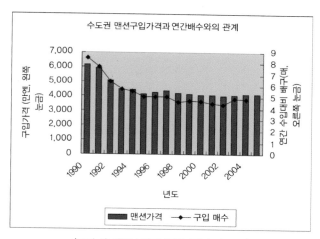

〈그림 2〉 연간수입과 구입가격의 비교[128]

---

127) 國土交通省 土地白書 平成18年. "圖表1-1-58首都圈 マンション供給戸數", 2006年.

128) 출처: 國土交通省 土地白書 平成18年. "圖表1-1-59 マンション價格の年收倍率推移", 2006年.

주택가격이 하락함으로써 자연스럽게 집 장만을 하는 데 있어 버블경기보다 수월해졌다. 1990년에는 전용면적 70m²의 수도권 신축맨션을 마련하는 데 연간수입의 8.54배가 필요했으나 2002년에는 4.36배, 2004년에는 4.84배로 수도권에 내 집을 마련할 수 있게 되었다.

● 단독주택 가격의 하락

<표 5> 수도권 단독주택 가격의 하락 추이

연도	거래건수	가격(만 엔)	대지면적(m²)	건축면적(m²)	건축연수
1992	11,730	4,890	121.70	85.80	12.65
1993	13,083	4,789	126.16	88.70	12.97
1994	14,044	4,655	127.04	90.33	13.44
1995	14,633	4,374	128.14	91.60	13.90
1996	15,160	4,303	129.04	93.06	14.61
1997	15,061	4,258	128.50	94.80	15.04
1998	14,638	3,984	129.50	96.54	15.53
1999	15,183	3,854	132.85	98.16	15.71
2000	15,416	3,710	134.87	98.71	16.20
2001	14,895	3,465	134.19	99.44	16.81
2002	15,023	3,367	138.09	101.18	17.21

단독주택의 경우는 하락폭이 맨션(아파트)에 비해 완만함을 보이고 있다.

1992년에 비해 2002년도에는 토지면적이 약 15% 넓어졌음에도 불구하고 1992년도 가격의 약 70% 가격으로 주택을 구입할 수 있게 되었다. 즉 수도권의 맨션의 하락폭이 50% 정도였었는데, 단독주택의 경우는 30%의 하락을 보였다. 그 이유는 일본의 경우는 맨션보다 단독주택을 선호하는 경향이 있으므로 버블이 꺼진 후에도 단독주택에

그래도 집을 사시겠습니까?

대한 수요가 많아 어느 정도 가격이 유지되었기 때문이라 해석할 수 있다.

③ 매각손의 발생과 주택대출금의 증가

● 매각손의 발생

일본의 한 부동산 전문기관(東日本不動産流通機構)이 1976년부터 2001년의 어느 시점에 신축맨션을 구입하여 2002년에 이를 매각하고, 그 매각대금을 남아 있는 주택대출금에 충당한다고 하면 어느 정도 매각손익이 발생할 것인가에 대해 조사를 하였다.

이 경우, 매각손익=주택매각가격－매각경비(주택가격의 5%로 설정)－주택대출금잔액(금리는 고정금리적용, 원리금 균등반환, 반환금은 연간 수입의 20% 한도, 대출기간 30년, 융자금액은 구입가격의 80%, 전용면적 70m²)으로 한다.

〈표 6〉 주택 매각손익129)

(단위: 만 엔)

최초구입연도	건축연수	매각손익	최초구입연도	건축연수	매각손익	최초구입연도	건축연수	매각손익
1976	26	1,017	1985	17	475	1994	8	－1,272
1977	25	1,031	1986	16	277	1995	7	－792
1978	24	1,136	1987	15	－293	1996	6	－593
1979	23	875	1988	14	－1,132	1997	5	－575
1980	22	549	1989	13	－1,770	1998	4	－306
1981	21	320	1990	12	－2,692	1999	3	－143
1982	20	281	1991	11	－2,686	2000	2	159
1983	19	325	1992	10	－2,053	2001	1	97
1984	18	327	1993	9	－1,488			

위의 표에서, 만약 1977년에 70m²의 주택을 2,044만 엔에 구입하여, 지은 지 26년째 되는 2002년에 1,719만 엔에 매각하였을 경우, 주택융자금 잔액 602만 엔과 수수료(매각금액의 5%로 상정=86만 엔)를 빼고 나면 남는 매각이익은 1,031만 엔이 된다는 것이다. 이와 같이 계산하면, 1986년 구입하여 2001년에 팔았다면 매각이익은 277만 엔이 된다.

한편 부동산가격이 급등하기 시작한 1990년에 6,538만 엔에 구입하여 이를 2002년에 1,881만 엔에 팔면 융자금 잔액 4,479만 엔과 수수료 94만 엔을 제외하면 오히려 −2,692만 엔의 매각손이 발생하게 된다.

그러므로 버블 시에 주택대출을 받아 집을 장만하여 이를 버블이 붕괴된 후에 판다면 손해를 보게 된다는 결론이다. 실제로 이로 인해 많은 사람들이 대출금 반환의 부담 때문에 어려움을 겪게 되었다. 1990년 4월의 부동산 융자금 총량규제를 시행되어 은행으로부터 주택융자금 받기 어렵게 된 서민들은 소비자금융 쪽으로 달려 가게 된다. 이로 인해 일본의 소비자금융회사는 막대한 수익을 올리게 되었고, 소비자 금융의 높은 이자율 때문에 많은 사람들이 어려움을 겪게 되고, 일본정부는 소비자 금융의 최대금리를 39%로 한정하게 한다.

이러한 일본의 대형 소비자 금융회사가 현재 대거 한국시장에 들어와 활발한 영업활동을 전개하고 있다.

● 주택대출자금의 증가

1992년 이후 부동산 거품이 제거되어 부동산가격이 하락하여 주택구입이 용이해지자 내 집 마련의 꿈을 지닌 많은 사람들이 주택구입

---

129) 인용: 財團法人東日本不動産流通機構, "資産デフレの状況とその影響について" 2005年7月14日. http://www.reins.or.jp.

을 위한 융자를 받게 된다. 실제 연간수입 대비 주택구입가격 배수는 1990년, 1991년에는 8배에 이르렀으나, 1992년부터는 하락하기 시작하였다.

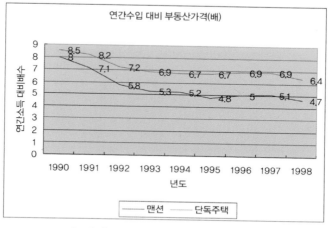

〈그림 3〉 주택구입가격의 연간소득 배수130)

또한 이러한 수요에 힘입어 1991년 이후부터 신규 주택착공 호수가 꾸준히 늘어나고 있다.

---

130) 인용: 神谷 宏,"最近の住宅ローンの動向". 郵政研究所月報、2001年10月.

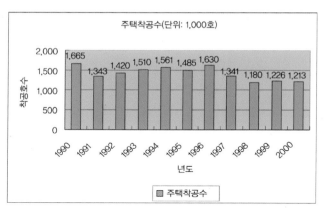

〈그림 4〉 주택착공 호수 추이[131]

　주택 구입가격의 저렴화에 의해 버블 시에는 도심에서 주택구입을 포기하고 교외로 나갔던 서민이 도심으로 회귀하는 경향이 나타났다.

　즉 도심으로부터 0~10Km권의 주택 판매호수는 버블기의 6.7배로 늘어났으나 도시로부터 50Km 떨어진 교외지역의 주택 공급호수는 크게 줄어들게 되었다. 주택구입에 대한 수요를 도심의 주택들이 흡수해 나가자 중심부로부터 30Km 이상 떨어진 주택의 가격은 더욱 하락하게 되었다.

131) 인용: 神谷 宏. "最近の住宅ローンの動向". 郵政研究所月報、2001年10月.

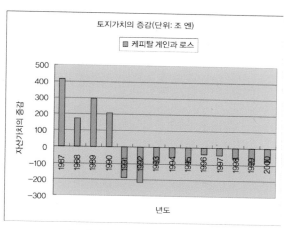

〈그림 5〉 토지자산 가치의 증감132)

　버블의 제거로 인해 토지 자산가치의 증감을 보면, 1990년까지는 토지자산의 가치가 증가하였으나, 1991년에 −184조 엔, 1992년에 −216조 엔의 자산가치의 감소를 보였고 2000년까지 계속 하락하였다.

(2) 주식가격

　1989년 말에는 주가가 38,915엔으로 최고기록을 보였으나, 1990년에 들어와 주가가 하락하기 시작, 1990년 3월에는 3만 엔 이하로 떨어졌고 8월에 중동의 이라크 사태가 발생하여 10월 초에는 피크시의 절반가량인 2만 엔 이하로 떨어지고 말았다. 한번 떨어지기 시작한 주식가격은 일본경제에 대한 불안감과 겹쳐 더 이상 회복기능을 상실, 1992년 8월 18일에는 14,309엔으로 떨어지게 되었다.

---

132) 인용: 國土交通省 土地白書 平成4年. "圖表1-1-2 土地に係るキャピタルゲイン・ロスの推移".

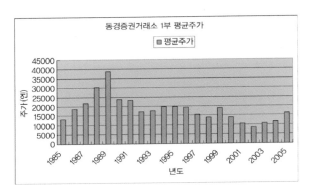

〈그림 6〉 동경증권거래소 1부 평균주가 추이[133]

아래의 그림에서 보듯이, 일본의 증권시장은 1989년에 동경증권거래소 지수(TOPIX) 2569.27을 정점으로 하락하기 시작하여 1990년 2177.96, 1995년 1378.93, 2000년 1270.09를 기록, 2000년 지수는 최고치에 1989년에 비해 약 50%의 하락을 보이고 있다.

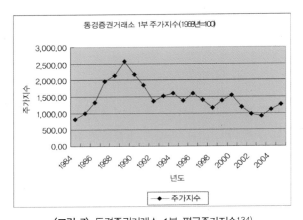

〈그림 7〉 동경증권거래소 1부 평균주가지수[134]

133) 출처: 産業データプラザ、金融不動産. http://www.sangyo.kkc.or.jp.

주식폭락의 원인을 찾으려면 주식가격의 급등원인을 다시 한번 생각해보아야 한다.

우선 주가가 급등한 이유는 앞에서 언급한 바와 같이 저금리 정책과 금융완화정책, 그리고 NTT주가의 폭등을 경험한 많은 사람들의 주식에 대한 기대감 등이다.

그러나 일본정부가 거품을 제거하기 위해 저금리 정책에서 고금리 정책으로 전환하자 금융완화정책의 후유증이 나타나고 주식에 대한 기대감이 붕괴되어 주식가격은 하락을 계속하게 되었다. 급등의 원인을 생각해보면,

① 금리 인상

일반적으로 금리가 떨어지면 은행예금보다 주식 쪽에 투자하기 마련인데 일본도 이 상식이 적용되었다.

저금리 시대였던 1986~1989년 사이 일본의 주식가격은 급상승의 경향을 보이고 1989년 12월에는 최고치를 보여주고 있다. 즉 1987년 2월부터 약 2년 3개월에 걸쳐 재할인율이 2.5%에 머물러 있었던 시기가 주식가격이 가장 급등한 시기이기도 했다.

그러나 1989년 5월, 10월, 12월의 3차에 걸친 금리 인상, 특히 1990년 3월의 장기금리 인상으로 인해 주가는 폭락하기 시작하였으며 이후의 이라크 전쟁과 금융시스템의 불안감 등으로 주가는 폭락을 계

---

134) 출전: "産業データプラザ. 金融保險業"으로부터 작성. http://sangyo.kkc.or.jp/idp/index.aspx.

속하였다.

또한 일본정부의 금융완화정책에 따라 기업은 은행을 거치지 않고 해외에서의 증권 발행 등으로 저렴한 코스트로 자금을 쉽게 조달할 수 있었다. 자금조달 방법으로 에퀴티 파이낸스(Equity Finance)[135]가 활발하였고, 그중에 전환사채나 워랜트 채(Warrant Bond)[136]로 발행된 것이 있는데, 주가하락으로 인해 전환되지 않거나 신주 인수권이 행사되지 않은 채 남아 있게 되어 더욱 주가를 하락시키는 요인이 되었던 것이다.

② 기대심리의 붕괴

1989년 2월의 總理府의 세론조사[137])에 의하면 조사대상의 50%가 주식에의 투자이유를 이익을 얻기 위해서라고 답하였다. NTT주가의 폭등을 경험한 사람들은 이후에도 주식투자로 많은 이익을 남길 수 있다고 생각하게 되었다.

또한 부동산가격의 급등으로 인해 많은 사람들은 이를 담보로 쉽게 은행으로부터 돈을 빌릴 수가 있었으며, 이 돈으로 주식에 투자를 하였다.

그러나 금리 인상 등으로 인해 자산 가치가 하락하기 시작하자 사

---

135) 주: 주식발행을 통해서 자금조달을 행하는 것을 말함. 반대로 社債나 차입금으로 자금조달을 행하는 것을 Debt finance라 한다. Debt finance는 나중에 돌려주어야 하므로 대차대조표상의 부채항목에 기입해야 하나, Equity finance는 그럴 필요가 없다.

136) 주: 통상의 社債에 장래적으로 新株발행 시 이를 취득할 권리가 붙어 있는 사채를 말함.

137) 출처: 經濟企劃聽 平成5年 "第2-2-8圖 土地株式保有に関する個人の意識", 1993年7月27日.

람들의 추가 상승에 대한 기대심리가 없어지기 시작하였고, 지금까지
의 수요가 투기에 의한 가수요(假需要)였으며 가격에 거품이 끼어 있
다고 자각하기에 이르렀다.

여기에 주가하락의 폭을 더 크게 한 계기가 된 것이 주가 하락에
따른 손실을 보전해주기 위해 대형증권사가 폭력단과 연계되었다는
신문보도, 그리고 논뱅크에의 융자를 위해서는 담보확보가 필요한데
이를 위해 대형 금융기관의 위조 예금 증서의 발행 등이 발각, 투자
자들의 투자 심리는 얼어버려 더 이상의 주식시장에의 자금유입이
없어져버렸다.

한가지 재미있는 사실은 주가는 1989년에 피크를 이루고 1990년에
하락하였고, 부동산의 경우는 1990년에 피크를 이루고 1991년에 하락
하기 시작하였다. 주식과 부동산의 가치하락은 1년의 차이를 보이고
있는데, 왜 주식이 먼저 하락했는가에 대해서는 대체로 주식은 부동
산보다 매각하기가 용이한 점과 함께, NTT주가의 급등에 많은 사람
들이 주식시장으로 몰려든 것과 흡사하게, 블랙 먼데이의 세계주식의
폭락을 본 많은 사람들이 일본정부가 금리를 인상시키자 재빠르게
반응하여 주식시장을 떠난 것이 그 이유라고 말하고 있다.

(3) 골프회원권

① 골프회원권가격의 폭락

골프회원권가격도 부동산과 동일하게 1990년에 최고치를 기록하
고 그다음 해인 1991년부터는 하락하기 시작하였다.138)

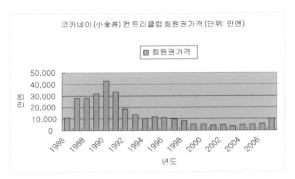

〈그림 8〉 코카네이 컨트리클럽 회원권가격 추이

최고가격은 1990년 4억 3,000만 엔, 최저가격 2003년 3,535만 엔, 2007년 현재 9,808만 엔에 거래. 1990년에 비해 약 73% 하락하였다.

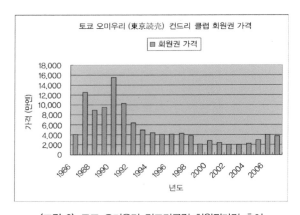

〈그림 9〉 토쿄 요미우리 컨트리클럽 회원권가격 추이

최고치는 1990년의 1억 5,500만 엔, 최저치는 2003년 1,831만 엔, 현재 2007년 3,710만 엔에 거래되고 있으며, 최고치에 비해 현재 76% 하락을 보이고 있다.

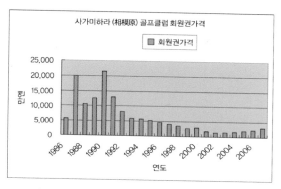

〈그림 10〉 사가미하라 골프클럽 회원권가격 추이

1990년 2억 1,500만 엔으로 최고가격, 2002년 1,429만 엔으로 최저 가격, 2007년 현재 1,429만 엔에 거래되고 있으며 최고가격 비례 86% 하락하였다.

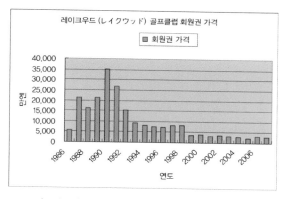

〈그림 11〉 레이크우드 골프클럽 회원권 가격추이

최고치 1990년 3억 5,000만 엔, 최저치 2005년 1,869만 엔, 2007년 현재 2,628만 엔으로 최고가격의 93% 하락하였다.

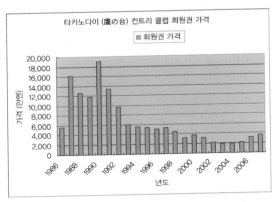

〈그림 12〉 타카노다이 컨트리클럽 회원권가격 추이

최고치 1990년 1억 9,000만 엔, 최저치 2004년 1,756만 엔, 2007년 3,504만 엔, 최고치 비례 82% 하락하였다.

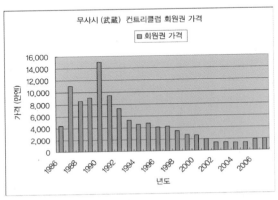

〈그림 13〉 무사시 컨트리클럽 회원권가격 추이

최고치 1990년 1억 5,000만 엔, 최저치 2004년 1,164만 엔, 2007년 1,844만 엔, 최고치 비례 88% 하락하였다.

② 골프장 도산

회원권 가격은 이미 1991년부터 하락하기 시작하였으며 최저가를 기록한 연도를 보면 대개 버블경제로부터 10년 전후인 2002년부터 2005년 사이가 된다. 그런데 같은 시기인 2002년에서 2005년 사이에 골프장의 도산이 집중되고 있다.

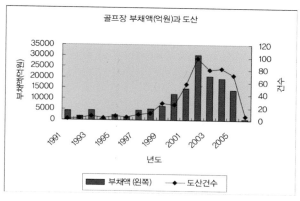

〈그림 14〉 골프장 총부채액과 도산건수139)

특히 2002년에는 골프장의 총 부채액이 사상최대인 3조 200억 엔에 이르렀고, 98개의 골프장이 도산하였다.

이는 버블경기 시에 부동산, 주가의 상승과 함께 골프회원권의 가

---

139) 출처: KPMG Japan, "多樣なプレーャーの出現が始まるゴルプ場投資", 2006年8月.

격이 급등하자 회원권 구입을 통해 이익을 얻고자 하는 많은 사람들의 수요가 생겨났고, 이러한 시장의 수요에 맞추어 각 골프장은 1991년경부터 많은 골프장을 건설하기 시작하였기 때문이다.

신설골프장은 회원권을 분양할 때, 회원들에게 예탁금을 10년 후에 반환하는 조건으로 판매하였다. 따라서 10년이 경과한 후인 2001년, 2002년경부터 회원권 소유자가 일시적으로 예탁금 반환의 청구를 하였고 예탁금을 되돌려 줄 수 없는 대다수의 골프장이 2002년에 대거 도산하게 되었다.

당시 버블 시에는 회원권을 구입하더라도 시중에 팔면 예탁금보다 훨씬 높은 이익을 얻을 수 있었으나 1991년 이후 버블이 붕괴됨에 따라 회원권 가격은 계속해서 하락하기 시작하였다. 동시에 골프장의 부채도 눈덩이처럼 불어나 많은 골프장이 도산에 이르게 되었던 것이다.

많은 골프장이 도산하자 자산매수, 주식취득, 경매, 영업양도의 형태로 일본의 대기업 그리고 외국의 대기업이 이를 인수하기 시작하였다.

이때 도산하거나 도산 직전의 일본의 골프장을 가장 많이 인수한 회사는 미국의 론스타그룹과 골드만 삭스그룹이었다. 론스타는 2006년 3월 현재 94개의 일본 골프장을 소유하고 있으며, 골드만삭스가 94개, 세이부그룹(西武)이 46개를 소유하고 있다. 이에 힘입어 론스타의 PGGIH(PACIFIC GOLF GROUP INT'L HOLDINGS)는 2005년 12월 동경증권거래소의 1부에 상장하였으며 골드만삭스의 골프 운영회사인 "아코디아 골프" 또한 1부에 상장하였다.

이들은 종래 고급지향의 부유층 대상 마케팅에서 벗어나 일반인을 대상으로 한 대중화된 골프장을 지향하여 젊은 사람, 여성골퍼들이 저렴한 가격으로 부담없이 골프장을 방문하여 골프를 즐기도록 함으로써 오히려 골프장 내장객수와 매출액을 늘리고 있다.

일본의 기업이 버블 전성기에 미국 뉴욕의 록펠러센터를 매입했던 것과 같이 버블의 붕괴 후에는 미국의 기업이 일본의 골프장을 대거 인수한 것은 상당히 아이러니한 상황으로 보인다.

③ 예탁금 문제

일본의 회원제 골프장의 90%가 예탁금 제도로 운영되고 있는데, 예탁금이라는 것은 회원으로부터 각 골프장이 플레이를 보장하는 대가로 받는 것으로 이 예탁금을 골프장 용지의 구입, 시설확충 등에 사용하게 된다. 그러므로 골프장의 입장에서 보면 세금을 지불하지 않을 뿐만 아니라 예치금에 대해서 회원에게 이자를 지급할 의무도 없다.

이 예탁금은 가입 후 일정한 예치기간(통상적으로 일본의 경우는 10년)을 두고, 그 예치기간이 경과하면 각 회원은 예탁금의 반환을 청구할 수 있고 골프장은 이를 상환하여야 한다.

그러나 1991년 이후 회원권 가격이 급락하기 시작, 1990년 전후에 개장된 골프장의 회원권을 가진 사람은 10년의 예치기간이 지난 2000년 전후부터 예탁금 반환을 일제히 청구하였다.

문제는 각 골프장이 매년 좋은 매출실적을 올리고 그 영업이익을 비축해두었다가 예탁금 청구에 대응하여 상환할 능력이 있으면 별 문제가 없었는데, 버블경제의 붕괴에 의해 소비심리가 위축되어 매년 매출이 감소하고 있었으므로 대개의 골프장은 적자경영을 면치 못하고 있는 상황이었다.

〈표 7〉 2004년 골프장의 영업실적[140]

연도	입장자 수	연간매출액(1,000엔)	경상손익(1,000엔)
1998	3,561,225	58,901,163	−2,249,930
1999	3,163,512	55,092,909	−2,058,286
2000	3,066,644	51,524,671	−1,262,166
2001	3,036,312	49,345,427	−1,672,743
2002	2,967,362	45,892,770	−1,986,434
2003	2,886,544	44,667,928	−101,491
2004	2,785,260	42,654,066	63,747

　예탁금 반환청구가 일제히 들어왔던 2000년의 주요 56개 골프장의 전체 매장객수는 약 3백만 명이었으나 2004년에는 270여만 명으로 줄었으며, 주요 64개사의 경영성적을 보면 2000년부터 줄곧 적자 상태에 빠져 있었으며 64사 중 그 반에 이르는 28사가 경상적자 상태에 이르고 있었다. 실제적으로 세금 지불 후의 순이익은 5,000만 엔에 지나지 않았다고 한다.

　대체로 파72, 18홀의 골프장 용지구입과 건설비는 200억 엔에서 400억엔이 소요된다고 하는데, 만약 1,000명으로부터 예탁금을 1인당 2,000만 엔을 받으면 예탁금 전체총액은 200억이 된다. 이 예탁금을

---

140) 출처: 東京商工リサーチ、データ解釋特別記事 "主要ゴルフ場經營會士64社 2004年 業績動向調査" 2005年 10月 20日.

가지고 골프장 하나를 건설하게 되면 예탁금을 전부 사용하게 된다. 설사 매년 이익이 난다 하더라도 10년 후에 회원권 값의 폭락을 지켜본 각 회원이 일제히 예탁금 청구를 한다면 200억 엔을 되돌려줄 만큼의 여력을 가지고 있는 골프장은 드문 상태이기 때문이다.

④ 골프장의 해결책

● 거치기간 연장

대다수의 골프 회원권 회칙에는 천재지변 및 기타 골프클럽 운영상 어찌할 수 없는 사유가 발생하였을 때는 골프클럽 이사회의 의결에 의해 예탁금의 거치기간을 연장할 수 있다고 명시되어 있다. 그러므로 버블경제 붕괴로 인한 영업 수지의 악화로 예탁금을 도저히 상환할 수 없는 골프장은 회칙에 따라 예탁금의 상환을 연기하기로 하였다.

그러나 불안감을 느낀 회원들이 이 결정에 불복하고 골프장을 상대로 소송을 제기하였다. 법원은 예탁금 거치기간의 연장을 인정한다고 하였으나 회원들은 이에 불복, 고등재판소에 항소하여 결국은 골프장의 거치기간 연장은 유효하지 않다는 판결을 받기에 이르렀다.

● 예탁금 반환

각 골프장은 예탁금 반환을 위해 다음과 같은 방법을 회원들에게 제시하였다.

－회원권의 분할
골프장이 일시에 예탁금을 상환할 능력이 없으므로 한 장의 회원권을 3장 내지 4장으로 분할, 그 일부를 시장에서 매각하여 예탁금의 일부라도 되돌려받는 방법.
단, 분할된 회원권을 친지의 명의로 한 경우에는 골프장은 예탁금 거치기간을 10년~15년 다시 연장하는 것이 가능하며 분할 회원권의 플레이는 보장된다.
회원권을 투기의 목적이 아닌, 골프를 즐기기 위해서라면 좋은 방법이 될 수 있다.

－회원권의 매각
회원권 값이 구입 시의 10~20% 가격이더라도 이를 시장에서 매각 예탁금의 일부를 취한다.

－예탁금의 분할면제
예탁금을 매년 얼마씩 나누어서 회원에게 반환하는 방식

　현재 일본의 골프장은 재기를 위해 여러 가지 방법을 생각해내고 있다. 먼저 이전의 특정계층이나 법인만을 위한 골프장이 아닌, 젊은이나 여성, 가족이 부담 없이 골프장에 내장할 수 있도록 골프장 이용료(그린피, 그늘집비용, 캐디피, 카트사용료)를 인하시키고 있다. 그리고 골프장의 이미지 개선을 위해 골프장 패션의 자유화를 유도하여 보다 자유로운 복장으로 가볍고 즐거운 마음으로 플레이할 수 있도록 노력하고 있다. 또한 시간과 비용을 절약하고 싶은 고객에게는 꼭 4명이 1조가 아니라 1~4명의 범위에서 자유롭게 내장하여 18홀 전체가 아닌 9홀 만의 플레이도 허용하고 있다.
　또한 입지조건의 개선을 위하여 주거지로부터 한 시간 이내의 거리에 골프장을 건설하거나 골프장에의 용이한 접근을 위해 골프장 내 주거시설의 건설을 고려하고 있다.

CHAPTER 8

버블경제
붕괴의 영향

국부의 감소

자산의 가치가 버블로 인해 급격히 증가하자 많은 기업과 개인은 자산을 더욱 늘리기 위해 돈을 빌려 주식과 부동산에 투기하였다. 그러나 일본정부는 버블해소를 위해 금리 인상과 토지세제 강화 등의 정책을 시행하였고 이 때문에 주가와 부동산가격은 순식간에 하락하기 시작하였다. 그제서야 많은 사람들은 그 자산가치의 증가가 버블에 의한 것임을 알게 되었고, 돈을 빌려 투기를 한 기업과 개인의 부채는 그대로 남아 있게 되었다.

가계에는 버블 시에 자산가치가 늘어났고 동시에 자산을 늘리기 위한 부채 또한 동시에 증가하였고, 기업 또한 자산가치 하락에 의해 부채에 대한 이자 부담의 증가, 가치하락으로 이익을 발생시키지 못하는 불량 자산의 증가 등으로 인해 기업 활동이 저조하게 된다. 기업 활동이 저조하게 되면 기업의 수익이 떨어지고 비용을 절감하기 위해 인건비를 삭감하기 마련이다.

기업은 인건비를 줄이기 위해 구조조정을 실시하고 이로 인해 실업이 발생하게 된다. 이는 바로 가계수입의 악화를 유발시키고 부채 상환을 해야 하는 가계는 소비를 줄이게 되고 저축이 어렵게 되며 전체적으로 국민경제가 어렵게 된다.

버블 붕괴 후에는 보유하는 자산가치보다 부채의 양이 더 많을 때 가계의 대차대조표는 부채 상환을 위해 악화되기 시작한다. 자산 가치가 부채보다 낮을 때 기업은 도산되고 개인은 자기파산으로 이어졌다. 기업과 개인소유의 자산가치가 떨어질 때 국가의 부 또한 하락하기 시작하였다.

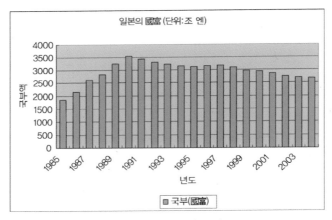

〈그림 1〉 국부의 감소[141]

141) 출처: 內閣府 年次經濟財政報告 平成18年 "長期經濟統計(1), 國富", 2006年7月.

〈표 1〉 국부의 감소[142]

(단위: 조 엔)

연도	국부
1985	1,835
1990	3,533
1995	3,114
2000	2,902
2004	2,646

연도별 국부의 변화를 보면 1985년도에 일본의 총 국부가 1,835조 엔이며, 1990년에 3,533조 엔으로 피크를 이루었으나 버블 붕괴로 인해 2004년에 이르러 2,646조 엔을 기록하여 버블 시인 1990년보다 887조 엔의 국부 손실을 보이고 있다.

또한 내역별 국부의 변동을 보면, 버블경제 시기였던 1986~2003년 사이의 국부 감소액은 가계에서 −622조 엔, 기업에서 −465조 엔, 금융기관 −88조 엔을 기록하여 가계부분의 자산 변동(손실) 액수가 제일 컸음을 알 수가 있다.

그리고 일본의 1990년 이후 2001년까지의 토지보유로 인한 손실 누적액은 818조 엔이며, 주가하락으로 인한 손실 누적액은 512조 엔이었다.

---

142) 참조: 上同.

기업에 끼친
영향

(1) 이자 부담의 증가

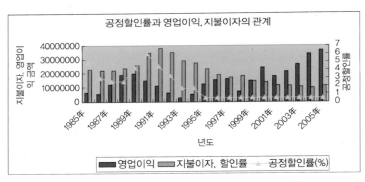

〈그림 1〉 버블해소 이후의 기업의 이자 부담의 증가[143]

　　1985년 프라자합의 이후, 일본정부는 내수확대를 위해 1986년부터 1987년에 걸쳐 5차례의 금리 인하를 단행하였고, 1989년에 버블의 제거를 위해 금리를 인상한다. 위의 그림에서, 금리 인하를 한 1986년부

143) 출처: 總務省 統計局 "14-1 主要金利水準", http://www.stat.go.jp 財務省 財務綜合政策硏究所, "年次別法人企業統計調査 平成13年", 2002年9月5日 http://www.mof.go.jp.

터 1989년까지의 일본 전체 기업의 영업이익과 지불이자와의 관계를
보면 각 기업의 이자 부담은 영업이익의 200% 이내였다.

〈표 1〉 금리 인하 시의 기업의 이자 부담[144]

(단위: 백만 엔)

연도	영업이익	이자 부담	이자/영업이익
양식의 맨 위 1985年양식의 맨 아래	6,547,709	22,957,075	351%
1986年	5,718,007	22,095,380	386%
1987年	11,867,234	22,679,533	191%
1988年	19,250,918	23,652,863	123%
1989年	19,878,272	26,053,335	131%

그러나 1989년부터 1990년 8월까지 역시 5차례에 걸쳐 금리를
2.5%에서 6.0%로 인상하였다. 특히 버블 시에 부동산, 주식, 골프회원
권 등의 자산가치의 상승을 경험한 기업은 금융기관으로부터 융자를
받아서 구입을 서둘렀다. 그러나 금리인상으로 인해 구입한 자산가치
는 하락하고, 차입금은 그대로 남아 있어 기업의 이자 부담은 존립자
체를 위협하기 시작했다.

〈표 2〉 금리 인상 시의 기업의 이자 부담[145]

(단위: 백만 엔)

연도	영업이익	이자 부담	이자/영업이익
1990年	15,061,249	34,601,205	230%
1991年	11,083,696	37,924,842	342%
1992年	6,069,582	34,936,674	576%
1993年	2,456,360	29,572,942	1204%
1994年	5,099,029	27,775,899	545%

---

144) 작성: 財務省 財務綜合政策研究所, "年次別法人企業統計調査 平成13年", 2002年9月5日으로부터 작성.
145) 작성: 財務省 財務綜合政策研究所, "年次別法人企業統計調査 平成13年", 2002年9月5日으로부터 작성.

1995年	12,192,195	23,288,806	191%
1996年	15,202,239	19,208,376	126%
1997年	16,059,095	17,015,113	106%

　1990년에 이자 부담이 영업이익의 2.3배, 1992년에 5.7배, 1993년에는 무려 12배에 달하였다. 1997년 일본정부가 금리 재인하를 0.5%로 단행하기 전까지 일본의 기업은 이자 부담으로 도산의 위험에 직면하고 있었다.

　한편으로 금리 상승으로 인한 이자 부담으로 인해 기업은 도산의 위기에 몰리게 되었지만, 또 하나의 위기의 원인은 버블 시에 구입한 보유자산의 가치와 수요가 떨어져 기대한 수익을 올리지 못하고 있기 때문이었다.

(2) 평가익의 감소와 불량자산의 증가

　기업이 버블 상황하에 그 가치가 더욱 오를 것이라고 판단하고 돈을 빌려 매입한 주식이나 부동산 중 그 가치가 하락하여 시장가치가 매입 시의 가격보다 떨어지는 경우가 있다. 다음의 한 예는 일본의 기업이 매입한 토지의 총자산액과 차입금액과의 관계이다.

그래도 집을 사시겠습니까?

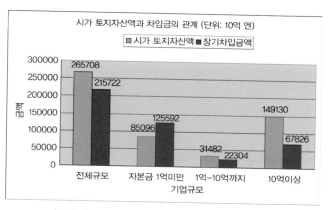

〈그림 2〉 시가 토지 자산액과 장기차입금의 비교146)

　2003년 현재, 일본의 기업전체가 보유하고 있었던 부동산의 시가 총액은 265조 엔 정도이며 금융기관으로부터 차입한 총 금액이 215조 정도이다. 전체기업의 경우에서 보면 부동산을 전부 판다면 장기 차입금을 전부 되돌려줄 수가 있다. 그러나 자본금 1억 엔 미만의 중소기업의 경우는 보유부동산을 전부 팔아도 빌린 돈을 갚지 못하는 상황이다. 돈을 빌려준 은행 쪽에서 본다면, 기업이 보유한 토지나 부동산을 담보로 융자를 해주었는데, 토지의 자산가격이 버블의 제거로 인하여 대폭 감소, 부동산을 전부 매각해도 대출금을 회수할 수 없는 상황이 되었다. 기업 또한 대출금은 그대로 남아 있으므로 이자 부담이 크므로 이 부동산을 될 수 있는 한 매각하고자 한다. 이러한 자산을 "불량자산"이라고 한다.

　불량자산이 되는 이유는 그 자산에 포함된 평가익이 하락하였기 때문이다. 버블경제 시에는 투자한 금액보다 가격이 훨씬 오르리라고

146) 출처: 國土交通省 土地白書 平成18年. "圖表 1-1-22 企業の土地資産額と長期借入金(平成15年)".

기대하여 자산의 가치를 높게 평가했으나 버블이 제거된 후에는 그 평가익이 줄어들어 자산의 가치 또한 줄어들게 된다.

즉, 버블 시 자산가치가 급등하였으나 버블의 해소 이후에는 시가와 장부와의 차이인 평가익이 점점 줄어들기 시작, 오히려 매입 시의 부채에 대한 이자 부담이 커지게 되었다.

토지의 평가익은 1990년, 주식의 평가익은 1989년이 가장 많았으나, 자산가치의 하락으로 평가익은 점점 줄어들어 주식의 경우는 1998년에 평가손을 기록하게 된다.

평가익이 줄어들어 그 자산을 매각하여도 차입금을 갚지 못하거나 (매각손), 회수가 불가능한 불량채권의 추이를 보면,

〈표 3〉 은행의 누적 불량 채권액[147]

(단위: 억 엔)

연도	손실액
1992	16,398
1993	38,722
1994	52,322
1995	133,692
1996	77,634
1997	132,583
1998	136,309
1999	69,441
2000	61,076
총누적액	718,177

---

147) 인용: 深尾光洋, "不良債券問題 金融政策"、財務省財務綜合政策研究所, フイナンシャル レビュー、2002年8月号.

1992년부터 2000년 사이에, 은행이 돈을 빌려주었으나 자산가치의 하락에 의해서 그 대출금을 회수하지 못했거나, 또는 매각손을 입은 금액의 총 누적액은 71조 엔에 이르렀다. 기업은 기업대로 도산의 위기에 처했으나, 빌려준 돈을 회수하지 못한 은행 또한 파탄지경에 이르렀고, 이로 인해 일본의 금융시스템 전체가 불안하게 되었다.

금리상승과 더불어 불량자산을 보유하면 할수록 손실이 발생하기 때문에 매각을 서두르나 그 처분이 수요부족에 의해 쉽게 이루어지지 않는다. 기업은 점차 수익이 악화되고 상환 능력이 저하, 결국은 상환 능력이 없어져 기업은 도산에 이르게 된다.

또는 평가익의 감소로 인해 기업은 체질개선을 요구하게 되고 과잉고용이나 과잉설비의 축소를 촉진시키게 된다.

(3) 구조조정(리스토라, リストラ)

'리스토라'는 Restructuring의 약어로, 원래의 뜻은 현재 보유하고 있는 사업규모, 종업원 수를 유지하며 현존의 자원을 재구축함으로써 보다 높은 효율과 수익을 얻기 위함인데, 일본의 경우는 이익을 내지 못하는 사업이나 부서를 없애버리는 것을 리스토라의 의미로 해석하고 있다.

버블경기 시에 기업은 추가적 자산증가와 고수익을 기대하고 많은 사람을 고용하거나 설비를 장치하였으나 버블붕괴 이후에는 불경기에 의한 수요의 감소, 이에 따른 수입의 감소, 설비가동률의 저하 등으로 현 고용상태와 설비상황을 계속 유지할 수가 없게 되었다

다음은 經濟企劃聽이 각 기업인을 대상으로 조사한 경제성장률 전망치와 실질성장률과의 차이를 비교한 그림이다. 이에 따르면, 1990년도에는 실질성장률이 기업인의 전망성장률보다 뛰어났지만 1992년부터 1994년 사이에는 전망 경제성장률이 실질 경제성장률보다 낮아 각 기업들은 경기침체를 실감하기 시작하였다.

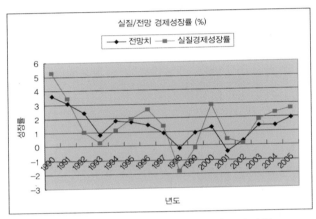

〈그림 3〉 실질경제성장률과 전망경제성장률 비교[148]

〈표 4〉 버블해소 이후의 경기침체

연도	전망성장률	실질성장률
1990	3.6	5.2
1991	3.1	3.4
1992	2.4	1.0
1993	0.8	0.2
1994	1.8	1.1

---

148) 출처: 內閣府 年次經濟財政報告 平成18年. "長期經濟統計 1", 2006年7月 經濟企劃聽 調査局. "企業行動に関するアンケート調査、時系列データ".

또한 버블해소 이후의 기업의 경상이익의 추이를 보면,

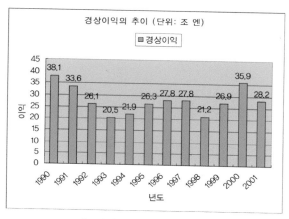

〈그림 4〉 경상이익의 추이[149]

1991년 이후부터 경상이익이 하락하기 시작하여 2001년까지 버블의 전성기이었던 1990년의 38조 엔을 회복할 수가 없었다. 특히 1993년에는 경상이익이 1990년보다 30% 정도 감소, 기업은 심한 어려움을 겪게 되었다. 기업이 어려우면 당연히 비용삭감을 위해 구조조정을 하게 된다.

기업이 구조조정의 수단을 생각할 때 먼저 이자 부담이 있는 자산의 처분, 자산가치가 하락하여 기대 수익을 내지 못하는 주식이나 부동산의 매각처분을 고려할 것이며, 사업구조의 재구축을 위해서는 채산이 맞지 않거나 저수익 사업의 축소나 조정, 그리고 M&A나 지주회사화, 인건비 삭감 등의 방법을 쓸 것이다. 이 중에서 인건비를 삭

---

149) 인용: 財務省 財務綜合政策研究所, "年次別法人企業統計調査 平成13年, 第2圖 經常利益", 2002年9月5日.

감하기 위해서는 먼저 인원삭감, 즉 조기퇴직을 시키는 방법이 제일 우선이며, 그 다음은 정사원으로 운영하기보다 파견직원이나 파트타임제 직원의 채용을 우선으로 하고, 종업원의 임금동결 내지 삭감, 능력에 따른 임금지불 등의 수단을 채택할 것이다.

버블형성기인 1986년부터 2006년까지의 실업자 수의 추이를 보면 버블 시에 그 수가 제일 적고 이후로 계속 상승하게 되는데, 실업자가 가장 많았던 시기가 1999년부터 2003년 사이이다.

〈표 5〉 완전실업자 수의 추이[150]

(단위: 10,000명)

연도	실업자 수
1985	156
1990	134
1991	142
1995	210
1999	317
2000	320
2001	340
2002	359
2003	350
2006	275

1985년에 완전 실업자 수 156만 명이었으며, 버블의 전성기인 1990년에는 134만 명을 기록, 이때가 호경기임을 알 수가 있고, 이후 1991년부터 실업자 수가 증가하기 시작한다. 1995년에 210만 명, 1999년

---

150) 출처: 總務省 統計局 "勞動力調査. 長期時系列データ 參考表3、(8)年齡階級別完全失業者數及び 完全失業率". http://www.stat.go.jp.

에 317만 명, 2002년에는 359만 명으로 최고조에 달했으며, 2003년부터 경기회복기를 선언하며 실업자 수가 다소 줄어들기 시작해 2006년에는 275만 명으로 감소되었다. 버블붕괴의 후유증이 얼마나 심각하였던가를 짐작할 수 있는 대목이다.

경기가 가장 어려웠던 시기인 1999년에 經濟企劃廳은 '기업행동에 관한 앙케트 조사(企業行動に関するアンケート調査)'를 기업인을 대상으로 실시하였다. 질문 중 하나가 "버블경제 시에 늘린 종업원의 과잉에 대해서 어떻게 느끼고 있는가?"이었다.

조사결과를 보면, 정사원의 고용행태에 기업주들은 과잉 고용감을 느끼고 있었음을 알 수가 있다.151) 각각의 고용형태에 대한 기업주의 고용부담감은 정규사원이 97.6%, 계약사원 1.6%, 파트타이머 0.8%으로 정규직에 대한 부담감이 가장 많았다고 한다. 정사원의 고용형태가 인건비가 가장 많이 드는 것이므로 앞으로는 정사원의 채용을 줄이고 파트타이머나 계약사원의 고용을 늘리겠다는 의도인 것이다.

〈표 6〉 정규직, 비정규직의 비율152)

(단위: %, 10,000명)

연도	정규직	비정규직	총취업자 수
1990	79.8	20.2	4,690
1994	79.7	20.3	5,139
1998	76.4	23.6	5,338
2002	70.6	29.4	5,337
2004	68.6	31.4	5,372
2005	67.4	32.6	5,407
2006	67.0	33.0	5,481

---

151) 인용: 經濟企劃廳 調査局, 平成11年 "企業行動に関するアンケート調査. 第3-1-1圖 雇傭の過剰感", 2000年 4月 11日.

비정규직이라 함은 파트직, 아르바이트, 파견사원, 임시직, 계약사원, 촉탁사원 등의 고용형태를 포함한다. 1990년 초반에는 비정규직이 20%대에 머무르고 있었으나, 버블이 꺼진 후, 기업의 정규직 채용에 대한 거부감 때문에 2002년에는 30%대, 2006년에는 33%에 이르고 있다. 이는 정규직과 비정규직과의 소득 격차를 초래하여 결혼의 지연, 결혼 후의 자녀의 교육 정도, 집 장만 어려움 등의 사회적 격차를 불러일으키게 된다. 즉 사회 양극화의 원인이 되는 것이다.

다음 장의 <그림 5>에서 보면, 완전실업자 수가 가장 많았던 2002년부터의 실직이유를 보면, 비자발적 이직(기업의 도산, 정리해고, 정년, 계약만료 등을 포함)이 2002년에 전체 실업자 수의 42%, 2003년 42%, 2004년 38%, 2005년 34%, 2006년에 32%에 이르렀으며, 그중에서 정년이나 계약만료가 아닌 회사의 사정(기업의 경영악화, 정리해고, 도산)으로 인해 이직해야만 했던 비율이 2002년부터 2006년 사이에 각각 32%, 31%, 27%, 24%, 23%였다.

그러므로 버블 해소정책 이후, 구조조정에 의해 타의로 많은 사람들이 회사를 떠나야만 했고, 가계의 소비는 감소되고 불경기가 10년간 지속되게 되었다.

그리고 교육비, 주택대출금 상환 등의 부담을 지닌 가장들이 '리스토라'에 의해 타의로 직장을 떠나게 되자 드디어 일본의 종신 고용제는 깨어지고 종신직업의 개념으로 인식이 전환되기 시작하였던 것이다.

---

152) 출처: 總務省 統計局. "勞動力調査. 長時系列データ、參考表8 雇用形態別 雇用者數".

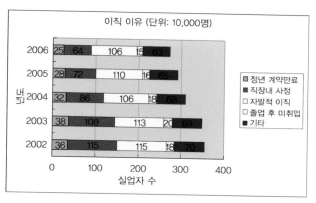

이직 이유 (단위: 10,000명)

년도	정년 계약만료	직장내 사정	자발적 이직	졸업 후 미취업	기타
2006	25	64	106	15	63
2005	28	72	110	16	65
2004	32	86	106	18	68
2003	38	108	113	20	69
2002	36	115	115	18	70

실업자 수

〈그림 5〉 이직이유[153]

(4) 기업도산의 증가

자산가치의 하락으로 인해 기대수익을 거두지 못할 경우, 기업은 그 자산의 매각을 고려하게 된다. 더구나 차입금에 의해 그 자산을 매입했을 때, 금리 인상 때문에 이자 부담이 더욱 크게 된다. 이러한 자산을 매각하였다 해도 시장가격이 장부가보다 낮은 경우에는 차입금을 다 갚지 못하게 되어 불량 자산화된다. 돈을 빌려준 금융기관의 입장에서도 대출금을 회수할 수가 없기 때문에 회수불능의 불량채권이 되어 버린다.

기업이든 금융기관이든 불량채권(자산)을 많이 가지고 있으면 있을수록 회사는 경영위기에 빠지게 되고 경기회복의 기미가 없으면 결국 도산하게 된다. 버블붕괴 이후의 기업의 도산 추이를 보자.

---

153) 출처: 總務省 統計局 "勞動力調査 平成18年. 表6 求職理由別完全失業者推移", 2007年1月30日.

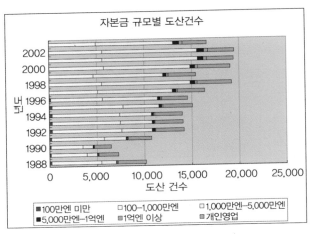

〈그림 6〉 자본금 규모별 도산건수[154]

  버블 전성기인 1990년의 도산건수는 6,468건으로 가장 적었으나, 본
격적 버블 붕괴가 시작된 1991년의 연간 파산건수는 14,167건으로 증
가하기 시작, 1998년에는 19,171건을 기록하고 2002년 19,458건의 최
고도산 건수를 기록하였다. 대체로 2002년부터 일본경제의 회복을 일
본정부가 선언하고 있는데, 2003년부터는 도산건수가 줄어들고 있다.
  자본규모별로 보면, 버블 붕괴 초기에는 자본금 규모 100만 엔에서
1,000만 엔 사이의 소규모 기업이 주로 도산하였으며, 1990년대 중반
부터는 자본금 1,000만 엔에서 5,000만 엔 사이의 중소형 기업이 도산
하기 시작하였다.

---

154) 출처: 總務省 統計局 第6章 企業活動. "6-15産業別企業倒産件数及び負債金額(昭和27年～平成15
年)", http://www.stat.go.jp.

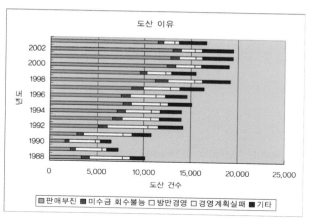

〈그림 7〉 도산이유[155]

　도산이유를 보면 판매부진, 미수금 회수불능, 방만경영과 경영계획
실패 등을 들 수가 있지만, 뭐라 해도 경기침체로 인한 판매부진이 가
장 큰 이유였다. 기업의 정리해고에 의해 가계의 수입이 감소하고, 자
연적으로 가계의 소비가 줄어들어 수요가 감소하게 된다. 물건이 팔
리지 않으니 기업은 수입감소로 인해 과잉인원과 설비를 줄이게 되
고 경기는 더욱 악화되는 악순환이 계속되었다. 다음의 도산 이유는
방만경영인데, 49개월간 지속된 평성경기(平成景氣, 헤이세이경기)에
힘입어 기업은 인원과 설비를 확장하고 사업영역을 넓혀나갔다. 그러
나 경기가 침체하자 과잉인원과 설비, 문어발식 사업확장은 기업의
경영코스트를 높이는 요인이 되고 말았다.

---

155) 출처: 總務省 統計局 第6章 企業活動. "6－15産業別企業倒産件數及び負債金額(昭和27年～平成15
　　年)". http://www.stat.go.jp.

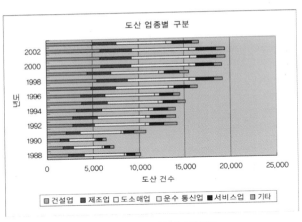

〈그림 8〉 도산 업종별 구분156)

도산업종별 구분을 보면 역시 건설업이 가장 많았고, 그 다음이 도
소매업으로 불경기로 인한 매출감소의 영향을 많이 받은 것으로 나
타났다.

2차대전 이후의 부채액 기준의 일본의 대형도산 10가지를 보면,

〈표 7〉 전후 대형 10대 도산157)

순위	도산일	회사명	업종	부채액(10억 엔)
1	2000. 10	協榮生命保險	생명보험	4,529
2	2000. 10	千代田生命保險	생명보험	2,936
3	1998. 09	일본리스(日本リース)	리스업	2,180
4	2001. 09	마이칼(マイカル)	슈퍼마켓	1,600
5	1997. 04	크라운리싱(クラウンリーシング)	리스업	1,187
6	1996. 10	日榮 ファイナンス(파이넌스)	신용판매업	1,000

156) 출저: 總務省 統計局 第6章 企業活動. "6-15産業別企業倒産件数及び負債金額(昭和27年～平成15
年)", http://www.stat.go.jp.

7	2001. 03	東京生命保險	생명보험	980
8	2000. 05	라이프(ライフ)	신용판매업	966
9	1996. 11	末野興産	부동산업	716
10	2000. 07	소고(そごう)	백화점	689

전후 일본의 10대 대형 부도는 전부 버블경제 붕괴 이후에 일어났으며, 그러므로 버블경제가 일본경제에 입힌 타격이 얼마나 컸던가를 짐작할 수가 있다.

그중 가장 규모가 컸던 것이 쿄에이생명보험(協榮生命保險), 치요다생명보험(千代田生命保險)의 도산으로, 부채액은 각각 4조 5천억, 2조 9천억 엔에 이르렀다. 그 이외의 대형부도는 주로 리스업, 신용판매업, 부동산업, 백화점 등에서 많이 일어났다.

당시의 대형 회사의 대표적 도산의 경우를 살펴보자.

① 야마이치증권(山一證券)의 경영 파탄[158]

야마이치증권은 노무라(野村), 다이와(大和), 닛코우(日興)와 더불어 일본의 4대 증권회사의 하나로 1897년 창업하여 1997년 100년 만에 자진 폐업하였다. 야마이치증권은 법인영업에 강했는데, 버블이 붕괴되자 많은 기업들이 도산하게 되었다. 따라서 야마이치증권의 영업실적도 악화되어 폐업의 길로 가게 되었다.

야마이치증권의 파탄 원인은 주요 대형회사의 자금을 운용하는 데

157) 인용: 東京商工リサーチ、最新情報 "戰後歷代の大型倒産"2005年1月20日.

158) 인용: 일본 위키피디아 http://ja.wikipedia.org.

있어 경기하락임에도 불구하고 처음 약속했던 운용이율을 보증해주는 약속을 맺었기 때문이다. 대형고객에게 손실이 발생했을 때, 그 손실을 보전해주었던 사실들이 발각되어 야마이치증권은 많은 비난을 받았으며, 장부 외의 손실이 발생하였음에도 계속 숨겨오다 결국은 관계당국인 대장성(大藏省)에 의해 밝혀져 자진폐쇄하기에 이르렀다.

1987년부터 1990년 12월 이후 주식가는 폭락하였는데, 야마이치증권은 1990년 고객의 손실을 보전해주기 위해 약 1,000억 엔에 이르는 손실을 장부외 손실로 처리하였으며 1995년 3월 결산에서 506억 엔의 경상손실을 기록하였다.

야마이지증권의 마지막 사장은 노자와 마사히라(野沢正平)이다. 노자와 사장은 1997년 11월 24일 동경증권거래소에서 행한 기자회견에서 마지막 눈물을 흘린 것으로 유명하다. 노자와 사장은 회견의 마지막에 갑자기 마이크를 잡고 일어서며 눈물을 하염없이 흘리면서 말하였다.

"전부 우리가 나쁜 것이지 사원들은 나쁜 짓을 하지 않았습니다. 선량하고 능력 있는 사원들에게 드릴 말씀이 없다고 생각합니다. 우수한 사원들이 정말 많습니다. 한 명이라도 더 재취업이 가능하도록 도와주십시오"라고 말하면서 흐느껴 울었다.

이 모습은 전 세계에 중계되어 최고경영자답지 못하다는 비판을 받은 반면, 가슴속에서 진정으로 남은 사원들을 걱정하는 책임자의 자세를 보여주었다고 긍정적으로 보는 사람들도 많다.

노자와사장은 호세이대학(法政大學)을 졸업하고 야마이지증권에 입사하여 영업통으로 활약했으며 야마이치증권의 주력인 동경대-기획실-대장성 담당과는 전혀 인연이 없는 사람으로 오히려 속사정을 잘 몰랐기 때문에 사장으로 지명되었다고도 한다.

사장으로 취임한 후, 담당 임원 3명으로부터 2,600억 엔의 장부 외 손실이 있음을 보고받고 쇼크를 받아 일어설 줄을 몰랐다고 한다. 겨우 정신을 차린 노자와사장은 이 3명을 데리고 근처의 중국집으로 가서 대낮부터 소흥주(紹興酒)를 대취하도록 마셨다고 한다.

야마이치증권이 자체적으로 폐업하던 다음 날, 전국의 야마이치증권의 지점 앞에서 진풍경이 벌어졌다. 경쟁사의 영업사원들이 야마이치증권 지점 앞에서 해약하고 나오는 고객들을 서로 빼앗아가고 있었으며, 경쟁사의 12월 신규 개인구좌 개설 수는 3배 증가하여 78,000건에 이르렀다.

② 홋카이도 타쿠쇼쿠은행(北海道拓植銀行)[159]

1900년 4월 설립한 이 은행은 삿포로에 본사가 있으며, 종업원 수는 5,200명이며 1997년 11월에 경영 파탄, 1998년 11월에 北洋은행과 中央신탁은행에 사업을 양도하고 1999년 법인이 해산되었다.

이 은행은 1985년부터 버블 경기와 함께 부동산 융자에 주력하였다. 다른 도시은행과 달리 본사가 홋카이도(北海道)에 있었기 때문에 당시의 지방 선두 은행인 요코하마은행(横浜銀行), 지바은행(千葉銀行)에 비해 부동산 융자분야에 있어 처져있다고 판단, 이 분야에 주력하게 되었다.

평상시라면 담보인 토지의 평가액의 70%만 융자해주었으나 이 은

---

159) http://ja.wikipedia.org 참조.

행은 후발사의 약점도 있어 담보가치의 120~130%까지 융자를 해주었으며, 이미 다른 금융기관의 담보로 설정되어 있는 경우에도 추가 융자를 실시하고 담보 설정은 후순위로 하기까지 하였다.

이런 와중에서 치명적이었던 것이 건설회사인 가부토데콤(カブトデコム)과 이발소 체인점인 소피아(ソフィア)에의 거액융자건이었다.

이 은행은 가부토데콤의 총 사업비 1,000억 엔의 리조트호텔 건설과 소피아의 2개 리조트호텔 건설계획을 적극 지원하였다.

그러나 버블 붕괴에 의해 이 사업의 수익률은 제로였으며, 각 호텔의 종사자를 北海道拓植銀行의 직원으로 채웠기 때문에 영업을 하면 할수록 적자가 발생하기에 이르렀다. 가부토데콤의 경우, 1994년 한 해의 숙박자수는 57,000명 정도이었으나 숙박자의 거의가 北海道拓植銀行 지점의 가족이었다.

소피아와 北海道拓植銀行의 총 불량채권액은 3,000억 엔을 초과하였다. 1994년 1월에 주간현대(週刊現代)의 폭로기사로 인해 많은 사람이 은행의 경영위기를 눈치채게 되었으며, 하루에 10억 엔 이상의 예금이 빠져나간 적도 있었다.

1997년 11월 15일 北海道拓植銀行은 경쟁사인 北洋은행에 영업을 양도하였다. 11월 15일이 토요일이었기 때문에 11월 17일 월요일 아침에 본점의 기자회견장에 나타난 전 임원은 경쟁사인 北洋은행에의 영업 양도를 발표한 후, 마지막에 은행장이 "정말 죄송합니다"라는 사과와 함께 동석한 전 임원이 기립하여 깊이 머리를 숙였다.

당일 각 지점은 개점 후 30분 내에 100,200명의 예금주가 달려왔으며, 이날 해약한 돈만 600억 엔이었으며, 11월 19일까지 총 4,900억 엔이 빠져나갔다.

③ 생명보험사의 파탄

1997년부터 2001년에 걸쳐 7개의 생명 보험사가 파산하였다. 파산 당시의 각 생명보험사의 자산은 1조에서 4조에 이르는 초 대형사들이었다.

〈표 8〉 생명보험사의 도산

(단위: 엔)

회사명	도산일 자	총자산	총 보유계약액	인수자
日産生命	1997.4.25	2조 1,674억	17조	프랑스 알테미즈
東邦生命	1999.6.4	2조 6,982억	21조	미국 GE 에디슨생명
第百生命	2000.5.31	1조 7,217억	15.9조	캐나다 매뉴라이프 센츄리
大正生命	2000.8.28	2,044억	1조	
千代田生命	2000.10.9	3조 5,019억	47.6조	미국 AIG생명
協榮生命	2000.10.20	4조 6,099억	57.7조	미국 Prudential생명
東京生命	2001.3.23	1조150억	13.4조	

이중 미국의 GE가 토호생명(東邦生命)을, 미국의 AIG와 Prudential Life가 각각 지요다생명(千代田生命)과 쿄에이생명(協榮生命)을 인수하였고 프랑스, 캐나다의 생명보험사도 각각 1개사를 인수하였다.

대형 생명보험사의 도산원인은 무엇일까? 그것은 바로 "금리차에 의한 손실의 발생" 때문이다.

보험에 가입하면, 보험회사는 "가입자로부터 100원의 보험료로 받아 이것을 1년간 투자하면 얼마간의 이자가 발생한다"고 생각한다. 예를 들면 이자가 5%라고 하면 100원을 받아 1년간 투자하면 5원이 생기므로 실제로는 보험료로 95원만 가입자로부터 받으면 된다고 계산한다. 1년 후에 발생할 이자를 염두에 두고 미리 깎아 주는 것이다.

그래서 각 보험사는 가입자가 내야 할 보험료를 계산할 때 이 '투자이익률'을 감안하여 보험료를 책정하게 된다. 이 투자이익률을 '예정금리'라고 한다.

그런데 이 투자이익률을 5%로 생각하고 가입자로부터 미리 보험료를 5% 깎아 주었는데, 실제 투자를 해보니 이익률이 1%라고 하면 보험회사는 예정보다 −4%의 투자손실을 보게 된다. 그러나 보험은 눈에 보이지 않는 상품을 파는 것이므로 보험회사와 가입자 사이에는 약속을 지키는 것이 가장 중요하다. 따라서 가입자에게 "실제 투자를 하여 1원밖에 못 벌었으니 모자라는 4원을 다시 납입해주세요"라고 말할 수는 없는 것이다. 이것을 "고정금리제 예정이자율"이라고 한다.

가입자는 보험회사와의 약속에 따라 예정이자율만큼 보험료를 미리 떼고 납입하게 되나, 보험회사는 약속한 만큼 투자수익이 없으면 시간이 경과하면 할수록 적자가 쌓이게 된다.

당시 버블 시의 보험사의 예정이자율은 5.5%였는데 1997년에서 2000년 사이의 실제 운용금리는 버블 붕괴 이후의 불경기로 인해 2~3% 정도까지 하락하였다. 만약 1조 원의 자산규모라면, 가입자에게 약속한 예정이자율이 5.5%이나 실제 운용금리가 2.5%라고 하면 보험사의 손실은 −3%가 된다 연간 1조 원에 대한 3%는 300억 엔으로 매년 불경기하에서 보험사를 5년간 운영하게 되면 1,500억 엔의 누적손실이 발생한다. 이 기간이 길어지면 길어질수록 누적손실은 눈덩이처럼 불어나게 된다.

이처럼 계산한다면, 당시 協榮生命의 총 자산이 4조 6,000억 엔이었으므로, −3%의 투자손실을 경험했다면, 연간 손실액이 1,380억 엔에 이르고 5년이면 약 7,000억 엔에 이르러 결국 보험회사는 문을 닫게 되는 것이다.

한국의 생명보험사는 일본의 경우를 교훈으로 하여 즉각 고정금리제에서 변동금리제로 전환, 금융위기에서 도산하지 않고 살아났던 것이다. 간단히 말하면, 경기 하락 시 투자운용의 실패 책임을 회사에서 고객으로 떠넘겼다는 것이다.

④ 주택금융전문회사의 도산[160]

흔히 주택금융전문회사(住宅金融專門會社)를 "住專"이라 하는데, 이는 대장성(大藏省) 주도하에 은행 등의 금융기관이 공동 출자하여 설립한 주택금융을 전문으로 하는 회사를 말한다.

주로 금융기관으로부터 자금을 조달하여 개인이나 사업자에게 융자를 행하는 것이 주된 업무로 점포망은 가지고 있지 않으며 각 은행의 창구에서 정보를 제공한다. 1980년대에는 정부의 금융완화 정책에 따라 대기업은 자체적으로 국내외에서 자금을 조달할 수 있었으므로, 은행은 중소기업이나 개인주택구입자금 대출에 관심을 가지게 되었으므로 자연적으로 이 "住專"과 경쟁관계에 있었다.

---

160) http://ja.wikipedia.org 참조.

住專은 이에 질세라 적극적 마케팅활동을 펼치는데, 버블 시의 부
동산가격의 폭등에 힘입어 住專의 총 융자금액은 늘어만 갔다. 그러
나 버블 해소 이후에 담보인 부동산 가치가 급락하여 팔기도 어려운
상황이 되었고, 대출자는 대출자대로 원금은 말할 것도 없고 이자의
납입도 곤란하게 되어 연체가 되었다. 결국 대부분의 융자 건이 회수
할 수 없는 불량채권이 되어 많은 주택전문회사가 파탄하였다. 당시
도산한 회사는 일본주택금융(日本住宅金融), 론 서비스(ロン サービス),
일본 하우징론(日本ハウジングロン), 제일주택금융(第一住宅金融), 주총
(住總), 지은생명주택론(地銀生保住宅ロン), 종합주택금융(総合住宅金融)
등이었다.

⑤ 세존그룹(Seison Group)의 해산[161]

세존그룹은 세이부백화점(西武)을 중심으로 한 일본 유통계 최대의
그룹이었으나 2001년 해체되었다. 쯔쯔미 야스지로(提 康次浪)가 창업
하였고 1964년 그가 사망하자 유통부문은 차남인 쯔쯔미 세이지(提
淸二)가 상속하여 西武유통그룹으로 성장해나갔다. 이후 '西武세존그
룹'으로 개칭하고 나중에는 西武를 이름에서 제외시켜 '세존그룹'이
라고 명명하였다. 전성기 시에는 약 100사가 이 세존 그룹에 포함되
어 있었다(西武크레딧, 레스토랑 西武, 吉野家, 세존생명보험, 인터콘티
넨털호텔, 大沢商会, 파르코, 패밀리마트 등이 소속). 쯔쯔미 세이지
(提 淸二)는 동경대학 재학 중 일본 공산당에 입당하기도 하였으며 신

---

161) 출처: 上同

분을 숨기고 西武백화점의 서적코너의 점원으로 일한 적도 있었다.

한편 철도 부동산 계통은 이복동생인 요시아키(義明)가 상속하였다.

버블이 붕괴되어 소득이 줄어든 서민들은 백화점이나 대형 슈퍼마켓을 회피하고 디스카운터 숍(discount shop)으로 향하였고 고급 소비재나 오락에의 소비를 억제하자 세존그룹의 백화점 매출액은 급감하게 되었다. 또한 쯔쯔미 세이지(提 淸二)는 유통에서 벗어나기 위해 부동산과 금융 쪽에 투자를 하였는데 이 자산 또한 불량채권화하여 1991년 세이지는 대표직에서 물러나고 2001년 세존그룹은 해산하였다.

개인에의
영향

(1) 고용과 소득의 감소

버블의 해소 이후, 總務省에서는 각 기업에 경영방만, 경영계획실
패, 미수금 회수불능, 판매부진 중에 가장 치명적이었던 도산의 이유
가 무엇인지를 앙케이트를 통해 물었는데, 그중에 가장 큰 이유는 판
매부진이었다.

〈표 1〉 도산이유 중에 판매부진이 차지하는 비율[162]

연도	총도산건 수	판매부진	비율
1990	6,468	1,613	25%
1991	10,723	2,913	27%
1992	14,167	5,219	37%
1993	14,041	6,707	48%
1994	13,963	7,164	51%
1995	15,086	7,745	51%
1996	14,544	7,546	52%
1997	16,365	8,716	53%
1998	19,171	11,229	59%
1999	15,460	9,632	62%

2000	19,071	12,446	65%
2001	19,441	12,811	66%
2002	19,458	13,068	67%
2003	16,624	11,396	69%

1990년 전체도산 건수 중에서 판매부진으로 인한 도산이 25%에 지나지 않았으나 1994년경부터는 그 비율이 50% 이상을 차지하게 되었고 1999년부터는 60%를 초과하였다.

물건이 팔리지 않는 다음에야 기업은 수입을 올릴 수가 없고, 매출 감소는 기업의 수익을 감소시키게 되고 기업은 자금난을 겪게 된다. 그러나 일반적으로 기업의 수익이 악화하더라도 임금 수준은 내리기 어려우므로 기업의 수익은 더욱 악화하게 된다. 수년간 이런 상태가 계속되면 기업은 과잉고용을 느끼기 시작, 드디어 인원삭감이나 임금 수준 하락을 꾀하게 된다.

인원삭감에 의한 실업률의 추이를 살펴보면,

162) 출처: 總務省 統計局 第6章 企業活動. "6－15産業別企業倒産件数及び負債金額(昭和27年～平成15年)". http://www.stat.go.jp.

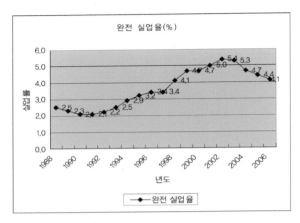

〈그림 1〉 완전실업률의 추이[163]

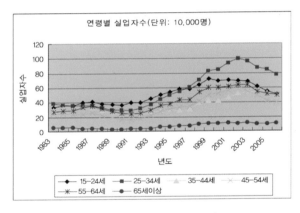

〈그림 2〉 연령별 실업자 수[164]

실업률은 버블의 제거가 시작된 1991년에 2.1%를 기록하고 이후인 2001년에 최고치인 5.4%를 피크로 다시 4%대로 떨어졌다. 실업자 수

163) 출처: 總務省 統計局 "勞動力調查. 長期時系列データ 參考表3、(8)年齡階級別完全失業者數及び 完全失業率". http://www.stat.go.jp.

164) 출처: 上同.

또한 1999년부터 2003년까지가 가장 많은데, 이 기간 사이에 가장 많은 실업자수를 낸 연령이 25세부터 34세 사이, 그리고 15세에서 24세 사이임을 위의 그림으로 알 수 있다. 특히 실업자 수가 가장 많은 해가 1999년부터 2003년 사이인데(1999년 완전 실업자 수 317만, 2000년 320만, 2001년 340만, 2002년 359만, 2003년 350만 명), 이 기간 중의 실업자의 연령분포를 나타낸 것이 위의 그림이다.

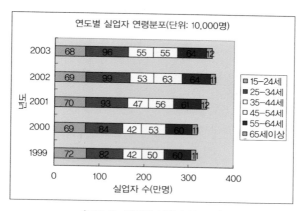

〈그림 3〉 연령별 실업자 분포165)

완전 실업자 수가 가장 많았던 2002년의 경우 15세에서 35세 사이의 실업자가 차지하는 비율이 전체의 50% 정도로, 불황 시에 주로 젊은 사람들이 일자리를 얻지 못했음을 알 수가 있다.

또한 2002년 "日本勞動硏究機構"가 종업원 수 300인 이상의 1,683개의 기업을 상대로 실시한 "사업재구축과 고용에 관한 조사(事業再構築

165) 출처: 總務省 統計局 "勞動力調査. 長期時系列データ 參考表3、(8)年齡階級別完全失業者數及び 完全失業率", http://www.stat.go.jp.

と雇傭に関する調査)"의 결과를 보면, 신규졸업자를 줄이고 계약사원, 파견노동자나 임시, 계절, 파트타임 노동자의 취업을 확대하겠다고 답하고 있다.

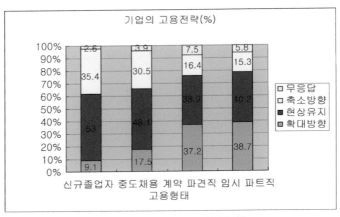

<그림 4> 기업의 선호 고용형태[166]

위의 그림을 보면, 신규졸업자의 채용을 확대하고자 하는 기업은 9.1%에 해당하고, 계약, 파견직, 임시직, 파트직을 늘리겠다는 기업이 40% 정도이다. 이것은 기업이 인건비 감소를 위해 고등학교나 대학을 졸업한 학생들을 정규사원으로 채용하는 것을 꺼려하고 임시직이나 계약직 또는 파트사원으로 채용하는 것을 선호하고 있기 때문이다.

동시에 정사원으로 취업하지 않고 임시직, 파트사원으로 일한다면 자연히 정사원에 비해 적은 급료를 받게 되며, 정규직과 비정규직 사이의 임금소득의 격차가 발생함을 의미한다.

---

166) 출처: 日本勞動研究機構, "事業再構築と雇傭に関する調査(企業調査)", 2002年.

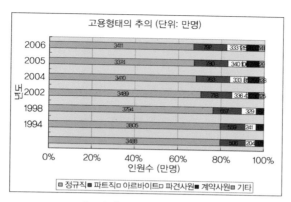

〈그림 5〉 고용형태의 추이[167]

1990년의 기업의 주요 고용형태를 보면 정규직이 전체 종업원의 80%에 달했으나 점차 비정규직의 고용형태가 증가, 2002년부터는 비정규직이 전체의30%를 상회하게 되었고 2006년에는 약 35%를 차지하게 되었다.

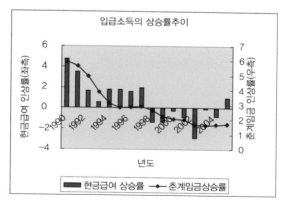

〈그림 6〉 임금소득의 인상률 추이[168]

167) 출처: 總務省 統計局, "勞動力調査. 長時系列データ、參考表8 雇用形態別 雇用者數".

전년대비 춘계(春季) 임금인상률은 1990년을 정점(전년비 5.94%)으로 계속 하락, 2005년에 비로소 전년비 +1.7%로 상승하고 있다. 현금급여액 대비 인상률은 1990년에 전년비 4.7% 증가였으나 이후로 계속하락, 1998년에는 −1.4% 하락하기 시작, 2002년에는 최악의 −2.9%를 보여주었고 2005년에 가까스로 전년비 +1%의 증가세로 돌아서기까지 계속 마이너스 성장을 기록했다. 명목 현금급여 총액이나 실질현금급여 총액의 변동치 또한 1991년을 기점으로 하락하기 시작, 1990년대 중반에 약간 상승기미를 보였으나 이후 급격한 하락(마이너스 성장)을 보여주고 있다. 개인의 소득감소에 따라 개인의 소비도 극도로 줄어들게 되고 경기는 더욱 깊은 불황의 늪으로 빠져들게 되었다.

(2) 개인소비의 감소

內閣府는 국민생활에 관한 세론조사를 매년 실시하고 있다. 질문사항 중의 하나인 "당신의 생활은 작년 이맘때보다 좋아졌다고 생각합니까, 나빠졌다고 생각합니까, 아니면 변화가 없다고 생각합니까?"라는 질문에 대하여 다음과 같은 결과를 얻었다.

---

168) 출처: 內閣府 年次經濟財政報告 平成18年. "長期經濟統計 1", 2006年7月.

그래도 집을 사시겠습니까?

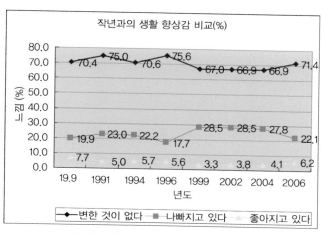

<그림 7> 작년과 비교한 생활의 향상감[169]

    작년보다 악화되었다고 느끼는 사람이 버블이 붕괴되기 시작한 1991년부터 점점 증가하고 있음을 알 수 있는데(1989년 19.9%에서 1999년 28.5%, 2002년 28.5%, 2004년 27.8%), 이 조사결과는 버블이 제거되고 실업과 수입감소에 의해 많은 사람들이 생활이 점점 어려워지고 있다는 것을 나타내고 있다. 특히 '현재의 소득과 수입에 대한 생활만족도'도 조사를 하였는데

169) 인용: 內閣府, "國民生活に關する世論調査. 圖3 去年と比べた生活の向上感"平成18年10月 http://www8.cao.go.jp.

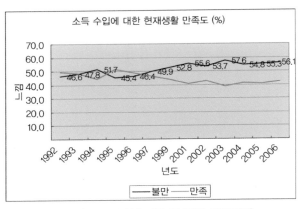

소득 수입에 대한 현재생활 만족도 (%)

〈그림 8〉 소득 수입에 대한 현재생활 만족도[170]

1997년을 기점으로 현재의 소득 수입에 대해 불만을 가지는 사람이 만족하는 사람보다 훨씬 많아지고 있으며, 그 차는 더욱 벌어지고 있다. 그만큼 소득과 수입이 감소되었고, 이에 대해 많은 사람이 불만을 가지고 있다는 조사결과가 되겠다.

현재 처해져 있는 자신의 경제상황을 고려할 때, 불만 내지 우려감을 가질 때, 심리적으로 위축감을 느끼게 될 것이며 현재의 불안감이 장래의 불안감으로 연결되어 현재의 개인소비를 꺼리게 되는 것이다.

당시의 실제 소득과 지출, 지출의 내역의 추이를 보자.

아래의 <그림 9>는 전국의 근로자 세대의 실수입과 소비지출의 추이를 나타낸 그림이다. 실수입이라고 함은 근로자나 배우자의 수입을 포함한 것이나, 예적금의 인출, 보험금의 수취, 유가증권이나 재산의 매각으로 인한 수입의 증가는 제외된 것이며, 소비 지출액은 식료, 주

170) 인용: 內閣府, "國民生活に關する世論調査, 圖9 現在の生活の各面での滿足度"平成18年10月
http://www8.cao.go.jp.

거, 광열비, 통신교통비, 가구 구입, 피복신발구입비, 보건의료비, 교양오락비, 교육비 등은 포함되어 있으나 예적금, 보험료, 주택구입 대출금상환, 재산의 구입 등은 제외되어 있다.

전국 근로자 세대의 실수입의 추이는 1980년부터 1997년까지 꾸준한 상승세를 보이고 있는데, 1997년의 월 595,214엔의 수입을 피크로 1998년부터 계속 하락하여 2003년 현재에는 524,542엔을 보여주고 있다.

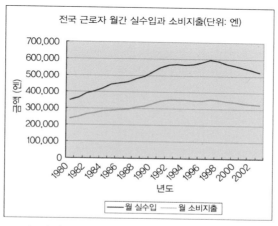

전국 근로자 월간 실수입과 소비지출(단위: 엔)

〈그림 9〉 근로자 월간 실수입과 소비지출의 추이[171]

소비지출의 경우도 실수입과 동일한 경향을 보이고 있는데, 1997년(357,636엔)까지 소비지출의 증가세를 보이다가 2003년 현재 325,823엔의 하락을 보이고 있다. 그러면 소비지출 분야 중에서 실생활에 밀접한 항목의 추이를 보자.

171) 출처: 總務省 統計局 第20章 家計. "20 - 2 - C1世帯当たり年平均1か月間の収入と支出(勤勞者世帯 - 全国, 人口5万人以上の市)昭和38年～平成15年. http://www.stat.go.jp.

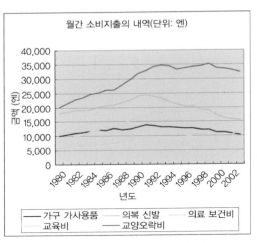

월간 소비지출의 내역(단위: 엔)

년도

── 가구 가사용품 ── 의복 신발 ── 의료 보건비
── 교육비 ── 교양오락비

〈그림 10〉 소비지출 내역의 추이[172]

  소비지출 내역을 보면, 의료비를 제외하고 소비 지출금액이 감소
되고 있는 실정이다. 의료비는 1980년도부터 2003년까지 계속 상승하
고 있으나, 가구나 가사용품의 구입은 1989년의 13,944엔을 피크로
하락하기 시작, 2003년 현재 10,378엔에 이르고 있으며, 의복신발구입
도 1989년에 24,451엔에서 2001년 15,450엔으로, 교육비 또한 1995년
19,162엔에서 2001년 18,021엔으로, 교양오락비는 1991년 34,799엔에
서 2001년 32,303엔으로 하락하였다.

  버블이 해소되기 시작한 1991년 후반부터 전국 근로자의 소비지출
은 감소하기 시작하였는데, 소비를 줄이는 이유를 조사한 결과도 나
와 있다.

---

172) 출처: 上同.

<표 2> 지출을 줄이는 이유[173]

(단위: %, 복수응답)

연도	장래 수입 직장의 불안	연금, 사회 보장불안	불경기에 의한 해고, 수입감소	세금 등의 부담
1998.11	67.4	54.0	42.6	
1999.9	59.9	52.4	47.6	36.8
2000.9	59.3	54.8	49.2	35.7
2001.9	59.1	52.2	41.1	35.5
2002.9	59.6	58.5	47.9	39.0
2003.3	61.7	57.2	44.6	40.6

근로자들이 지출을 줄이는 이유는 주로 장래의 수입과 직장, 연금 등에 대한불안 때문인데, 버블의 제거 이후 많은 근로자가 자신의 현재생활과 장래에 대해서 만족하고 있지 못하며 불안해 하고 있음을 알 수가 있다. 현실에서의 실업과 소득감소에 의해 근로자들은 심리적으로 위축되어 있으며, 장래에 대해서도 불투명감을 느끼고 있으므로 현재의 소비를 적극 자제하고 있는 상황이다.

(3) 주택대출과 주택구입에 끼친 영향

① 주택대출금의 상환부담

부동산가격이 상승하고 있을 때 추가이익을 얻고자 금융기관으로부터 대출금을 받아 주택을 구입한 사람은 자산가치가 하락하기 시작하자 대출금의 상환에 어려움을 겪게 된다. 우선 일본의 總務省은 매년 家計調査를 통해 전국 근로자 세대 중에 주택대출금이 있는 가

---

173) 출처: 日本銀行 "生活意識に関するアンケート調査、支出を減らしている理由".

구의 1세대당 월 가처분소득금액과 주택, 토지구입을 위한 대출금의
상환비율을 조사하였다.

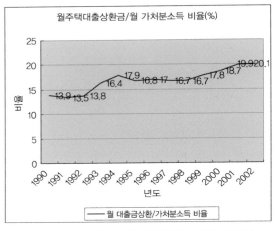

<그림 11> 월 대출금 상환금액/가처분 소득의 비율[174]

대출금 상환액이 월 가처분 소득에 해당하는 비율이 1990년에는
14% 정도였으나 점차 상승의 기미를 보여 2000년에 들어와서는 18%
~20%의 비율을 차지하여 가계경제에 어려움을 주고 있다. 상환비율
의 상승은 각 근로자 세대의 소비생활에 압박을 가하여 일상생활을
힘들게 하였다. 이것은 주택 대출금이 있는 근로자세대가 그러하지
않는 세대에 비해 소비생활에 있어 어려움을 겪는 것을 의미한다.

이는 부동산가격은 하락하였고 가계소득은 감소하였으나 대출금
상환은 일정하거나(고정금리의 경우), 또는 부동산가격의 하락에 힘
입어 많은 세대가 무리를 해서라도 내 집 장만을 서둘렀기 때문에 가

---

174) 출처: 總務省 統計局 第20章 家計, "20－2－ｃ1世帯当たり年平均1か月間の収入と支出(勤労者世帯).

계지출에서 부동산 대출 상환금이 차지하는 비율이 점점 상승하고
있다.

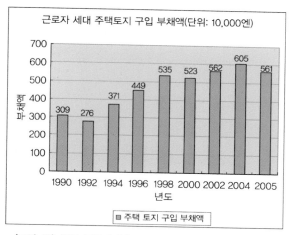

근로자 세대 주택토지 구입 부채액(단위: 10,000엔)

〈그림 12〉 전국 근로자세대 주택. 토지구입 부채액의 경과175)

따라서 주택마련을 위한 세대당 부채액이 매년 증가하고 있다.
1990년에 연간 300만 엔에 그쳤던 대출액이 매년 증가하여 2004년에
는 600만 엔을 돌파하고 있다. 그런데 이 토지, 주택의 구입을 위한
부채가 전체 가계 부채액과 연간 가계 수입에서 차지하는 비율이 대
단히 높아지는 경향을 보이고 있다.

---

175) 출처: 總務省 統計局 第20章 家計. "20 - 4 - a 1世帯当たり貯蓄及び負債の現在高".

<표 3> 부동산 부채액이 근로자 가계 전 부채액에 차지하는 비율[176]

(단위: 만 엔, %)

연도	근로자 가계 전 부채액	토지주택구입을 위한 부채	가계연간 수입	토지주택구입 부채/연 수입	토지주택구입 부채/전 부채
2002	607	562	748	75.1	92.6
2003	605	554	721	76.8	91.4
2004	655	605	730	82.9	92.4
2005	616	561	719	78.0	91.1

근로자 가계의 전체 부채액 중에서 부동산 구입을 위해 차입하였던 부채액의 비율이 전체의 90%를 차지하고 있는데(=토지, 주택구입을 위한 부채/가계의 전 부채), 버블의 제거에 의해서 근로자의 수입이 감소하였기 때문에 대출금 상환을 위한 부담이 더욱 심해지고 가계의 소비활동을 더욱 억제하게 된다.

한편 각 가계가 늘어나는 주택대출금 부담으로 인해 끝내는 상환이 불가능한 경우가 발생하여 주택금융공고(金融住宅公庫)가 대리로 대출금을 상환해 주는 제도가 생겨났다. 주택금융공고가 대신 상환한 경우를 보면,

---

176) 인용: 總務省 統計局, "平成17年 家計調査, 貯蓄負債概要, 表4 負債現在額推移", 2005年.

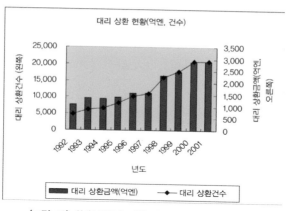

대리 상환 현황(억엔, 건수)

〈그림 13〉 住宅公庫에 의한 대출금 대리상환 현황177)

公庫住宅融資 保證協會資料에 의하면 주택 대출자금을 상환하지 못하여 주택공고에서 대신하여 상환한 예가 1992년 건수로 7,600건에 금액으로 669억 엔이었으나 2001년에는 20,700건에 총 2,920억 엔으로 급격하게 상승하였다. 그러나 日本銀行이 2003년 3월에 행한 "생활의식에 관한 앙케트조사, 16회(生活意識に関するアンケート調査、16回)"에 의하면, "소비지출을 왜 줄였느냐"는 질문에 대해 "주택대출금을 갚기 위해서"라고 답한 사람은 전체의 7.1%에 지나지 않았다. 이 7.1%에 해당하는 계층은 주택보유가 이익을 얻기 위한 투기목적이 아닌, 실제 거주를 위한 거주이므로, 버블제거에 의한 자산가치의 하락이 이들에게 끼치는 부정적 영향은 적었다라고 말할 수 있다.

2011년 현재 한국의 가계부채는 자영업자의 대출금액을 포함하여 약 1,000조 원에 이른다고 한다. 만약 금리가 추가 인상된다면 우리도 주목해보아야 할 사항들이다.

177) 인용: 內閣府 國民生活白書 平成15年 "圖 1-4-12 住宅金融公庫等の辨濟", 2003年.

② 주택 구입에 끼친 영향

　버블의 제거가 실업과 가계소득의 감소를 가져와 가계경제를 어렵게 만든 부정적인 면도 있으나, 한편으로 부동산가격의 하락으로 인해 서민들이 전보다 용이하게 내 집을 마련할 수 있게 한 긍정적인 면도 생겨났다.

　아래의 도표를 보면, 1990년을 기준지수 100으로 보았을 때, 주택물가조사회(住宅物價調査會), 국토교통성(國土交通省), 주택금융공고(住宅金融公庫) 자료에 의하면 1990년 이후 건축비, 토지가격, 주택공고의 금리의 내 집 마련을 위한 3개의 주요 요소가 모두 하락세를 보이고 있다.

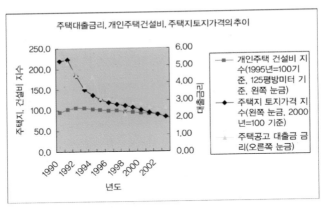

〈그림 14〉 대출금리, 건설비, 토지가격의 추이[178]

178) 출처: 總務省 統計局, "9–21建築費指数純工事費, 14–1主要金利水準, 15-18 用途地域別市街地価格指数", 內閣府 年次經濟財政報告 平成18年, "長期經濟統計 1", 2006年7月.

주택금융공고(住宅金融公庫)의 주택대출금 금리(개인주택)는 1990년, 1991년에는 5%대였으나, 2000년에는 2.8%, 2002년에는 2.2%의 최저치를 보였으며, 2000년=100을 기준으로 했을 때, 주택지 토지가격의 지수도 1990년에는 218.8이었으나 2003년에는 84.8로 하락했고, 개인 주택 건설비 지수(125m² 기준, 1995년=100 기준) 또한 1990년에는 94.4였으나 2003년에는 90.6으로 하락하였다. 따라서 버블이 해소되기 시작한 이래, 대출금리의 하락, 주택토지가격의 하락, 주택 건설비의 하락으로 내 집 마련의 꿈을 이룰 수가 있게 되었다. 주택금융공고의 "공고 융자 이용자 조사보고(公庫融資利用者調査報告)"에 의하면, 특히 교육비나 기존 주택의 주택 대출융자금의 상환부담이 없는 젊은 세대가 적극적으로 주택을 마련하였다고 한다. 아래의 그림은 버블이 해소되기 시작한 이후에도 신축 주택의 건설호수가 대출금리의 하락과 함께 꾸준하게 유지가 되고 있는데, 이는 서민들의 내 집 마련의 꿈이 실현되고 있음을 의미한다.

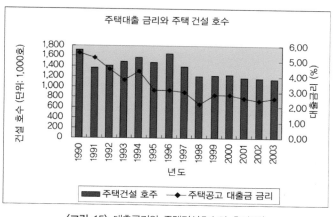

〈그림 15〉 대출금리와 주택건설호수의 추이[179]

주택구입을 위한 융자금 총액은 버블기나 그 이후에도 꾸준히 상승하고 있는데, 이 현상은 내 집 마련을 위한 주택수요의 왕성함을 나타내고 있으며, 대출자의 입장에서도 주택금융공고의 저금리 대출에 힘입어 월수입에서 월 대출상환금이 차지하는 비율도 점차 내려가 가계의 부담을 줄여주고 있다.

버블의 해소에 의한 자산가치의 하락이 젊은 세대의 주택구입을 용이하게 한 결과이기도 하다.

또 하나의 젊은 세대의 주택구입의 특징을 보면 도심에의 복귀현상이다.

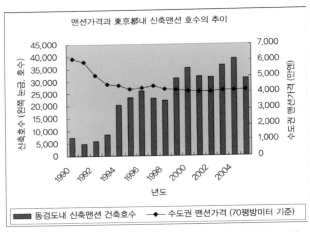

〈그림 16〉 수도권 맨션구입가격과 동경도내 신축맨션 건설호수[180]

먼저 수도권(東京都, 埼玉県, 千葉県. 神奈川県)의 전용면적 70m²기준

179) 출처: 總務省 統計局. 第14章 金融保險. "14－1主要金利水準". 內閣府 年次經濟財政報告 平成18年. "長期經濟統計 1". 2006年7月.
180) 출처: 國土交通省 土地白書 平成18年 "圖表1-1-58 首都圏マンション供給戸數(地域別)". 2006年.

의 신축 맨션(한국의 아파트) 가격을 보면 1990년에 6,123만 엔이었으나 버블해소 이후에 하락하기 시작, 2002년에는 35% 하락한 4,003만 엔을 보여주고 있다. 버블 경기 시에는 도심의 급등한 토지가격과 주택가격 때문에 도심에서의 주택구입이 사실상 불가능했던 서민과 젊은 연령층은 버블의 해소 이후 낮아진 부동산가격과 주택공고의 저금리에 힘입어 도심에서 전에 비해 쉽게 주택을 구입할 수 있게 되었다. 부동산가격의 급등에 도심을 떠났던 많은 사람들이 부동산가격의 폭락에 힘입어 드디어 도심으로 복귀하는 경향을 보였다.

(4) 젊은 층의 취업과 생활에 끼친 영향

① 아르바이트, 파트타임의 증가

버블의 해소로 인한 기업의 수익저하, 경비절감에 따라 기업은 정사원의 신규채용을 꺼리고 아르바이트, 계약직, 임시직, 파트타이머 등의 고용형태를 선호하게 되었다. 이 결과 고등학교, 대학교를 졸업한 젊은 층들이 정사원의 일자리를 얻지 못하고 비정규직 고용형태로 생계를 꾸려나가게 되었으며, 아예 일자리를 구하지 못해 실업자로 지내는 젊은이가 늘어나 심각한 사회문제로 대두되기 시작하였다.

(단위: 명)

연령	1990		1995		2000	
	노동력인구	완전실업자	노동력인구	완전실업자	노동력인구	완전실업자
15~19歲	1,869,030	185,398	1,474,762	180,455	1,226,930	160,867
20~24	6,641,072	314,298	7,422,729	534,510	5,925,756	496,119
25~29	6,388,510	216,878	7,144,860	384,767	7,931,207	483,183
30~34	5,807,613	140,190	6,147,790	237,947	6,662,619	322,165
35~39	7,102,428	142,943	6,161,231	177,933	6,321,890	225,820
40~44	8,792,541	154,701	7,445,523	196,545	6,406,641	187,275
45~49	7,487,046	116,386	8,856,605	223,277	7,393,639	220,194
50~54	6,455,254	112,958	7,216,511	179,100	8,412,222	260,908
55~59	5,586,201	161,259	5,963,965	202,413	6,512,333	245,088
60~64	3,774,716	244,145	4,347,521	368,830	4,222,832	327,935
65~69	2,022,431	79,060	2,683,149	133,843	2,635,234	125,835
70~74	982,336	27,739	1,302,766	37,179	1,457,197	41,073
75~79	481,228	11,870	559,142	12,833	656,704	14,047
80~84	158,971	4,089	223,700	4,909	237,223	5,275
85歲以上	45,962	1,783	67,733	1,902	95,389	4,072

위의 표를 보면, 15~29세 이하의 젊은 연령층의 1990년도 총 노동 인구는 1,490만 명인데, 동 연령의 완전 실업자 수가 약 71만 명으로, 총 노동인구에서 완전 실업자 수가 차지하는 비율이 4.8%이었으나, 1995년에는 총 노동인구 1,600만 명에 완전 실업자 수가 100만 명 정도로 6.9%, 2000년에는 총 노동인구 1,500만 명에 완전 실업자수가 114만 명으로 7.6%의 실업비율을 보이고 있다. 즉 15~29세 사이의 젊은 연령대의 총 노동인구에 비한 완전실업자 비율이 버블이 해소됨에 따라 점점 상승하고 있다. 다음과 같이 전 연령대별로 완전실업자 비율을 비교해 보아도 젊은 연령층의 완전 실업률이 높음을 알 수 있다.

---

181) 출처: 總務省 統計局 第9章 勞動賃金. "19-2 勞働力狀態. 年齡5歲階級. 男女別15歲以上人口".

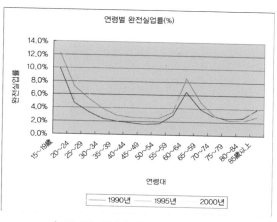

〈그림 17〉 연령별 완전 실업자 비율[182]

각 연령대별로 총 노동인구 대비 완전 실업자 비율을 보면 역시 15
~19세, 20~24세, 25~29세 사이의 완전실업자 비율이 다른 연령에
비해 월등히 높은 것을 보여 주고 있는데, 이는 젊은 연령대의 실업
률이 다른 연령대에 비해 높다는 것이다.

아래 표에서 15~34세까지의 고용형태를 보자.

〈표 5〉 임직원, 재학생을 제외한 15~35세 사이의 비정규직 비율[183]

(단위: 만 명, %)

연도	총노동 인구	전체 정규직	전체 비정규직	15-34세 정규직	15-34세 비정규직	15-34세 비정규직/정규직 비율
2002	4,940	3,489	1,451	1,385	413	29.8%
2003	4,948	3,444	1,504	1,347	431	32.0%
2004	4,975	3,410	1,564	1,321	461	34.9%
2005	5,007	3,374	1,633	1,279	468	36.6%
2006	5,088	3,411	1,677	1,277	476	37.3%

---

182) 출처: 總務省 統計局 第9章 勞動賃金. "19-2 勞働力狀態. 年齡5歲階級. 男女別15歲以上人口".

위의 표에서 총노동인구라 함은 실제 전체노동인구에서 임원직(任員職)을 제외한 숫자이며, 15~34세 연령대의 수치는 15~24세 사이의 현재 학교에 재학중인 학생을 제외한 것이다.

15~34세 연령대의 정규직 대비 비정규직의 비율을 보면, 2002년 29.8%에서 점차 그 비율이 상승하여 2006년에는 37.8%에 이르고 있다. 즉 젊은 연령대의 고용형태가 정규직은 줄어들고 비정규직이 늘어 가고 있는 상황이다. 이는 기업이 인건비를 낮추기 위해 정규사원보다 파트, 아르바이트, 파견, 계약직, 임시직 등의 비정규직의 고용형태를 선호하고 있다는 것을 나타내고 있다.

학교를 졸업한 후, 정규직의 일자리를 얻지 못한 젊은 세대는 '후리타(フリーター: Free+Arbeit)'가 된다. '후리타'라고 하는 것은 厚生省의 정의에 따르면 "학생과 주부를 제외한 15~34세의 젊은 층 중에서 직장 내에서 파트나 아르바이트(파견 포함)의 호칭으로 불리는 사람" 또는 "현재 무직자 중에서 가사도 통학도 하지 않으면서 아르바이트나 파트의 취업을 희망하는 사람"184)을 말한다.

다음의 그림은 15~34세의 젊은 층에서 재학 중인 학생을 제외한 파트, 아르바이트직으로 근무하고 있는 사람들의 연령별 구성비율이다.

---

183) 출처: 總務省 統計局 "勞動力調査 詳細結果 平成18年 平均結果の槪要 第2表 雇用形態 年令階級別 役員を除く雇用者數", 2008年 3月 2日.

184) 주: '平成15年版 國民生活白書'에서 內閣府의 정의는 "15~34세의 젊은 층에서 파트나 아르바이트이거나, 또는 근로할 의욕이 있는 자"이다.

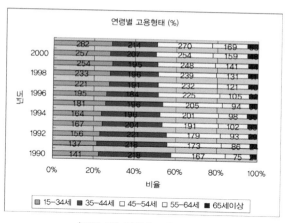

연령별 고용형태 (%)

<그림 18> 연령별 고용형태[185]

　1990년의 경우, 재학생을 제외한 파트, 아르바이트 취업인구의 총 인원은 623만 명이며, 이 중에서 15~34세 연령대의 파트, 아르바이트 종사자는 141만 명으로 전체 파트 아르바이트 인원의 22.6%에 해당된다. 그러나 2001년에는 총 파트 아르바이트 취업인구가 재학생을 제외하여 988만 명이며, 15~34세 연령대는 282만 명으로 전체 파트 아르바이트 인구의 28.5%에 이르고 있다.

　위의 경향을 보면, 버블이 해소되고 있었던 약 10년간에 젊은 연령층의 취업은 정규직보다 파트나 아르바이트의 고용형태로 전환되어 갔음을 알 수가 있다.

　한편 파트, 아르바이트의 취업자는 생활에 있어서 자신의 직업에 얼마만큼의 비중을 두고 있는지와, 파트 아르바이트 취업자 중에 전직(前職)이 있는 경우, 왜 전직을 그만두고 파트와 아르바이트직에 취

185) 출처: 厚生省 統計局 "平成13年2月 勞動力調査特別調査結果 第3表 年齡階級別パート アルバイト 雇用者數", 2001年4月27日.

업했는지를 알아보면(아래 그림), 2001년 2월 현재, 파트와 아르바이트직에 근무하는 종사자는 1,152만 명이다. 그 중에서 자신의 직업을 생계 유지의 주요 수단으로 삼는 사람이 554만 명(48%), 재학 중이면서 취업 중인 사람이 149만 명(13%), 가사를 돌보면서 취업 중인 사람이 429만 명(37%), 그리고 현재 휴업 중인 사람이 19만 명(2%)으로, 전체 파트 아르바이트직의 약 50%가 생계의 주요수단으로 삼고 있다. 그러므로 정규사원과 파트 아르바이트직의 임금 차는 바로 생활의 차로 직결하게 된다.

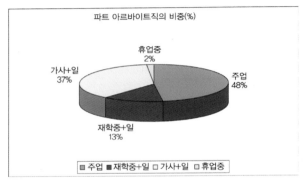

〈그림 19〉 파트 아르바이트직의 생활 속의 비중[186]

　한편 파트 아르바이트직 1,152만 명 중에서 전직(前職)을 가진 303만 명의 이직 이유를 알아보면,

---

186) 출처: 總務省 統計局 勞動力調査特別調査 平成13年, "表3 世帶の種類年齡從業上の地位 前職有無別 就業者數", 2001年4月27日.

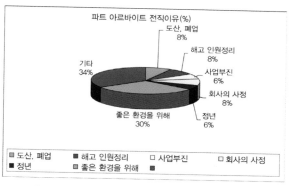

〈그림 20〉 파트 아르바이트 직의 前職 이직이유[187]

　도산, 폐업 때문에 전직을 떠난 사람이 21만 명(8%), 해고나 인원
정리가 22만 명(8%), 사업부진이 16만 명(6%), 회사의 사정이 21만 명
(8%), 정년이나 계약종료가 15만 명(6%), 보다 나은 직장을 위해 이직
을 한 사람이 83만 명(34%), 그리고 기타 이유가 34%로, 자의가 아닌
타의에 의해 직장을 떠나 파트나 아르바이트로 취업한 사람이 전체
의 30%인 70만 명에 이르고 있다.

② 소득격차의 발생

　젊은 연령층이 파트나 아르바이트로 생계를 유지할 때 사회적 문
제로 우려되는 사항이 젊은 계층 사이의 소득격차의 문제이다.
　정사원으로 고용된 사람과 파트나 아르바이트로 일하는 사람과의
소득격차는 갈수록 늘어나고 있다.

---

187) 출처: 上同.

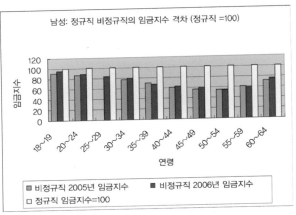

〈그림 21〉 남성. 정규직 비정규직 임금격차 지수[188]

아래 <표 6>의 경우, 정규직, 비정규직의 임금격차를 보면, 25~29
세 사이의 정규직 월임금이 2005년, 2006년에 각각 243,000엔,
245,700엔이라면 동 연령대의 비정규직의 월 임금이 각각 201,900엔,
204,600엔으로 정규직의 83%에 해당한다.

30세에서 34세 사이의 임금격차는 더욱 벌어져 정규직의 77~78%
에 해당하는 월 임금을 받고 있다. 이와 같은 격차는 연령이 증가할
수록 더욱 심각해져, 40세에서 59세 사이에서는 정규직의 50~60%에
해당하는 임금으로 생계를 유지하고 있다.

---

188) 출처: 厚生省 "平成18年 賃金構造基本統計調査(全國)結果の槪況、雇用形態別 第 14表 性. 年齡階
級、雇用形態別賃金. 對前年度增減及び雇用形態間賃金格差(産業計 企業計)", 2006.

<표 6> 남성. 정규직 비정규직의 임금격차 지수189)

(단위: 1,000엔, 세)

연령대	2005년		2006년	
	정규직	비정규직	정규직	비정규직
18~19	169.1	153.5(91%)	172.6	164(95%)
20~24	201.2	173.5(86%)	205.2	181(88%)
25~29	243	201.9(83%)	245.7	204.6(83%)
30~34	291.1	224(77%)	291	227.3(78%)

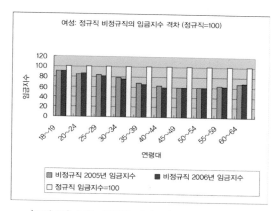

<그림 22> 여성. 정규직 비정규직 임금격차 지수190)

<표 7> 여성. 정규직 비정규직의 임금격차 지수

(단위: 1,000엔, %)

연령대	2005년		2006년	
	정규직	비정규직	정규직	비정규직
18~19	156.6	142.6(91%)	158.9	143.6(90%)
20~24	190.9	161.5(85%)	192.1	164.5(86%)
25~29	217.1	183.1(84%)	217.9	175.7(81%)
30~34	241.6	187.4(78%)	238.8	179.1(75%)

189) 출처: 190과 上同.

190) 출처: 上同으로부터 작성.

여성의 경우, 정규직, 비정규직의 임금격차를 보면, 남성과 동일한 양성을 보여, 연령대에 따라 비정규직의 월임금은 정규직 임금의 75%에서 91%에 해당하고 있다.

비정규직이라 함은 파트, 아르바이트, 계약직, 파견직, 촉탁직을 포함하는데, 많은 젊은 연령층(15~34세)이 파트나 아르바이트로 생계를 꾸려나가고 있으므로 이 연령대의 정규직과 파트, 아르바이트의 임금격차를 살펴보기로 하자.

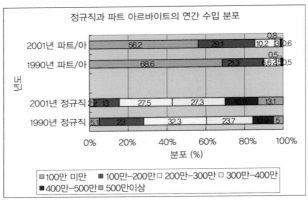

〈그림 23〉 15~34세 사이의 정규직, 파트 아르바이트직의 연간수입 분포비교[191]

1990년의 15세에서 34세 사이의 정규직의 수입을 보면, 연간 200만 엔 이상 400만 엔 미만의 수입을 가지는 사람이 전체의 56%이나, 같은 해의 파트나 아르바이트의 경우, 연간 수입이 100만 엔 미만의 젊은이가 전체 파트 아르바이트직의 70% 가까이 차지하고 있으며, 200

191) 인용: 內閣府 國民生活白書 平成15年版, "第2-2-9圖 年收100~300万円の層は正社員減少しパート アルバイトが増加", 2003年.

만 엔 미만까지의 수입을 가지는 사람이 전체의 90%를 차지하고 있다. 그러므로 파트 아르바이트의 대체적 연간수입은 200만 엔 미만으로 보아도 무방할 것 같다. 그러나 이러한 경향은 2001년에도 계속되어 정사원의 경우, 연간 수입이 200백만 엔에서 400만엔 미만이 전체의 55%를 차지하는 반면, 100만 엔 미만의 파트 아르바이트 직은 여전히 전체의 60%에 가깝고, 200만 엔 미만까지의 수입자는 파트 아르바이트 직의 전체의 85%를 차지하고 있다.

이러한 젊은이 사이의 소득격차는 결혼시기와 장래 자식의 수(少子化), 그리고 주택마련에도 영향을 끼치게 된다. 소득의 부족으로 독립된 세대를 꾸려갈 능력이 없으므로 성인이 된 후에도 부모와의 동거상태를 유지하거나, 결혼한 후에는 장래 자녀의 교육비의 부족으로 자식의 수를 제한하거나 가계수입과 저축의 부족으로 내 집 마련의 꿈이 지연되기도 한다. 그리고 이러한 소득격차는 개인에만 영향을 미치는 것이 아니고 장래 그 나라의 미래에도 영향을 끼칩니다. 결혼 후의 소자녀화(少子女化)는 장래 세수(稅收)의 부족, 기성세대에의 연금자원의 고갈, 노동인구의 감소로 인한 국력의 쇠퇴 등의 심각한 사회문제를 불러일으키게 된다.

앞의 <그림 20>, <그림 21>에 의하면, 이 소득격차는 연령이 늘어날수록 심각해져, 2005년과 2006년의 40대, 50대 남녀의 비정규직의 소득은 정규직의 약 55%에서 60%에 해당되어, 이 소득격차 문제가 꼭 저 연령에서만 나타나는 현상이 아닌, 전 연령에서 나타나는 심각한 사회문제로 인식되고 있다.

소득격차에 대한 젊은 세대의 고민과 관심은 다음의 內閣府가 2003年에 실시한 "若年層의意識實態調査結果"에 잘 나타나 있다.

<표 8> 젊은 세대의 일상생활에 대한 의식실태조사[192]

(단위: %, 복수응답)

구분	1위	2위	3위
수입, 소득에 만족하는가?	조금불만 29.5%	불만 28.4%	만족 25.8%
고민이나 불안감이 있는가?	장래수입 56.7%	개인문제 52.1%	현재수입 40.7%
일상생활에서 충실하고 싶은 것?	저축투자 33.4%	매일충실 31.6%	없다 30.3%
결혼하면 어떤 불이익이 있는가?	자유롭게 돈을 못쓴다 45.3%	책임감, 제약감 41.5%	가사 육아부담 22.7%
결혼의 조건은?	성격 76%	수입 27.7%	용모 18.3%

젊은 세대의 일상생활에 대한 만족감, 충실감 등에 대한 질문 중에서, 소득에 대한 불만이 50% 이상이며, 현재의 고민이나 불안감은 장래, 현재의 수입에 대한 것이며, 일상생활에서 역점을 두고 행하고 싶은 것은 장래를 대비한 저축과 투자이며, 결혼의 조건에서 상대방의 수입이 중요한 사항 중의 하나이며, 결혼해서 가장 불이익은 자신의 돈을 자유롭게 쓰지 못하는 점이 젊은 세대의 의식상태이다. 한편으로 현재의 상황이 금전적으로 만족할 만한 것이 아니므로, 젊은이의 의식 속에 경제적 관념이 뚜렷하게 각인되어 있다고 볼 수 있다.

④ 젊은 세대의 생활양식

● 부모와의 동거

버블의 제거 이후 불경기로 인해 기업은 신규채용을 꺼리게 되고 많은 젊은이들이 정규사원으로서의 직업을 가지지 못하고 파트나 아르바이트로서 생활을 유지하고 있다. 수입 또한 정규사원에 비해 파

---

192) 출처: 内閣府, 國民生活白書 平成15年 "若年層の意識實態調査結果, A生活全般について", 2003年 1月.

트나 아르바이트의 수입은 낮아서 생활방식의 격차를 보이게 되었다. 독립하여 사회생활을 영위하기에는 근로수입이 턱없이 모자라 성인이 된 후에도 부모와 동거하는 경향이 늘어나고 있으며, 설사 결혼하였다고 하더라도 그대로 부모 곁에서 동거하고 있는 기혼자들도 늘어나고 있는 상황이다.

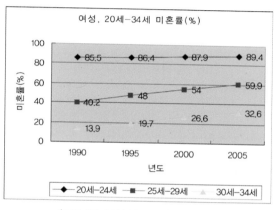

〈그림 24〉 남성 20~34세 미혼율193)

버블의 전성기였던 1990년과 버블이 해소된 2005년 사이의 일본의 젊은 세대(20~34세)의 미혼율을 비교해보면 남녀 모두 미혼율이 증가하고 있다. 특히 30세에서 34세 사이의 남녀 미혼율을 보면, 1990년 남성의 경우 32.6%, 여성이 13.9%였으나 2005년이 되면 남성이 47.7%, 여성이 32.6%로 증가해 있다. 버블이 붕괴되어 가는 과정에서 젊은이의 결혼은 점점 어려워져 만혼화(晚婚化)의 경향을 보이고 있다.

---

193) 출처: 總務省 總務局, "平成17年 國勢調査 抽出速報集計結果 表1-6 配偶關係 年齡(5歲階級) 男女別 15歲以上の人口割合", 2005年.

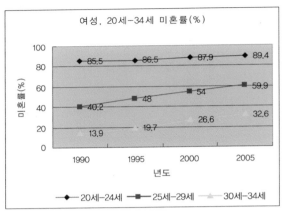

여성. 20세-34세 미혼률(%)

〈그림 25〉 여성. 20~34세 미혼율[194]

   2000년도 총무성(總務省)의 "국세조사(國勢調査)"에 의하면 20~34
세의 젊은 연령대 총인구수는 2,699만 명이며 이중 결혼하지 않은 사
람이 전체의 약 62%인 1,672만 명이며, 이중 부모와 동거하고 있는
사람이 미혼자의 약 67.2%인 1,124만 명이다. 또한 기혼자 976만 명
중에도 약 17% 정도가 그냥 부모와 동거하고 있다. 부모와 동거하는
이유는 늙으신 부모님을 모시기 위해서라든가 또는 가업을 잇기 위
해서 등 많은 이유가 있으나, 內閣府가 2003年에 1,849명을 대상으로
실시한 "若年層의意識實態調査結果"를 보면 금전관계로 인해 젊은 세
대가 독립하여 살아 갈 자신이 없기 때문임을 알 수가 있다.

---

194) 출처: 上同.

<표 9> 젊은 세대의 부모와의 동거195)

(단위: %)

구분	1위	2위	3위
결혼하지 않는 이유	이상적 상대 못 만남 (39.3%)	금전적 여유가 없음 (28.2)	결혼하기에 젊다 (26.4)
부모와 동거한다면 생활비 원조받는가	전부 받는다 (39.6)	거의, 반정도, 일부 받는다(47)	안 받는다 (11.7)
부모와 동거의 이유	따로 살면 돈이 든다 (51.5)	여유있어 하고 싶은 일 할 수 있다(22.3)	독립을 위해 돈을 모은다(20.2)

　　결혼하지 않는 이유에 대해 두 번째 이유가 결혼할 금전적 여유가 없기 때문이라고 답한 사람이 전체 응답자 1,849명 중의 약 30%인 500명에 이르고, 현재 부모와 동거 중인 미혼, 기혼자는 전체 응답자의 63.4%인 1,173명이며, 여기에서 미혼, 기혼을 불문하고 부모로부터 월세,196) 식비, 수도광열비, 전화비 등의 생활비에 대한 원조를 조금이라도 받는 젊은이가 87.3%에 이르고 있다. 또한 부모와 동거하고 있는 이유(복수의 대답)를 묻는 질문에 대해 약 50%가 독립해서 살기에는 비용이 들기 때문이며, 20%가 독립하기 위해서는 돈을 저축해야 하기 때문이라고 답하고 있으며, 15% 정도가 독립해서 살아갈 자신이 없기 때문이라 밝히고 있다.

　　20세에서 34세 사이의 많은 젊은이가 파트나 아르바이트로 얻는 수입으로는 당장 독립할 수도 없고, 향후 독립하기 위해서는 좀 더 부모의 도움을 받을 수밖에 없는 현실을 실토하고 있는 것이다. 이처럼 버블의 후유증은 다음 세대를 멍들게 하는 것이다.

---

195) 출처: 內閣府. 國民生活白書 平成15年 "若年層の意識實態調査結果, A生活全般について", 2003年1月.

196) 주: 일본에는 전세제도가 없고 월세제도만 있음. 처음 주택을 임대할 때, 보증금과 집주인에게 감사한다는 뜻의 예금(禮金), 그리고 월세가 필요함. 보증금은 월세의 2개월분 정도(지역에 따라 차이가 있음), 예금이 월세의 1~2개월분, 그 달 월세가 1개월분이므로, 이사를 하면 대체로 월세의 4~5배 정도의 경비가 소요됨.

한 가지 흥미로운 대답은 "전체적으로 현재의 생활에 대해 어느 정도 만족하는가?"에 대한 질문에 전체 복수 응답자 1,849명의 60.6%가 현재 생활에 만족(만족과 어느 정도 만족 포함)하고 있으며, 27.4%만이 불만을 나타내고 있다. 이것은 금전적으로 여유가 없는데도 불구하고 부모와 별거 혹은 결혼을 하면 가장으로서의 책임은 더 무거워지고 생활의 질도 더 낮아질 것이므로 미혼의 상태로 부모와 동거하며 생활하거나, 또는 결혼을 하더라도 부모와 동거하면서 부모의 경제적 지원을 계속 받는 것이 생활에 도움이 되기 때문에 현재의 생활에 어느 정도 만족하고 있다고 해석할 수 있겠다.

● 少子女化

결혼 후에 자식의 교육비나 양육비 때문에 자식을 적게 낳는 소자녀화 현상이 나타나고 있다. 더구나 정규사원이 아닌 비정규직이나 파트 아르바이트로 생계를 유지하는 경우, 상대적 수입의 감소로 인해 자녀의 교육비나 양육비가 가정경제에 차지하는 비중은 정규직보다 크므로 아예 출산을 늦추거나 낳아도 적게 낳으려는 경향이 강하다.

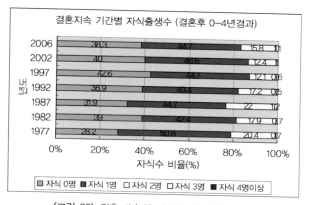

〈그림 26〉 결혼 4년 차 이하의 자식출생 수197)

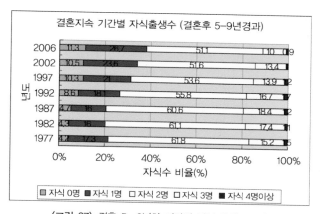

〈그림 27〉 결혼 5∼9년차 이하의 자식 출생 수198)

---

197) 출처: 國立社會保障人口問題硏究所, "第13回 出生動向基本調査, 結婚と出産に関する全國調査, 附表
　　2 調査別に見た結婚持續期間別 出生子ども數別夫婦割合", 2006年.

198) 출처: 199와 同一.

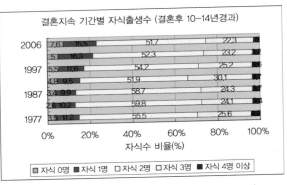

<그림 28> 결혼 10~14년 차 이하의 자식출생 수[199]

　1977년부터 2006년 사이의 결혼경과 기간별 자식 출생 수 중에서
한 명도 자식을 낳지 않은 비율의 경우를 보면, 결혼 4년 차 이하에
자식을 낳지 않은 비율이 1977연도에는 전체 혼인 수 1841쌍 중에
28.2%였으나 1992년 38.9%, 1997년 42.6%, 2002년 40%, 2006년 38.3%
로 점점 자식 낳기를 꺼려하는 경향 내지 출생을 연기시키는 현상을
보이고 있다.

　결혼경과 5~9년 사이에도 자식을 낳지 않는 비율이 1977년 4.2%
에서 2006년 11.3%로 증가해 있고, 결혼경과 10년~14년 사이에도 그
비율이 3.5%에서 7.6%로 상승해 있다. 이러한 경향은 고용형태가 파
트나 아르바이트직의 종사비율이 증가하는 추세와도 관련이 있다 하
겠다.

　또한 자식을 낳지 않는 이유에 대해서 질문을 하였는데 복수 대답
중에 젊은 층일수록 육아나 교육비를 감당할 자신이 없으므로 자식
을 가지지 않는다고 답하고 있다.

---

199) 출처: 上同.

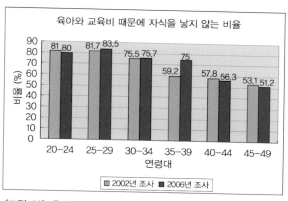

육아와 교육비 때문에 자식을 낳지 않는 비율

<그림 29> 육아와 교육비 부담 때문에 자식을 낳지 않는 비율200)

　2002년과 2005년의 國立社會保障人口問題研究所의 '出生動向基本調査'
에 의하면, 응답자 1,825명 중의 62.9%, 65.9%가 육아와 교육비 때문
에 자식을 낳기 어렵다고 답하고 있으며, 특히 20세에서 29세 사이의
80%가 동일한 대답을 하고 있다.

　젊은 세대가 육아와 교육비용의 부담 때문에 자식의 출생을 포기
하거나 연기할 경우 많은 사회적 문제가 발생하게 된다. 자산가치의
급격한 하락으로 경기는 침체하게 되고, 매출감소로 기업의 수익은
줄어 들게 되며, 기업은 설비투자를 줄이고 경비절감을 위해 구조조
정을 하게 된다. 일자리를 잃게 된 가장은 수입이 줄어들고, 따라서
가계의 소비활동도 줄어들게 된다. 일자리를 구하지 못해 아르바이트
나 파트타임으로 생계를 꾸려나가게 된 젊은 세대는 결혼을 못하고
부모와 함께 지내게 된다. 설사 결혼하더라도 정규직과의 소득 차에
의해 교육비를 감당할 수가 없어 자식 낳기를 꺼리게 된다. 부유한

---

200) 출처: 國立社會保障人口問題研究所, "第13回 出生動向基本調査. 結婚と出産に関する全國調査. 附表
　　2 調査別に見た結婚持續期間別 出生子ども數別夫婦割合", 2006年.

가정에서 자란 아이들은 양질의 교육을 받을 수 있고, 그러하지 못한 아이들은 그러한 기회를 가지지 못하게 된다. 결국은 다음 세대로 격차가 대물림되는 사회구조가 고착되고, 출생률은 줄어들게 되는 것이다. 국가는 세금수입의 감소로 노년세대에게 예정된 복지혜택을 제공할 수 없게 되며 장래 노동인구의 감소와 생산력 저하, 정부의 세수 부족으로 인해 국가의 장래가 어두워진다. 적절한 수준의 생활양식을 유지하기 위한 일자리를 얻지 못한 젊은이는 좌절하게 되고, 자신감을 상실하게 되며, 그러한 구성원을 많이 안고 있는 나라일수록 국력은 약해지기 마련임에 틀림이 없다.

이미 정규직 비정규직의 소득격차, 미혼율의 상승, 출생률의 저하를 극심히 보이고 있는 한국의 경우를 생각해볼 때, 물가를 억제하기 위한 추가적 금리 인상이 있을 경우, 사태는 더욱 심각해질 것이다. 이 상황은 국가의 장래와 직결되어 있으므로 일본의 예와 비교하면서 우리의 선제적 대책이 절대적으로 필요한 시점이다.

그래도 집을 사시겠습니까?

CHAPTER 9

소비자금융시장의 급팽창

소비자 신용(Consumer credit)'이라 함은 소비자 각자에게 주어진 신용을 의미하는데, 할부나 신용카드로 물품을 구입하는 것을 '판매신용'이라 하고 금전을 빌리는 것을 '소비자금융'이라고 한다. 버블이 제거된 후 소비자 신용 전체규모는 감소되어가고 있으나 개인이 돈을 빌리는 소비자금융시장의 규모는 크게 늘어나고 있다.

먼저 일본의 소비자금융시장의 성장 과정과 현황에 대해 알아보기로 한다. 주의 깊게 보아야 할 점은 일본의 대형 소비자금융시장이 한국에 상륙하여 동일한 마케팅 기법으로 시장을 적극적으로 공략하고 있다는 사실이다.

일본 소비자금융시장의 성장과정

1960년대 '사라킨(サラ金)'이라는 것이 있었는데 이는 샐러리맨 금융(サラリーマン金融)의 줄임 말이다. 당시 일본정부는 주택 공단(住宅公團)을 통해 많은 아파트 단지를 건설하였는데 이 단지에 입주할 수 있었던 사람은 유수의 기업에 근무하는 안정된 소득을 가진 직장인이었다. 이들을 상대로 사채업자들은 무담보, 무보증으로 2만 엔을 최저 금액으로 하여 융자를 해주었는데 이를 단지금융(團地金融)이라 하였다.

이러한 샐러리맨 상대의 '사라킨'이 크게 이목을 집중시킨 것이 1973년의 제1차 오일쇼크시기였다. 석유 불황으로 인해 기업이 설비 확장을 회피하자 금융기관은 자금을 융자해줄 곳이 줄어들게 되었다. 이때 금융기관이 융자의 돌파구로 찾았던 것이 소비자금융 회사에의 대출이었다.

많이 빌리면 빌릴수록 저금리로 은행으로부터 대출을 받을 수 있었던 소비자금융 회사는 일반 개인을 상대로 활발하게 융자를 실시하였는데, 문제는 매출을 늘리기 위해 대출심사를 소홀히 하고 빌려주었던 것이다. 결국에는 많은 대출들이 회수 불능이 되어 불량채권화되어갔다. 이를 되돌려받기 위해 각 소비자금융 회사는 폭력, 위협, 공갈 등의 가혹한 방법을 사용하였고 갚을 수 없었던 대출자는 도피, 자살 등의 방법을 택하기도 하였다.

이것을 '사라킨 지옥(サラ金地獄)'이라 하여 매스컴이 대대적으로 보도하였는데, 이 보도로 인해 소비자금융에 대한 이미지가 악화되었다. 연일 보도되는 사라킨 지옥에 대한 기사 때문에 소비자금융 회사는 사회적 지탄을 받게 되었고 일본정부는 이를 개선하기 위해 1983년에 자금업 규정법(資金業規定法)을 제정하고 신문, 라디오, 텔레비전에서의 사라킨 광고를 수용하지 않았다. 그 결과 많은 소비자금융회사가 도산에 이르렀다.

약 5분의 1로 줄어든 소비자금융회사는 어두운 이미지를 없애기 위해 길거리에서의 티슈 나누어주기, 회사주식 공개, 상장 등의 긍정적 이미지의 영업전략을 택하였다.

1998년 초반에 버블경기가 사라지자 많은 은행이 불량채권을 보유하게 되었고 신규 융자에 대해 대단히 소극적 자세를 취하게 되었으며 대출심사도 굉장히 까다롭게 하였다. 융자를 받지 못한 개인은 무담보, 무심사의 소비자금융으로 달려가게 되었고 소비자 금융은 그 시장을 점차 확대하기 시작하였다.

1993년 대형 소비자금융회사의 하나인 아콤(アコム)은 고객들이 대출 받기가 쉽게 무인(無人) 자동계약기를 설치하였다. 대출희망자들은 돈을 빌리기 위해 소비자금융회사의 직원이 있는 곳을 방문하지 않아도 되었고, 기계를 통해서 버튼을 조작하기만 하면 돈을 빌릴 수 있으므로 부담감 없이 대출을 받게 되었다. 그러나 사실 무인이라 하지만 자동계약기 근처에 위치한 관리지점의 사원이 무인계약기를 원

격조작하고 있는 것이므로 사실은 무인자동계약기는 아니었던 것이었다.

뒤이어 프로미스(プロミス), 산요신판(三洋信販) 등도 무인계약기를 도입, 매출을 크게 신장하여 상장기업이 되었다.

1999년 눈부신 시장확대와 더불어 각 텔레비전 방송국은 소비자금융광고를 심야시간 대에 허용하였고, 이후 프라임타임, 골든타임에도 광고를 허용하게 되었다.

소비자금융회사는 은행과도 제휴하여 2000년 7월 산요신판, 사쿠라은행, 편의점 업체인 AMPM의 합병에 의한 개인 론 전문회사인 "사쿠라론 파트너"를 설립하였고, 9월에는 프로미스와 삼화은행(三和銀行, 현 三菱東京UFJ銀行)이 "모비트(モビット)"를 설립하였으며, 미국의 GE캐피털도 참여하는 등, 일본의 소비자금융시장은 한층 확대 일로에 있었다.

동시에 과거의 사라킨의 이미지를 없애기 위해 탤런트나 유명인을 텔레비전 광고에 사용, 용어 또한 '소비자금융', '소비자 론', '캐싱론', '캐시' 등으로 바꿔 이미지 향상에 노력하고 있다.

대금업 회사 수의 추이는 다음과 같다.

〈표 1〉 대금업 회사의 추이[201]

연도	개인무담보 대금업	개인무담보 대금업	사업자금 대금업	전당포	리스회사	일수대금업	크레디트 카드회사
	중소형사	대형사					
1990	8,699	8	5,517	1,986	208	426	123
1995	6,798	10	4,839	1,287	218	999	197
2000	5,859	22	3,515	541	187	1,270	203
2002	6,218	24	3,158	402	166	967	207
2003	6,060	23	3,006	363	158	873	198

개인상대 무담보 대금업자 수의 추이는 중소형사는 점차 줄어드는 추세이며, 대형사는 1990년에 8개에서 2003년 23개로 늘어났다. 신용카드회사의 수도 점차 늘어났으며, 서민상대의 일수형(日收型) 대금업자(개인사업자형 소비자금융업이라 할 수 있음) 수는 버블이 해소되는 과정에서는 늘어났다가 이후 줄어들고 있으나 계속 그 영향력을 발휘하고 있는 상황이다. 금리 인상과 대출금액 한도(대출총량규제)의 규제 등으로 대출받기가 힘들어진 서민들이 주로 찾았던 곳이 일수 대금업, 개인상대 무담보 대금업자였다. 그러나 소비자금융회사와 크레디트카드회사의 성장으로 전당포는 성장이 줄어들고 있다.

201) 출처: The Japan Finance News, 業界データ、"貸金業者數推移", http://www.financenews.co.jp.

일본 소비자금융시장의 현황

소비자 신용을 물품구입을 위한 '판매신용'과 금전대출을 위한 '소비자금융'으로 2분하였는데, 1990년 버블 시부터 2004년까지의 판매신용은 무난하게 증가해왔다. 그러나 소비자금융 쪽을 보면 버블의 제거로 인한 자산가치의 하락과 이에 따른 담보가치의 하락으로 불량채권이 증가하였다. 따라서 민간금융기관은 신규대출을 회피하였으며, 융자를 하더라도 대출심사를 까다롭게 하자 민간금융기관에 의한 소비자 대출은 1990년 약 11조 엔이었으나 2004년에 약 2조 엔으로 급격히 감소하였다.

〈표 2〉 소비자 신용금액의 추이[202]

(단위: 10억 엔)

구분		1990	1995	2000	2002	2004
판매신용(개별, 카드구입)		26,021	30,061	34,649	37,930	40,195
소비자 금융	판매신용업자에 의한 소비자 론	9,127	8,177	9,511	10,120	10,180
	소비자금융회사	3,846	6,610	9,981	9,751	10,285
	민간금융기관	11,353	6,304	4,113	3,946	3,301
	소비자 금융계	24,327	21,091	23,605	23,816	23,765
소비자 신용 합계		65,558	72,860	73,587	73,015	74,141

소비자 금융의 전체 융자금액은 1990년부터 2004년까지 비슷한 금액을 보이고 있는데, 여기서 한 가지 특이한 현상은 소비자금융회사로부터의 대출금액의 급격한 증가이다. 1990년도 버블 전성기의 소비자금융회사로부터의 총 융자금액이 3조 8천억 엔 정도였는데 이후 급격히 증가, 2004년에는 10조 엔을 초과하고 있다. 이는 은행 등의 민간금융기관이 개인에 대한 신용제공을 기피하였기 때문에 개인은 무담보 무보증의 소액대출로 몰리게 된 결과이다.

소비자금융시장의 성장에 힘입어 일본의 주요 5대 소비자금융회사인 다케후지(武富士), 아콤(アコム), 아이플(アイフル), 프로미스(プロミス), 산요신판(三洋信販)의 경상이익의 추이를 살펴보자.

〈표 3〉 주요 소비자금융사의 경상이익의 추이[203]

(단위: 조 엔, 명)

구분		무담보 총대출금액	고객 수	경상이익
타케후지 (武富士)	2001. 3	1조 6,450억 엔	290만 명	2,411억 엔
	2002. 3	1조 7,666억 엔	293만 명	2,316억 엔
	2003. 3	1조 6,756억 엔	281만 명	1,828억 엔
아콤 (アコム)	2001. 3	1조 4,266억 엔	287만 명	2,200억 엔
	2002. 3	1조 5,478억 엔	302만 명	1,706억 엔
	2003. 3	1조 5,821억 엔	301만 명	1,445억 엔
프로미스 (プロミス)	2001. 3	1조 2,200억 엔	256만 명	1,206억 엔
	2002. 3	1조 3,172억 엔	258만 명	1,053억 엔
	2003. 3	1조 3,695억 엔	253만 명	1,070억 엔
아이플 (アイフル)	2001. 3	9,218억 엔	205만 명	1,030억 엔
	2002. 3	1조 192억 엔	215만 명	1,075억 엔
	2003. 3	1조 681억 엔	218만 명	1,071억 엔
산요신판 (三洋信販)	2001. 3	2,784억 엔	66만 명	305억 엔
	2002. 3	3-193억 엔	72만 명	254억 엔
	2003. 3	3,688엔	76만 명	258억 엔

202) 출처: 日本クレジット産業協會 "日本消費者信用統計".

203) 출처: The Japan Finance News, "業界データ, 消費者金融上場企業決算槪要", http://www.financenews.co.jp.

타케후지, 아콤, 아이플의 경상이익의 증가세를 그림으로 보면,

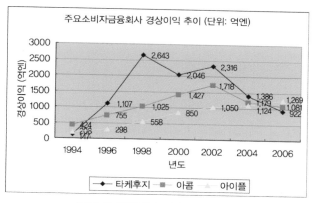

〈그림 1〉 대형3사의 경상수지 추이[204]

　다케후지의 2002년도의 경상이익 규모는 1994년의 147억 엔에 비해 15.7배인 2,316억 엔의 급성장을 하였으며, 아콤의 경우도 약 4배, 아이플은 5배의 성장을 보이고 있다.

　소비자금융시장의 급성장은 1990년 이후의 버블의 소멸에 따라 생활에 어려움을 느낀 서민들이 무담보, 무보증의 소비자금융회사를 이용하기 시작한 것이 계기가 되었으며, 특히 1993년의 무인자동계약기의 도입, 1995년의 소비자 금융광고의 TV 골든타임에의 방영허용 등이 시장을 더욱 활성화시켰다.

　위의 대형 3사의 경우, 2002년도부터 경상이익 규모가 축소되고 있는데, 그 이유는 2000년의 출자법(出資法) 개정에 따른 상한금리의 인하에 의해 상한금리가 종전의 40.004%에서 29.2% 인하되어 많은 중소

---

204) 출처: 각 사 홈페이지로부터 작성.

규모의 소비자금융회사가 파산하면서 시장이 축소되었기 때문이다. 다음은 소비자금융회사로부터의 대출금의 용도를 알아보자.

〈표 4〉 소비자 금융 이용목적[205]

(단위: %)

연도	생활비	교제비	여행 레져	유흥 오락	빚상환 (주택론 이외)	취미 스포츠	전기 제품 구입	주택론 상환	패션 용품 구입	기타
2005	33.8	28.5	17.5	16.2	8.8	7.9	3.9	3.1	6.6	10.1
2003	32.6	32.6	18.3	19.1	7.4	4.3	4.3	2.2	2.6	11.7
2001	30.6	30.6	29.4	19.4	8.2	7.6	4.1	2.4	4.1	7.1

소비자금융을 이용하는 가장 큰 이유는 생활비를 충당하기 위함이 전체의 30%이었으며, 다음이 교제비에 사용하기 위함이었다. 버블 시에 부동산 자산가치의 추가 상승을 기대하고 금융기관으로부터 융자를 받아 주택이나 토지를 구입한 사람의 경우, 자산가치의 하락으로 인해 실제 가치가 대출금액 이하로 평가되고 대출금의 상환만 남아 있어 가계경제에 큰 부담을 주리라고 예상하였으나, 주택론 상환을 위해 소비자 금융을 이용한 비율은 그다지 크지 않았다(2~3% 정도). 따라서 위의 조사결과를 보면, 버블의 해소 이후, 수입의 감소로 인해 많은 사람들이 경제생활에 큰 어려움을 겪고 있다는 것을 쉽게 짐작할 수 있는 부분이다.

---

205) 인용: 日本消費者金融協會, "消費者金融白書における利用者アンケート調査結果の時系列分析", 2006 年2月.

소비자금융시장의 문제점

(1) 금리 문제

일본의 소비자금융의 금리는 1954년 법률 제195호로 제정된 출자법(出資法)에 의해 제한되어 왔다. 출자법이란 "출자방법, 예금 및 금리의 단속에 관한 법률(出資の受け入れ預かり及び 金利等の取り締まりに関する法律)"의 줄임말이다.

1991년의 개정법률 5條2를 보면, "금융업자는 연 29.2%(윤년은 29.28% 하루당 0.08%) 이상의 금리를 받아서는 아니 된다"라고 규정하고 있다. 이를 어길 시에는 5년 이하의 징역 또는 1,000만 엔 이하의 벌금, 혹은 두 가지를 병과할 수 있다.206)

그리고 1954년 5월 15일 법률 제100호로 제정된 "이자제한법(利息制限法)"은 금전상의 대차(貸借) 시의 이율에 대한 규제가 다음과 같이 명시되어 있다.

---

206) 출처: 法令データ提供システム、http://www.law.e-gov.co.jp/cgi-bin/indxsearch.cgi.

이자의 최고한(利息の最高限), 제1조

원금이 10만 엔 미만일 경우 연 20%까지

10만 엔 이상~100만 엔 미만은 연 18%까지

100만 엔 이상은 연 15%까지로 하고 이를 초과한 금리 분은 부당
이득으로 한다.

1954년 제정 당시의 최대 상한 금리는 109.5%였으며 1983년부터는
73%로 하였고, 1987년에 54.7%, 1991년에는 40.004%로 인하되었고
2000년 6월부터는 29.2%가 되었다. 현재 최대상한금리가 29.2%로 되
어 있는데, 실제 소비자금융시장의 대출금리를 살펴보자.

<표 1> 대형 3사의 실제 대출금리[207]

(단위: %)

연도	상한금리	대출금리평균	타케후지	아콤	프로미스
1978	109.5	45.625	41.975	41.975	47.45
1979	109.5	45.625	41.975	41.975	47.45
1980	109.5	45.625	41.975	41.975	47.45
1981	109.5	45.625	41.975	41.975	47.45
1982	109.5	45.625	41.975	41.975	47.45
1983	73	45.625	41.975	41.975	47.45
1984	73	45.625	41.975	41.975	47.45
1985	73	39.568	39.785	39.42	39.5
1986	73	39.568	39.785	39.42	39.5
1987	54.75	39.568	39.785	39.42	39.5
1988	54.75	36.5	36.5	36.5	36.5
1989	54.75	32.567	32.85	32.85	32
1990	54.75	30.417	32.85	29.2	29.2
1991	40.004	29.2	29.2	29.2	29.2

---

207) 인용: 堂下 浩. "上限金利下げの影響に関する考察". 早稲田大学消費者金融サービス研究所.

그래도 집을 사시겠습니까?

1992	40.004	29.2	29.2	29.2	29.2
1993	40.004	29.2	29.2	29.2	29.2
1994	40.004	29.2	29.2	29.2	29.2
1995	40.004	29.2	29.2	29.2	29.2
1996	40.004	27.74	29.2	28.47	25.55
1997	40.004	27.132	27.375	28.47	25.55
1998	40.004	26.767	27.375	27.375	25.55
1999	40.004	26.767	27.375	27.375	25.55
2000	29.2	26.767	27.375	27.375	25.55
2001	29.2	26.767	27.375	27.375	25.55
2002	29.2	26.767	27.375	27.375	25.55

대형 3사의 1978년부터 2002년까지의 실제상한금리의 추이를 보면 1978년의 109.5%로 시작하여 버블이 제거되고 있었던 1991년부터 1999년까지는 40.004%로 인하되었고 최근까지는 29.2%의 대출금리를 보여주고 있다.

그러나 시장에는 "야미금융(闇金融)"이라는 것이 존재하여, 휴대폰이나 다이렉트메일로 대기업과 유사한(예: 미쓰비시XX금융회사－미쓰비시그룹의 계열사처럼 보이나 실제는 전혀 관련이 없는 중소 소비자금융회사임) 사명으로 대출을 권유하는 경우가 있다. 권유 시에는 저금리의 대출을 제공한다고 선전하나 막상 대출을 받는 경우에는 초고금리를 적용, 결국에는 대출금 상환이 불가능한 고객에게 인간성을 무시하는 엄격한 채권회수방법을 사용하여 사회적 문제를 일으키고 있다.

또한 2006년 8월에는 대형 소비자금융회사를 포함한 10개사가 채무자를 피보험자로 하고 소비자금융회사를 수익자로 하는 사태가 발생하였다. 채무자가 사망할 경우(혹은 사망상태와 가까운 고도의 재해장해), 대출금의 상환대신 사망보험금이 채권자인 소비자금융회사

에게 지급되는 방식이었는데, 문제는 채무자가 대출금을 상환할 능력
이 없더라도 채권자는 채무자가 사망하면 사망보험금을 통해 채권을
회수할 수 있기 때문에 적극적으로 대출을 권유하여 결국에는 채무
자의 사망을 유도하는 악용의 사례가 발생할 여지가 있다는 것이다.

(2) 소비자금융 광고 문제

예전의 고리대금업자의 이미지를 탈피하기 위해 보다 밝고 화려한
분위기를 연출하며 돈을 빌리는 일이 그렇게 어려운 일이 아니라는
인상을 주기 위해 소비자금융회사는 유명배우, 탤런트, 가수, 코미디
언 등이 출연하는 CM을 제작하여 TV나 라디오에 방송하고 있다. 이
에 대해 "너무 쉽게 돈을 빌릴 수 있다는 이미지가 선행되고 있다",
"어린이나 젊은이의 금전감각을 왜곡시켜 돈이 없으면 빌리면 된다
라는 풍조를 조장할 만한 표현이 많다"라는 비판이 2002년에 "방송과
청소년에 관한 위원회(放送と青少年に関する委員會)"에 보내졌다. 이에
대해 日本民間放送聯盟은 각 회원 방송사에 소비자금융광고에 대한 자
숙을 요구하였으며, 2004년 5월 8일 日本辯護士連合會는 '소비자금융
의 텔레비전 CM의 중지를 요구하는 의견서(サラ金のテレビCMの中止
を求める意見書)'를 발표하였다.

이 의견서[208]에 의하면,

의견의 취지
현재도 이자제한법 위반을 하고 있는 소비자금융의 텔레비전 광고

---

208) 출처: 日本辯護士連合會 홈페이지. http://www.nichirenben.or.jp.

를 즉각 중지할 것을 요망한다.

의견의 이유

1. 다중채무자 피해의 심각성

사라킨, 크레지트를 둘러싼 소비자신용 문제는 전에 없는 심각한 사태로 발전되고 있다. 개인파산 신청이 1990년에는 1만 건 정도였으나 계속되는 불황과 임금감소를 배경으로 그 건수는 2002년에는 21만 건, 2003년에는 24만 건으로 계속 증가하고 있다.

더구나 파산예비군인 다중채무자가 150만 명에서 200만 명에 이를 것으로 예상되며, 경제적 이유로 인한 자살자도 2002년에 7,900에 이르러 과거 최고의 수치이다

2. 불법금융(야미금융) 대책법에 따른 광고규제의 강화
(일부 생략)

(소비자금융 광고규제는) 텔레비전 광고를 중심으로 한 소비자금융의 광고가 현재 범람하고 있고, 소비자금융 대형 5개사의 광고비가 700억 엔에 이르고 있어 광고를 보는 사람이 안이하게 돈을 빌리도록 조장하고 있다는 인식이 그 배경에 있기 때문이다.

구체적인 TV CM의 내용은,

◇ 젊은 여성 댄서가 음악에 맞추어 춤을 계속 추는 내용
◇ 치와와 페어로 혼례용의 턱시도를 사고 싶은 충동에 매달리는 사람의 모습을 묘사하는 내용
◇ 소비자금융이 구조선(救助船)으로 묘사되어 출발하는 내용을 코믹하게 다루고 있는 내용 등의 이미지 광고가 주류가 되고 있다.

3. 이자제한법 위반의 소비자금융 광고의 중지를 요망한다
(일부 생략)

최근의 최고재판소의 판결을 바탕으로, 현재도 이자제한법 위반의 영업을 계속하고 있는 소비자금융업자의 텔레비전 CM의 전면중지를 요망한다.

또한, 근본적으로 신문, 잡지, 라디오 등의 전 미디어상에 있어서 소비자 금융의 CM 중지를 검토하여야 하나 (다른 미디어와 비교하여) 텔레비전 CM이 시청자에게 주는 영향이 가장 크며, CM을 보고 있는 한 시각과 청각은 이를 거부할 수 없으므로 이를 제한하여 할 필요성이 있다고 판단, 긴급대응의 수단으로서 본 건의 의견표현을 하는 바이다.

이리하여 오후 5시부터 9시 사이의 관련 CM방송의 자제, 그리고 광고내용에 대출의 위험에 대한 메시지 포함, 쉽게 대출을 받을 수 있다는 인식을 조장하는 내용은 없애도록 하였다. 그러나 오히려 9시 이후에 CM이 집중적으로 방영되어 역효과를 낳았다.

이후 2006년 4월부터는 오전 7~9시, 그리고 오후 5~10시 사이에 는 방송이 불가능하게 되었으며, 오후 10시부터 심야 0시까지도 각 방송국은 월간 100회 내에서 방영하기로 제한하였다.

(3) 자기파산의 급증

〈표 2〉 자기파산 건수의 추이[209]

(단위: 건)

구분	1993년	1995년	1997년	1999년	2001년	2003년
파산건수	43,545	43,414	71,299	122,741	160,457	242,357
대출관련에 의한 파산	34,674	34,452	57,028	97,334	137,168	221,741

버블 붕괴 이후인 1993년도의 자기파산 신청 수는 43,545건이었으 나 매년 증가 추세를 보여 2003년에는 242,357건을 기록하여 1993년 도에 비해 5.5배 증가하였다. 이 자기 파산신청 이유 중 대출관련이 1993년에는 총 자기파산 신청건수의 80%를 차지하고 있고 2001년에 는 그 비율이 각각 85.4, 91.4%를 차지하고 있다.

또한 일본 內閣府의 위탁을 받아 소비자 교육지원센터(消費者教育支 援センター)가 조사[210]한 바에 의하면, 전국의 소비생활 센터가 상담

---

209) 인용: 樋口大輔、坂野友昭、"消費者金融顧客の自己破産、図表II-1 自己破産申立件数の推移" 早稲田 大學消費者金融サービス研究所.

210) 인용: 國民生活センター編、"消費生活2003", 2003년 10월. http://www.consumer.go.jp.

에 응한 건수 중에 소비자금융에 관한 상담건수가 1997~2002년 사이 1~2위를 차지하고 있다. 이는 많은 사람들이 소비자금융에 의해 어려움을 겪고 있음을 나타내고 있다. 구체적 상담이유를 보면,

- 공중전화, 공중화장실 등에 "지금 금방 빌릴 수 있습니다", "50만 엔까지 당일 융자", "타사 융자 이미 있는 분, 한 개의 회사로 정리" 등의 벽광고, 휴대전화, 이메일 등의 권유에 의해 저항감 없이 소액대출을 시작했으나 대출금액이 쌓이기 시작하였다.
- 빌리지도 않았는데 개인정보(주소, 성명, 전화번호 메일주소) 등이 노출되어 대출금 상환을 요구받는다.
- 타인의 보증인이 되었는데 친척, 직장동료, 친구, 연인관계 등의 타인의 대출상환을 강요받는다.
- 대출금을 회수하기 위해 자택, 직장 등에 전화 방문이 잦다는 등의 이유가 가장 흔히 볼 수가 있는 내용이다.

그리고 자기파산 건수와 이혼 건수의 연관관계를 보면,

〈표 3〉 자기파산 건수와 이혼건수의 추이[211]

연도	자기파산 건수	이혼건수
1995	43,414	199,016
1997	56,494	206,955
1999	122,741	243,183
2001	160,457	264,246
2003	242,357	289,836

---

211) 인용: 東京商工リサーチ, "データ解析特別記事 個人自己破産状況 表1", 2005년 4월 15일.

1995년에 비해 2003년의 자기파산 건수는 약 5.6배 증가해 있고, 이혼 건수 또한 1.45배 증가하였다. 日本辯護士連絡會가 파악한 파산의 이유212)를 보면, 첫 번째가 생활고와 저소득이며, 두 번째가 사업자금의 부족, 세 번째가 부채의 상환, 보증채무 등으로 나타나 있다. 개인파산신청자의 수입상태를 보면,

〈표 4〉 개인파산 신청자의 월 수입213)

(단위: %)

연도	1994년	1997년	2000년	2002년
월 10만 엔 이하	39	44	46	50
월 20만 엔 이하	33	36	33	32
월 30만 엔 이하	22	16	14	15
월 30만 엔 초과	6	4	5	3

위의 표를 보면, 개인파산 신청자 중에서 월수입 10만 엔 이하의 계층이 1994년에는 39%에 이르던 것이 2002년이 되면 50%에 이르게 된다. 주로 저소득층이 생활고 때문에 돈을 빌리게 되고, 대출금이 누적이 되면 갚지를 못해 그 대출금을 갚기 위해 타 소비자금융회사를 찾아가게 되고, 따라서 시간이 흐를수록 저소득층의 자기파산 신청자는 늘어나게 되었다. 개인파산 신청자의 주거형태를 보면 저소득층이 많음을 알 수가 있다.

---

212) 출처: 日本辯護士連絡會 消費者問題對策委員會. "2002年破産事件及び個人再生事件記錄調査".
213) 인용: 上同.

<표 5> 개인파산 신청자의 주거형태[214]

(단위: %)

주거형태	1997년	2000년	2002년
집 소유	4	7	9
가족소유	15	19	21
무주택	81	74	70

개인파산 신청자의 70~80%가 주택을 소유하고 있지 않은 저소득 층임을 알 수가 있다. 늘어나는 개인파산자로 인해 2003년에는 약 30만 가정이 파탄에 이르게 된다.

(4) 다중채무자 문제

앞에서 본 바와 같이, 대개의 소비자금융 이용자들은 소득의 저하에 따른 생활고 때문에 돈을 빌리게 된다. 소액이므로 쉽게 대출을 하였으나 그렇다고 경기침체 때문에 줄어든 수입이 늘어날 리도 없고 다시 생계유지를 위해 소비자금융을 이용하게 되고, 점차적으로 대출금액이 누적되어 도저히 대출금을 갚을 수가 없게 된다. 더 이상한 소비자금융회사로부터 대출이 불가능해질 때 이미 받았던 대출금을 상환하기 위해 타 소비자 금융회사를 찾아가게 된다. 이런 과정이 누적되어 많은 소비자 금융회사와 거래를 하고 있는 사람을 다중채무자라고 한다. 실제적으로 파산자의 97%가 다중채무자이다.

---

214) 인용: 日本辯護士連絡會 消費者問題對策委員會, "2002年破産事件及び個人再生事件記錄調査".

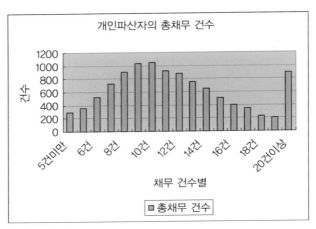

<그림 1> 개인파산자의 총채무 건수[215)]

개인파산자 10,691명의 총 채무건수를 파악해 보면, 5건 미만인 자가 전체(1의 2.8%(296명)에 지나지 않고, 97% 정도가 5건 이상의 채무건수를 가지고 있다. 가장 많은 채무 건수층은 10건으로 전체의 9.8% (1,049명)를 차지하고 있다. 시간이 흐를수록 생활유지와 대출금 상환을 위해 한 곳이 아닌 여러군데의 소비자금융회사를 찾아가고 있는 이른바 '돌려막기'식의 다중채무자가 많이 존재하고 있음을 위의 그림으로 알 수가 있다. 특히 20건 이상의 다중채무자가 전체의 8.3% (892명)를 차지하고 있다.

---

215) 인용: 日本辯護士連絡會 消費者問題對策委員會. "2002年破産事件及び個人再生事件記錄調査".

일본정부의
지도

2006년 8월 15일 자 每日新聞 東京版 조간신문을 보면 다음과 같은 내용의 기사가 보도되어 있다.

> ─대형 소비자금융회사가 고객에 대해 전원 단체 생명보험에 가입시켜 가입자가 사망하더라도 보험금은 소비자금융회사가 받게 되어 있음을 밝혔다. 고객이 생명보험에 가입해 있기 때문에 대출금을 회수하는 소비자 금융회사 직원은 더욱 강하게 대출자에 대한 압박을 할 수가 있었다고 한다.
> 이에 대해 일본 금융당국은 2006년 들어와 채권회수를 위해 채무자의 회사와 배우자에게 독촉전화를 반복하거나 채권확보를 위해 불법행위를 한 몇 개의 소비자금융회사에 5일에서 25일간의 업무정지 명령을 내리고 있다.

일본정부는 貸金業規制法을 통해 소비자금융회사가 대출금의 변제를 요구할 때, 다음과 같은 행위를 금지하고 있다. 이를 어길 경우, 2년 이하의 징역, 혹은 300만 엔의 벌금, 또는 이 벌금의 병과를 할 수가 있다.

─貸金業規制法 21조 1항

1. 정당한 이유가 없음에도 사회통념에 비추어 보아 부적당하다고 인정되는 시간대(오후 9시부터 오전 8시까지)에 채무자나 보증인에게 전화를 걸거나 팩스를 보내거나 거주지를 방문하는 행위
2. 정당한 이유가 없음에도 채무자나 보증인의 근무처나 거주지 이외의 장소에 전화를 걸거나 전보, 팩스를 보내거나 방문하는 행위
3. 벽지나 간판 등의 어떠한 방법으로도 채무자나 보증인의 사생활에 관한 사실(대출에 관한 사실만이 아닌)을 채무자와 보증인 이외의 자에게 밝히는 행위
4. 채무자나 보증인에 대해 다른 대출업자로부터의 대출 혹은 그와 유사한 방법으로 변제자금을 조달할 것을 빈번하게 요구하는 행위
5. 채무자나 보증인 이외의 자, 예를 들면 채무자의 배우자, 부모 형제에 대해 채무자를 대신하여 채권을 변제할 것을 빈번하게 요구하는 행위
6. 채무자나 보증인의 채무의 처리를 변호사나 사법서사에게 의뢰하거나 채무의 처리에 대해 스스로 재판소에 파산신청이나 조정신청을 하였을 때, 그 의지의 통지를 받았음에도 불구하고 정당한 이유 없이 채무자나 보증인에 대해 지불의 청구를 계속하는 행위

그리고 일본법무성은 다중채무자의 구제를 위해 다음의 4가지 법적 수속을 마련하였다.

1. 자기파산

채무자가 지불불능의 상태가 되었을 때, 재판소가 선임한 파산관

재인이 채무자의 총재산을 환가(換價)하여 채권자에게 배당하는 수속이다. 수속 후는 채무의 지불이 면제되고 채무자의 경제적 재기를 도모하는 제도이다.

생활에 필요한 재산 이외에 환가할 재산이 없을 경우에는 파산관재인을 선임할 필요가 없이 간단하게 수속을 종료시킬 수 있다.

2. 개인재생

채무자가 지불불능의 가능성이 엿보일 때, 채무자의 재산을 환가처분하는 것이 아닌, 채무의 일부를 재생계획에 따라 원칙으로서 3년간에 걸쳐 채무자의 수입 중에서 변제하였을 때, 이후의 채무는 변제가 면제되는 수속으로 2001년 4월 1일부터 시행되었다.

3. 임의정리, 특정조정(特定調停)

채무자가 지불할 수 있는 한도 내에서 이자제한법에 따라 잔금을 계산한 후, 장기 무이자로 변제하는 것으로 분할 또는 일괄변제할 수가 있다. 채권자와 화해 합의가 필요한 제도이다.

실무적으로 변호사 사법서사들은 채무자에게 우선 매월 갚을 수 있는 금액을 물은 후, 매월 이 금액으로 36개월 안에 총대출액을 갚을 수 없는 경우, 파산신청을 권한다는 "36회 변제기준"을 사용하고 있다고 한다.

CHAPTER 10

버블경제 붕괴 후의 사회상

버블이 꺼진 후, 사람들은 무엇을 느꼈으며, 사회는 어떤 현상을 보여주었을까? 그 흔적을 옮겨본다.

어느 사회과목
교사의 기억216)

학생으로부터 "버블경제라는 것은 무엇이었던가"라는 질문을 받고 간단히 "태평양 전쟁은 언제부터 언제까지였다"처럼 정확히 대답할 수 없었다.

그리고 동시대에 전개되고 있는 것의 실태는 그 시대에 살고 있는 사람들에게는 좀처럼 파악하기 힘든 것이다. 이와 같은 경우가 자신에게도 정확하게 있었다.

나는 1992년 9월에 미국으로 연수를 가게 되었다. 그때 우리들의 감각은 '돈 많은 나라'가 되어 있었던 일본이 지금부터의 세계경제를 어떻게 지배해나갈 것인가, 그리고 일본의 기업이 미국의 기업과 자산을 차례차례 매입하여 미국인들의 대일 감정이 점점 나빠지고 있는데 어떻게 할 것인가, 미국의 경제력은 별것 아닌 상태에 이르렀구나 등의 식이었다.

일본, 미국 양쪽에서 60여 명의 교사가 참석한 연수회에서 이러한 생각은 절대로 나 혼자만 한 것이 아닌 적어도 일본의 교사들 사이에

---

216) 출처: http://www.miraikoro.3.pro.tok2.com/study/mekarauroko.

서는 공유되어 있는 것이었다.

그 연수회에서 나는 일본의 닌텐도(任天堂)가 미국 메이저리그의 시애틀 마리너스(현재 스즈키 이치로 선수가 활약하고 있는 팀)의 최대 주주가 되었다거나 소니사가 영화사를 매수한 사실이나 미쓰비시지소(三菱地所)가 맨해튼의 빌딩을 차례차례 사버린 것 등의 여러 가지 일본의 우수한 현상만을 제기하면서 논의의 재료로 썼던 기억이 난다.

그러나 사실은 1992년 9월의 그때 이미 버블의 붕괴는 시작되고 있었던 것이다. 그때의 우리는 조금 전의 "과거의 영광"에 지배되어 실태를 파악하고 있지 못하였던 것이다. 이는 자신들이 지니고 있었던 교만의 뿌리가 얼마나 마음속 깊이 심어져 있었던가를 보여주는 증거였다.

버블을 예측한
투기사[217)

    후지마키 재팬의 대표이사인 후지마키겐지 씨는 한때 동경증권시장을 대표하는 딜러 중의 한 명이었다.

    미츠이 신탁(三井信託)과 미국 모건은행에서 채권과 외환 업무의 업무를 경험하고 2000년 미국의 유명 헤지펀드 운용자인 조지 소로스의 투자 어드바이저 역할을 하여 금융시장 내에서 "마켓의 전도사"라고 불렸다.

    후지마키 씨는 버블기 전후 무렵부터 동경도 내의 20여 개소의 지하철 노선의 지가를 관찰하고 있었으며 부동산에 종사하는 친척으로부터 통계에 나타나지 않는 실제 시장에서의 부동산 거래에 관한 정보를 얻었다. 딜러의 입장에서 부동산가격을 관찰함으로써 경제예측의 감을 훈련하고 있었다.

    1989년 어느 빌딩의 사장으로부터 빌딩의 유지관리비가 너무 올라 임대료 수입으로 충당하기가 어렵다는 이야기를 들었다. 또한 해외의 친한 시장관계자들로부터 "최근의 일본의 부동산 상승은 이상하지

---

217) 출처: 渡辺康仁、日經ビジネス,"バブル崩壊を予測した相場師", 2003년 4월 15일.

않은가?"라는 경고성 발언을 들었다. 이 말은 빌딩 오너의 얘기를 떠오르게 하였다.

탈출하려면 지금밖에 없다! 일본의 경제 전망을 180% 전환하여 "경제는 곧 하강국면으로 치달을 것이다"라는 시나리오를 설정하였다.

아직 버블 속에서 자신감이 지배하던 시기였다. 경제가 하강국면이 되면 장기적 자산인 국채에 자금이 모일 것이다. 장기금리는 내려가는 것이 정석. 채권을 사모으기 시작하였다.

닛케이 평균주가는 1989년 말을 피크로 하락하기 시작하였다. 뒤이어 부동산가격도 하락, 투자자금은 주식시장으로부터 탈출구를 찾아 채권시장으로 몰려들었다. 근무하고 있던 모건은행은 거액의 이익을 챙겼다. 버블붕괴는 어이가 없이 시작되었다.

NHK는 3일 연속으로 "토지는 누구의 것인가"를 방송하여 셀러리맨이 평생 일해도 살 수 없는 부동산의 부조리를 호소하였다. 그 누구나 "이상하다", "괘씸하다"라고 외치기 시작하였다. 급격한 금융규제, 대장성의 대출 총량규제, 징벌적 부동산세제, 국토청에 의한 토지가 감시구역제도도 실시되어 공시가격과 동떨어진 고가거래를 규제하였다. 이에 따라 버블도 깨졌다. 일본인의 DNA에 찍혀 있던 토지신화가 소리를 내며 무너졌다. 그러나 전력질주의 단거리 육상선수 앞에 거대한 운석을 떨어뜨린 듯한 일련의 정책은 이후 크나큰 화근을 일본경제에 남기는 결과가 되었다.

3

도심파와 지방파[218)

　하쿠호도(博報堂) 생활종합연구소 소장 세키자와 히데히코 씨는 6월 20일 자 日本經濟産業新聞의 칼럼에서 "최근의 도심맨션은 구입하기가 쉬워졌다. 긴자에서도 2,800만 엔대의 물건이 등장하였다. 30대의 1차 취득자들도 손을 내밀 수 있는 범위가 되었다"라는 기사를 읽었다. 교외의 단독주택을 팔고 도심의 초고층맨션의 조망을 즐기는 중고년의 부부도 늘어나고 있다.

　한편 적극적으로 교외를 선택하는 사람들도 눈에 띈다. "자식들의 건강을 고려해서", "숲이 많은 곳에서 넓게" 살고 싶다는 가치관을 가진 사람들이다.

　넓은 정원에서 개를 키우는 것도 가능하기 때문이다.

　교외나 지방 거주파는 사시사철 바뀌는 계절의 풍경, 풍요로운 자연 속에서 슬로우라이프를 보내고 싶다고 생각하고 도심파는 패션, 오락 등의 최신정보를 가까이에서 느끼며 전국, 전 세계를 연결하는 터미널 근처에서 편리하게 살고 싶다는 생각이 강한 것이다.

---

218) 출처: 日本システム評價研究所 홈페이지, http://www.nsk-network.co.jp.

4

브랜드제품의
리사이클 샵[219]

불황이 계속되고 있지만 한편에서는 루이뷔통 같은 브랜드 상품을 취급하는 리사이클샵이나 브랜드 리셀시장이 많은 인기를 모으고 있다. 버블 시 대량 생산, 대량 소비형태가 사라지고 있는 지금, 브랜드 상품의 경우 리사이클 시장이 정착하고 있다.

올해 4월 오사카 중앙구(大阪中央區)의 심제교(心齊橋)에서 3일간에 걸쳐서 열린 "브랜드 리세일시장"에서 고급브랜드의 백, 시계, 보석, 부인복 등의 리사이클 브랜드상품 수만 점을 전시, 약 4만 5천 명이 이곳을 방문하였다. 이 세일의 주최자에 의하면 "개점부터 장사진을 이루어 3일간 매출액은 1억 5백만 엔을 돌파하는 놀랄 정도의 실적을 올렸다"며 웃음을 참지 못했다. 이 리세일 시장은 2001년 8월에는 20,689명 10월에는 33,313명이 내장하였다.

오사카시 중앙구의 심제교에는 루이뷔통, 샤넬 등의 해외고급브랜드의 대형직영점이 줄지어 있는데 지금은 그 일각에 중고 브랜드 상품을 취급하는 가게가 4곳이나 성업 중에 있다.

---

219) 출처: 大阪日日新聞, 2003년 6월 30일 자.

● 히키코모리(引きこもり, 외출하지 않고 집안에 틀어박혀 있는 사람)

여러 가지 요인으로 인해 사회적 참여를 기피하며 자택 이외의 참여의 장소가 6개월 이상 없으며 오직 가족들과의 대인관계를 유지하고 있는 청소년으로 자신의 방에서만 생활한다.

NHK에 의하면 드물게 외출하는 정도의 히키코모리 청소년은 일본 내에 300만 명, 완전히 사회와의 관계를 단절하고 사는 히키코모리는 160만 명에 이른다고 한다. 대체로 자기방에서 TV게임을 하거나 방안에서 빙빙 걸어 다니든가 맥주나 소주를 마시거나 몇 주간 아무것도 하지 않고 있는 청소연도 많다고 한다. 밖에 나가지 않기 때문에 주야가 바뀌고 이로 인해 점점 대인접촉이 없어지게 된다.

이들의 원인은

● 학교, 회사에서의 이지메, 육체적 고통으로부터 도피하기 위해
● 가족 관계의 심적 타격 지나친 간섭 등으로 인해 자기긍정감을 가지지 못한 채 성장했거나

- 경쟁이 심한 사회에 압도당해 인생을 절망하고 스스로 자신을 상처입히는 경우
- 자신이 보고 싶지 않은 현실, 사람, 장소, 집단으로부터 부딪히지 않고 해결하기 위해 자신의 방안으로 숨어드는 것
- 부모의 철저한 종속교육 때문에 마음의 상처를 받았기 때문이다.

청소년 사회인까지 존재하며 이후 사회에 복귀할 기회를 놓치고 중년에까지 이르는 경우도 있다.

학교에 복학해도 동급생과의 학력차로 인해 다시 히키코모리의 상태가 되며 직장에 복귀해도 공백기간이 있었기 때문에 잘 적응하지 못한다.

- NEET족

일본 內閣府의 정의에 의하면 "고등학교나 대학 등의 학교 및 재수학원 전문학교 등에 통학하고 있지 않으며 배우자가 없는 독신자로 평상시 수입을 얻을 수 있는 일을 하지 않고 있는 15~34세 이하의 개인"을 말한다. 전업주부나 전업남편은 제외된다.

일을 하지 않는 사람 중에 취업의사를 밝히면서 구직활동을 않는 개인을 "비구직형"이라 하고 아예 취업희망을 밝히지 않는 개인을 "비희망형"이라 한다.

버블붕괴 직후의 니트족은 668,000명, 2002년에는 846,000명으로 증가하였다. 문제는 35~49세의 중년 니트의 증가가 심각한 사회문제로 이들의 자살 사회보장비용의 증가가 염려되는 상황이다. 니트족이

되는 이유는 경기가 좋지 않아 구인이 없기 때문이다.

'취직빙하기'라는 말이 있는 것처럼 버블붕괴 이후 경기불황으로 수익이 감소된 기업은 인건비를 낮추기 위해 고용을 줄이고 신입사원을 뽑지 않았다. 이로 인해 많은 젊은이와 중년층들이 일자리 부족으로 인해 니트족으로 변해갔다.

6

격차사회와
소자녀화(少子女化)[220]

　전후 일본의 출생률은 제1차 베이비붐이었던 1947년의 4.54명을 피크로 1960년까지 2.00명으로 저하하였다. 이를 '제1(第一)의 가족혁명'이라 한다. 이는 결혼한 여성이 아기를 적게 낳았기 때문이다.

　1970년대 이후 출생률은 하락하여 1990년 급락하고 2005년에는 1.26명으로 줄어들었으며 이를 '제2의 가족혁명'이라 하였다. 이는 '버블붕괴' 후의 불황으로 인해 능력이 없어 결혼을 하지 않아 아기를 낳을 기회가 없었기 때문이다.

　불황으로 인해 비정규직사원(아르바이트, 파견)이 정규사원보다 급증하였는데 이들은 정사원에 비해 급료가 압도적으로 적어 결혼할 여유가 없었던 것이다. 그리고 여성은 결혼상대도 돈 많은 사람, 잘생긴 남자를 선호한다고 한다. 여성은 남자를 잘생긴 남자(イケメン, 이케맨), 보통의 남자(フツメン, 후츠맨), 인기 없는 남자(ブサメン, 부사맨), 못생긴 남자(キモメン, 키모맨)의 4가지로 분류한다고 한다. 돈이 없어도 잘생긴 남자는 결혼이 가능하며 인기 없는 남자, 못생긴 남자

---

220) 출처: "格差社會" 홈페이지 http://www.kakusashakai.kateidesaien.com.

라도 수입이 높으면 결혼할 수 있다. 그러나 수입이 낮은 인기 없는 남자, 못생긴 남자는 결혼을 하고 싶어도 못한다는 것이다.

7

Working Poor[221]

　　나라현(奈良県)의 남성은 간사이의 유명사립대학의 상학부를 졸업한 이래 정규직에 취직한 적이 없다.

　　1996년에 입학하여 재학 중에는 테니스에 열중, 친구들과 록밴드도 결성하였다. 4학년 때에는 버블붕괴 후의 '취직빙하기 시대'. 민간기업에의 취직은 포기하고 유년(留年)을 반복하면서 국가공무원, 지방공무원 시험에 도전했으나 난관을 돌파하기는 어려웠다.

　　2003년에 졸업, 구인이 많은 개호복지관계의 직업을 가지기 위해 야간의 전문대학에 재입학했으나 병원에서의 실습에 적응하지 못해 발길은 뜸해졌다. 이후 인재파견회사로부터 전화나 메일로 소개되는 "원 콜 파견"의 일용직 업무로 하루하루를 보내고 있다.

　　월 수입은 많아야 12만 엔, 그 반인 달도 있다. 부모와 동거하지 않으면 살 곳도 없다.

　　자신의 생각이 어리석었다. 학생시절은 공부를 게을리하였고 이렇다 할 특기도 없다. 반년 전부터 컴퓨터 강좌를 수강하면서 영업직을

---

221) 출처: 読売新聞 2007년 3월 5일 자.

목표로 기업을 방문하고 있다. 대기업의 대부분은 "신입 대졸모집"의
방침이다.

정부는 작년 12월 이후 후리타의 취업을 지원하는 "재도전정책"
등의 시책을 도입하고 있다. 그러나 후리타에 대한 기업의 시선은 엄
격하다. 인사담당자는 장시간 후리타였던 사람은 조직적인 교육을 받
지 않아서 마이너스의 인상이 있다라고 말하고 있다.

160만 명의 파견 등록자를 보유하고 있는 인재파견회사 "풀캐스
트"에서는 사원과 파견 스탭 포함 약 20명이 작년 10월 노조를 결성
하였다. 위원장인 호시노상에 의하면 이 회사에 등록하기 위해 면접
에 온 젊은 사람이 노숙이나 쓰레기통을 뒤지는 모습을 본 뒤 충격을
받아 파견 스탭도 포함해서 노조활동을 해나가기로 마음을 정했다.

동경 신주쿠에서 노숙생활자의 상담활동을 하고 있는 NPO법인
"자립생활 서포터센터 모야이"에서도 2003년 11월에 넷카페에 "사우
나나 노숙생활에 지쳤습니다"라는 메일이 들어온 이래 주거가 없이
다중채무를 안고 있는 젊은이들의 상담이 늘어나고 있다.

이러한 젊은이는 고독과 빈곤속에 자존심을 상실하여 인간관계도 구
축되어 있지 않은 경우가 많다고 한다. 따라서 우선은 생활보호를 받으
며 정신적여유를 되돌린 다음에 생활을 고쳐나가도록 권하고 있다.

이 단체의 사무국장에 의하면 "여유를 잃어버린 사람에게 갑자기
일을 해서 자립하라고 요구하는 것은 무리가 있다. 공영(公營)주택의
충실과 정신적 배려등 자신을 회복시킬 수 있는 대책이 필요하다"라
고 지적했다. 총무성의 조사에 의하면 임원을 제외한 노동자중에 비
정규직은 1985년 655만 명이었으나 2006년에는 1,677만 명에 이르고
있다.

8

갑작스러운
해고통보[222]

중견의류 메이커의 동경사무소에 근무하고 있었는데 2월 초에 갑자기 해고 통보를 받은 오쿠다(41세)는 버블 경제가 피크였던 1989년에 취직하였다. 이후 기업다각화를 지나치게 진행시킨 회사는 버블 붕괴 후의 일본경제와 똑같이 힘을 쓰지 못했다. 영업통에 나름대로의 실적을 남긴 오쿠다에게 해고통보는 너무나 비정한 처사라고 생각되었다.

2월 초 상사인 부장으로부터 "사장이 할 말이 있다고 하니 본사에 갔다 오도록" 지시받았던 것이 시작이었다. 본사에 가니 갑자기 사장이 이렇게 말하였다. "3월 31일부로 동경사무소를 폐쇄하기로 하였다. 회사업적도 좋지 않으므로 본사에서 받아 줄 수도 없다. 미안하지만 자네는 퇴직을 해야만 하겠네."

세상에 이같이 "미안할 만"한 일은 없을 것이다. 뒤통수를 때리는 듯한 충격을 받은 오쿠다는 잠시 호흡을 멈춘 다음 마음을 가라앉히고 사장에게 겨우 한마디 물었다.

---

222) 출처: 잡지 President, 岸 宣一, "30代も標的, 急激に伸びるリストラの魔の手", 1998년5월호.

"퇴직이라고 해도 어떤 형태로?"

"물론 회사의 사정 때문에 그만두는 것으로 할 참이네."

개인의 사정보다 회사사정으로 그만두는 것이 퇴직금이 더 많다는 것은 오쿠다도 알고 있었다. 그러나 퇴직금의 과다는 차치하고 회사로부터 짤리는 것은 마찬가지였다. 한 순간 하얗게 텅 빈 머릿속이 본래의 기능을 회복함에 따라 터무니 없는 해고통보에 대단히 화가 나기 시작하였다.

"무슨 말씀인지는 알겠지만 절대 승복할 수 없습니다."

사장의 얼굴을 노려본 다음 문을 박차듯이 그곳을 빠져나왔다.

냉동식품 제조 판매회사에서 영업을 담당하고 있는 마츠하다의 귀에 작년 12월부터 마음에 걸리는 소문이 들리기 시작했다.

"이곳 공장이 폐쇄될지도 모른다."

정말일까 반문하면서도 아니 땐 굴뚝에 연기 나랴 하는 속담처럼 해가 바뀌자 소문은 현실화되었다. 직속상사인 임원으로부터 '자네는 회사에 남도록 할 것이니 걱정 말라'는 말을 듣고 안심하고 있었다.

그러나 1월 27일 사장과의 면담에서 통보된 내용은 희망을 티끌만큼도 남기지 않는 것이었다.

"모회사의 지시로 2월 말에 공장을 폐쇄한다. 자네도 아기가 태어난 지 얼마 되지 않았으니 재취업한다면 보다 건실한 직장을 찾도록 하는 것이 좋을 것이야."

사장의 말이 귓가에서 맴돌고 정말 눈앞이 캄캄했다. 작년 첫 딸이 태어나 아내도 출산을 위해 일을 그만두었다. "아기가 태어난 지 얼마 되지 않았으니 여기서 조금 더 근무하도록 하게"라고 말하기는커녕 "좀 더 확실한 직장을 찾는 것이 좋을 것이네"라고 말하는 것은 이치에 맞지 않는 말이나 사장은 일관해서 그 논리로 공격해왔다.

'혹시 내가 속고 있는 것은 아닐까'라고 의심하면서 몇 번이나 사장의 말을 되새겨보았다. 사장이 마지막으로 한 말은 "아무래도 재취업 자리가 없다면 이쪽에서 소개해주겠다"는 말에 일말의 희망을 가졌다.

실제 회사는 세 곳 정도 소개해주었는데 100엔 샵이나 홈 센터 등 손님이 오기를 기다리는 업무라 영업을 해온 그로서는 성격에 맞지 않아 정중하게 거절하였다.

마츠하라는 "여기까지 왔다면 챙길 것은 챙기는 것이 좋다"라고 마음을 바꾸고 회사 측에 철저히 싸울 자세로 있다. 6개월분의 생활보장과 해고 예고 수당 등 합쳐서 2백 수십만 엔을 요구했으나 회사로부터 성의 있는 답변을 듣지 못하고 있다.

어찌 되었든 생활을 위한 현금을 확보해두고 싶은 그였지만 "집을 나갈 때 딸아이의 자고 있는 모습을 보면" 하고 중얼거리며 서글픈 미소를 지었다.

욕망의 경제학

혹자는 거품경제가 붕괴하는 것은 정상으로 돌아가는 과정이라고 말하는 사람도 있다. 위의 역사적 예를 보더라도, 지나친 투기현상이라고 느낀 정부 당국이 거품제거를 위해 규제법을 제정한다든가, 지나친 유동성을 막기 위해 금리를 올리는 방법으로 거품을 제거하고자 한다. 그러나 거품이 제거되었다 하더라도 그 후유증으로 인해 그 나라의 경제, 기업, 국민, 청소년이 어려움을 겪게 된다.

이 버블 경제는 전성기나 쇠퇴기를 불문하고 경제활동뿐만 아니라 그 사회의 문화활동 전반에도 영향을 끼치게 되는 것이다.

버블경제로 인하여 자산의 가격상승을 느낀 소유자는 소비가 활발하게 되고 고급의상, 고급외제차, 해외유학 해외여행을 선호하게 되며 이에 따라 사회 전체가 브랜드지향으로 향하게 된다. 여기서 문제가 되는 것은, 버블경제 시에 자산을 소유하고 있어 자산가치상승의 기회를 경험한 계층은 소비활동에서도 고급화 품격화를 지향하는 경향이 있다는 것이다. 이로 인해 사회 내에 "가진 자"와 그러한 기회를 가지지 못한 "가지지 못한 자"의 "격차" 문제가 발생하게 된다.

급격한 자산가치의 증가에 대해 가지지 못한 자의 근로의욕의 상실, 내 집 마련에 대한 희망이 깨어지고 사회 전반에 대해 불평등감이 만연하게 된다. 고급화, 품격화, 향락화하는 소비풍조에 대한 모방소비가 발생하게 되고 이로 인해 개인파산과 실종, 자살, 범죄가 발생하게 된다.

현대사회에서 이익을 추구하는 것은 정당화되나 납득하거나 이해할 수 없는 자산가치의 급격한 상승에 의해 사회의 약자가 피해를 받는다면(집을 마련하지 못하거나, 일자리가 없거나, 결혼을 못하거나, 공평한 교육의 기회가 없어지거나), 이는 한 나라의 장래를 위해 바람직하지 못한 현상이다.

스루가다이대학(駿河台大学) 경제학부의 후루카와 테쓰오(古川哲夫) 교수는 이런 버블경제를 '욕망의 경제학'이라고 불렀다.

CHAPTER 11

일본의 버블경제가
우리에게 주는 암시

당시 일본과 한국의 사회현상 비교

(1) 당시 일본의 상황

필자는 1985년부터 1995년까지 일본의 동경에서 유학생 생활과 직장생활을 하였는데, 이 시기가 일본 버블경제의 형성기와 붕괴기에 해당한다. 버블경제의 형성기와 전성기 사이에는 유학생의 신분으로, 그리고 붕괴기에는 일본사회의 직장인으로서 당시의 여러 사회현상을 목격하였다.

일본의 버블형성은 1985년의 미국 뉴욕에서의 "프라자합의"부터 시작되었다고 말할 수 있다. 막대한 대일 무역수지차(미국의 손실)를 경험하고 있던 미국은 이를 줄이기 위해 일본에 대해 엔화의 화폐가치 절상을 요구하였다. 미국의 요구에 부응한 일본은 엔화의 가치를 절상하였으며, 엔화가치 절상으로 인한 수출의 어려움과 이로 인한 경기 부진을 우려한 일본 금융 당국은 내수진작을 위해 저금리 정책을 구사하였다. 이로 인해 시중에는 유동성이 풍부하게 되었다.

버블 전성기의 일본사회는 활력과 자신감이 넘쳤다. 가난한 유학생의 눈으로 볼 때 너무나 평화롭고 풍요로운 사회였다. 당시의 고등학교, 대학 졸업생들은 일자리가 넘쳐나 졸업 전에 이미 여러 회사로부터 취직내정을 받아 느긋하게 남은 학창 생활을 만끽하고 있었다. 회사는 회사대로 우수한 인력을 경쟁사에게 빼앗기지 않기 위해 취직예정자를 별도의 장소에 격리 수용하기도 하였으며, 금품이나 향응을 제공하여 마음이 바뀌지 않도록 미리 "약"을 먹였다.

이 버블전성기에 입사한 신입사원들을 "新人類"라 지칭하였는데, 대체로 개성이 뚜렷하고 자기주장이 강한 세대이었다. 직장상사의 지시에 대해 반대의견을 제시하거나 업무보다는 개인의 스케줄을 더욱 중요하게 생각하는 경향을 가졌다.

여담이지만, 이 "新人類"에 비해 일자리를 구하기 어려웠던 버블 붕괴기('就職氷河期'라 하였음)에 입사한 신입사원은 상사의 명령에 순응하는 조직 지향적 세대였다. 더구나 취직에 유리하기 위해 어학이나 자격증 등의 경쟁력(스펙)을 지니고 있었기에 회사 내에서 "新人類"보다 상사로부터 많은 신뢰감을 받았으며, 치열한 취업경쟁을 돌파한 세대였기에 생존력 또한 강해서 신인류의 선배보다 한발 먼저 승진하는 경우도 있었다.

앞에서 이미 언급하였지만, 버블 시의 일본의 사회풍토는 자산가치의 폭등에 힘입어 타인과의 차별화, 고급화로 흘렀다. 명품, 고급외제차가 유행하였으며, 골동품, 명화(名畵)의 가치가 하루가 다르게 상승하였다. TV 드라마의 내용은 불륜(不倫)이 주류가 되어 엄격한 유교적 국가 출신인 필자를 너무나 당황하게 만들었다. 일자리가 풍부하였으므로 여성도 경제적 자립을 이루어 결혼을 미루는 풍조가 있었다. 유행했던 스포츠는 당시의 사회 분위기와 국민소득(2만 2천 달러 정도)에 걸맞게 F1 자동차경주와 골프였으며, 많은 사람들의 성원에 힘입어 일본의 F1 레이서와 골프플레이어들은 세계대회에서 훌륭한 성적을 올리고 있었다.

지금 생각하면 그때가 버블의 절정기를 막 넘어서고 있었던 시기였다고 생각된다. 일본정부의 저금리정책에 힘입어 시중의 자금은 부동산, 주식, 골프회원권 등에 몰려가게 되어 이를 소유한 사람들은 자산가치의 급격한 상승을 경험하였으나, 그러하지 못한 사람들은 상대적으로 박탈감을 느끼기 시작하였다. 자산가치의 급격한 상승을 경험한 사람들의 차별화된 소비의식과 함께 동경의 물가는 세계 최고를 자랑하게 되었다. 1990년 전성기의 일본 동경의 주택가격(70평방미터 정도의 소형아파트 기준)은 연간소득 대비 8.5배였는데, 런던은 3.7배, 보스턴은 5배 정도에 지나지 않았다.

반면에 주택구입의 어려움과 생활고에 시달리는 서민들은 서서히 사회체제에 불만을 가지지 시작하였다.

1990년 일본 내각부(日本 內閣部)의 "토지자산 격차에 관한 앙케트 조사"에서 부동산가격의 급등에 대해 곤란하다고 생각('대단히 곤란', '곤란', '앞으로 곤란' 포함)하는 사람이 주택을 소유한 경우에는 85%, 미소유자의 경우는 90% 이상에 이르렀다. 곤란하다고 느끼는 이유는 전체의 72%가 향후 주택, 토지구입이 어렵기 때문에, 33.4% (복수응답가능)가 근로의욕이 감퇴되기 때문이라 답하였다. 그리고 2006년 6월에 발표한 "平成17年 國民生活 選好度調査"에 의하면, 경제적 불평등감에 대해 불만족감을 느끼는 비율이 버블경제의 절정기였던 1990년부터 상승하기 시작, 2005년에 이르러서는 전체의 50%가 불평등감을 느끼고 있었다.

이러한 버블기의 불평등감을 인식한 일본정부는 자산의 격차를 해소하기 위해 토지거래 감시구역제도(1987년도 시행), 부동산 융자금액 총량규제, 토지에 대한 과세강화(보유세, 양도세) 등의 제도를 시행하였다. 동시에 시중 유동성 자금을 줄이기 위해 1년 안에 5차례에 걸쳐 금리를 인상시켰다.

이 버블해소 정책에 의해 자산가치의 차익을 기대하고 대출을 받아 부동산을 구입한 기업과 개인은 이전보다 이자 부담이 커졌으며, 시간이 지남에 따라 구입 부동산가격이 원가보다 저렴해지는 '자산의 불량화(이를 불량채권이라 한다)'를 경험하게 되었다. 자금압박을 느낀 기업은 긴축재정과 구조조정을 실시하였고, 이로 인해 개인의 고용과 수입이 감소되고, 주택대출금에 대한 이자 부담으로 인해 소비여력이 줄어들게 되었다. 결과적으로 가계소비 감소에 의해 수요가 감소되고, 기업은 판매부진으로 인해 인원과 설비를 줄이게 되는 악순환이 되풀이되었다. 日本 統計省 總務局의 통계에 의하면 1990년 이후 기업파산의 가장 큰 이유는 "판매부진"이었다. 기업은 정규직보다 비정규직의 채용을 선호하게 되었고, 정규직과 비정규직의 소득격차가 발생하게 되었다.

취업이 어려운 젊은 층은 결혼을 할 수가 없게 되었으며, 출산율은 점차 감소되어 노동인구, 세금납부 계층이 줄어들게 되었다. 서민들은 실직과 높은 물가에 생활자금을 구하기 위해 민간 대출회사(소비자금융 회사)를 찾게 되었고, 민간 대출회사는 유명인을 광고에 출연시켜 대출시장을 급성장시켰다. 높은 이자율로 인해 이 회사에서 돈을 빌려 다른 회사의 채무를 갚는 다중채무자가 발생하고, 개인파산 신청이 급속도로 증가하였다.

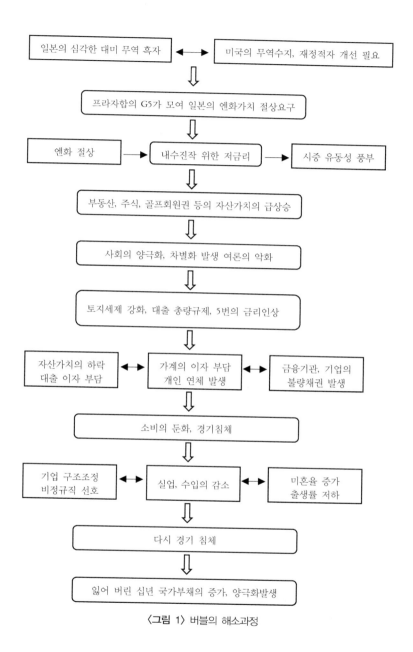

<그림 1> 버블의 해소과정

상대적 박탈감을 느낀 서민층은 일본의 사회체제에 불만을 느끼기 시작하였으며, 격차의 고정과 다음 세대에로의 격차의 대물림에 대해 '결과의 평등'이 아닌 "기회의 평등"을 주장하거나 일부에서는 사회주의 체제를 거론하기도 하였다.

빠른 이해를 위해 일본의 버블해소 과정을 그림으로 간단히 정리해보자. (앞 페이지 <그림 1> 참조)

(2) 한국이 당시의 일본과 닮은 현상

현재 한국은 부동산거래가 감소되고 그 가격이 내리는 추세를 보이고 있다. 금융당국은 물가가 치솟기 때문에 금리인상을 생각하고 있으나 800조 원에 이르는 가계부채 때문에 쉽사리 금리를 올릴 수는 없는 상황이다. 금리를 올리더라도 시장에 급격한 충격을 주지 않기 위해 조금씩 올리고 있다(2010년 10월 이후 0.25%씩 5차례 인상).

만약 물가를 잡기 위해 금리를 추가적으로 인상시킨다면, 가계의 이자 부담이 커져 대출금 상환이 어려워지고 이자 부담에 못이긴 가계는 부동산을 내어놓을 수 있고, 이로 인해 부동산가격의 조정이 일어날 수 있기 때문이다. 그렇다고 마냥 오르는 물가를 방관만 하고 있을 수는 없는 형편이다. 2011년 5월의 소비자물가 상승률이 약 4%인데, 예금금리가 3%대이니 지금은 소위 말하는 마이너스 금리 상태이다. 따라서 현 상태라면 그 누구도 은행에 예금을 하려고 하지 않을 것이므로 당국은 추가적으로 금리를 올리는 것을 고려하지 않을 수도 없는 상황이다.

그러면 현재 한국의 부동산시장은 버블경제 시의 일본에 비교한다면 어디쯤 와 있는 것일까? 과연 부동산은 일본처럼 폭락하며, 가계 부채가 심각한 상태라고 하니 금리가 인상되면 대부분의 가계는 위험한 상황에 처하게 되는가?

여기서는 우리의 현상을 당시의 일본과 비교해 봄으로써 우리의 위치를 가늠해 보기로 하며, 만약에 우리도 일본과 유사한 상황에 빠질 가능성이 있다면 그 위험을 최대한으로 줄일 수 있는 방법을 생각해보자.

한 가지 미리 이해를 얻고 싶은 것은, 이 책은 일본과 한국 두 사회의 객관적 현상을 비교하는 것이므로, 경제학문적 분석과 논리, 관점에서는 벗어나 있을 수 있다. 그리고 우리의 현상이 당시의 일본과 비슷하다고 해서 우리가 일본과 똑같이 된다는 것은 아니다. 단지 그럴 가능성이 엿보인다면 위기를 극복하기 위해 사전에 대책을 세우자는 것이다.

일본의 상황과 비교하기 전에, 먼저 현재의 상황에 대해 우리는 어떻게 인식하고 있는지를 알아보자.

① 우리의 상황에 대한 인식

과연 우리는 현재의 상황을 어떻게 인식하고 있을까? 삼성경제연구소의 2011년 "소비자 태도조사"223)를 통해서 우리의 상황인식 정도를 알아보자.

---

223) 참조: 삼성경제연구소, 소비자 태도조사, 2011년 2/4분기.

<표 1> 소비자 태도조사

(단위: %, 총응답자 수 1,000가구)

항목	조금 좋아짐(늘림)		똑 같음		조금 나빠짐(줄임)	
	1/4분기	2/4분기	1/4분기	2/4분기	1/4분기	2/4분기
현재 생활형편	11.9	11.8	64.7	61.9	17.2	21.4
미래 생활형편	32.4	27.0	51.8	55.1	13.5	16.6
미래 경기	41.3	32.4	36.7	43.3	18.9	21.5
미래 소비	19.8	18.0	47.4	48.4	29.3	29.1
주택 구입	30.1	24.9	33.3	35.8	27.5	33.1

위의 조사결과를 보면, "현재, 미래의 생활형편, 그리고 미래의 경기, 소비는 현 상태와 변함이 없거나 또는 지금보다 조금 좋아질 것이다"라는 낙관적 입장을 취하고 있는 사람(약 75%)이 "나빠질 거라고 생각하는 사람"보다는 훨씬 많다.

그리고 향후 주택구입의사에 대한 질문에서도 상당히 낙관적인 입장(65% 정도)을 취하고 있다. 전체적으로 보아 많은 사람이 주택시장에 대해서는 "현재와 같거나 더 좋아질 것이다"라는 낙관적 인식을 하고 있다.

"1년 후 생활형편이 좋아지는 이유"에 대해서는 2011년 2/4분기 조사결과에 의하면,

－임금 등의 가계소득이 증가(55.2%)

－가계부채가 감소(16.7%)

－부동산, 주식 등의 보유자산 가치가 상승(11.4%)

－낙관적 언론에 의한 막대한 기대감(10.7%)"의 순으로 답하고 있다.

즉 향후 "보유 자산가치가 상승할 것이며, 가계부채 또한 감소할

것이며 가계소득이 늘어날 것"이라는 조사결과는 우리가 현재의 상황을 상당히 긍정적으로 인식하고 있다고 해석할 수 있다.

여기서 언론에 의한 막연한 기대감에 의해 조사대상 1,000가구의 약 10%가 생활형편이 좋아질 것이라고 여기고 있다는 점은 대단히 흥미롭다. 언론의 보도방향의 중요성을 짐작할 수 있는 대목인데, 이처럼 언론매체의 보도 방향은 많은 사람들에게 영향을 끼치고 있으므로, 시간이 경과한 후, 각 언론매체의 당시의 경기에 대한 상황인식, 보도경향의 분석도 앞으로 중요한 연구과제가 될 것이다.

반면에 "1년 후 생활형편이 나빠진다는 이유"에 대해서는 "임금 등의 가계소득 감소(43.5%)", "물가상승(35.1%)", "가계부채 증가(11.9%)"의 순으로 있다.

그런데 조사결과에 의하면 가계소득과 가계부채의 전망에 대해서는 낙관적인 전망과 부정적 전망을 동시에 가지고 있음을 알 수가 있다. 즉 앞에서 "1년 후 생활이 좋아지는 이유"에 대해 50% 이상의 사람이 "가계소득이 증가할 것"이라는 낙관적 대답을 한 반면에, "1년 후 생활이 나빠질 이유"에 대해서도 약 50%가 "가계 소득이 감소할 것"이기 때문이라 답하고 있다. 이는 가계소득과 가계부채의 전망에 대해 대다수의 사람이 신중하고도 중간적인 입장을 취하고 있는 것으로 보인다. 또한 물가상승에 대한 우려감이 약 35%에 달하고 있으므로, 서민의 생활에서 경험하고 있는 물가상승률은 예상보다 심각하다고 여겨진다.

또 한 가지 흥미로운 사실은 보유자산의 가치가 떨어지리라고 생각하는 사람은 불과 3%에 지나지 않는다는 조사결과이다. 앞으로의 자산가치의 조정 내지 하락에 대해서는 거의 인정을 하고 있지 않다는 의미이다.

1년 후 "미래경기가 좋아지는 이유"는 "수출호조(33.3%)", "언론에 의한 막연한 기대감(30%)" 때문이며, "미래경기가 나빠지는 이유"는 역시 물가상승(67.1%)이 가장 큰 위험요소라 답하고 있다.

우리나라가 지난 2008년의 미국발 금융위기를 잘 넘긴 것도 수출의 호조가 가장 큰 요인이었는데, 조사대상자들은 향후에도 계속하여 수출이 잘 될 거라는 기대를 하고 있다. 그러나 미국의 중국에 대한 위안화 절상요구, 동시에 수출을 주로하는 국가에 대한 환율가치의 절상요구가 존재하므로 지금과 같이 수출을 통해 기대한 수익을 올릴 수 있을지는 두고 볼 일이다.

물가예상에 대한 질문에도 많은 사람들이 "많이 오르거나(34.8%), 조금 오를 것(49.3%)"으로 답하였다. 즉 전체 응답자의 84.1%가 향후 물가는 오를 것이라 예상하고 있는데, 앞으로의 물가문제는 가계나 당국에게는 큰 부담이 될 것으로 보인다.

전국에서 임의 추출된 1,000가구에 대한 조사결과를 보면, 대체적으로 현 상황에 대해 물가를 제외하고는 긍정적 입장 내지 중간적 입장을 취하고 있음을 알 수가 있다. 특히 자산가치가 하락할 것이라는 질문에 대해서는 부정적 입장을 취해, 보유자산의 가격조정은 없을 것이라 예상하고 있으며 향후의 주택시장에 대해서도 상당히 긍정적인 시각을 가지고 있다.

② 프라자합의를 똑 닮은 '2010 서울 G20 주요국 정상회담'

1985년 당시 미국은 재정적자, 경상수지 적자, 무역수지 적자에 허

덕이고 있었다. 특히 일본은 미국의 전체 무역적자의 약 35%를 차지하고 있었고, 독일이 무역수지에 있어서 8.5% 정도였다(1985년 기준). 무역수지 적자를 줄이기 위해 미국은 뉴욕의 프라자호텔에서 세계주요 5개국(G5)의 경제장관을 불러 모아 일본과 독일의 화폐가치 절상을 요구하였다. 이에 일본은 부응하여 엔화의 가치를 올렸으며, 엔화 절상에 따른 수출의 어려움을 고려하여 내수진작을 도모하였다. 일본 정부는 이를 위해 저금리 정책을 폈으며, 시중에 유동자금이 풍부해져 부동산, 주식, 골프회원권등의 자산가치가 급등하였다. 그러므로 이 프라자합의를 일본 버블경제의 원인이라고 생각하는 사람이 많다.

2010년 11월 서울에 모인 주요 20개국 정상들에 대해 미국은 "시장 결정적 환율제도 이행"과 "경쟁적인 통화절하의 절제"를 요구하였다. 이는 다름 아닌 대미 무역흑자를 기록하고 있는 중국과 독일에 대한 화폐가치의 절상을 요구하는 것이었다. 2010년 기준 중국은 대미 무역흑자가 1,800억 달러에 달했으며, 이는 미국무역수지 적자의 40% 이상에 해당되는 금액이다. 미국은 위안화의 20~40% 가치절상을 염두에 두었고, 이미 프라자합의에서의 일본의 경험을 알고 있는 중국은 이에 거세게 반발하였다. 독일 또한 독일의 무역흑자가 환율의 저평가에 의한 것이 아닌 독일 자체의 뛰어난 기술에 기인한다고 강력히 맞섰다. 위안화의 급격한 가치절상 대신에 중국은 향후 3~5년간에 걸쳐 중국의 경상수지 흑자범위를 GDP의 4% 수준으로 하겠다고 제안하고 있다.

한편, 달러 외화보유고가 세계최고이며 세계 최대의 무역국인 중국은 위안화를 세계의 기축통화로 통용시키기 위한 노력을 이미 시작하였다. 바야흐로 미국과 중국의 환율전쟁이 지금 진행되고 있는 것이다. 그러나 이것은 중국과 미국만의 다툼이 아니다. 일전에 인도를 방문한 미국의 오바마대통령은 다음과 같은 메시지를 전하고 있다.

"일부 국가는 막대한 경상수지를 유지하고 있는 반면에 어떤 국가는 적자에 시달리고 있다. 이러한 상황이 계속되어서는 아니 된다"라고 말하고 있다. 이 말은 화폐가치를 적절히 조절하여(즉 화폐가치 절하) 수출에 유리하게 하여 무역흑자를 계속 기록하고 있는 신흥국을 겨냥한 것이며, 이 범위 안에는 한국도 들어가 있는 것이다. 미국발 금융위기를 우리는 활발한 수출로 극복해왔는데, 원화의 적절한 절하가 수출에 상당히 도움이 되었던 것은 사실이다.

실제로 최근의 달러당 원화 환율을 보면,

〈그림 2〉 최근 달러/원 환율추이[224]

위의 도표를 보면, G20 정상회의 다음 달인 12월 1일의 환율은 달러당 1,148원이었으나 이후 하락을 계속, 현재 달러당 1,080원(2011년

---

224) 출처: 기획재정부.

5월 기준)을 기록하고 있다. 향후 달러당 1,000원까지 하락할 것이라 전망하는 전문가들이 있어, 우리의 수출전망은 '대단히' 밝지는 못하다고 말할 수 있을 것이다.

또한 미국의 요구에 의해 중국의 환율정책에 어떠한 변화가 생긴다면, 중국이 한국의 최대수출국이므로 그 영향을 있는 그대로 받을 가능성이 크다. 그러므로 현재 우리가 놓여 있는 상황은 최근 수년처럼 수출드라이버로 경기를 이끌어가기에는 예전보다는 어려워질 것이며, 대기업의 실적에도 영향을 미칠 것이다. 수출이 아니라면 우리 경기를 이끌어갈 수 있는 요인이 무엇인가를 생각해볼 때, 쉽사리 머리에 떠오르는 대안은 없는 것 같다. 내수진작을 위해 더 이상 금리를 낮출 수는 없는 것이 아닌가?

③ 일본의 '단카이(團塊) 세대'와 우리의 '베이비붐 세대'

일본에 단카이 세대가 있다면 우리에게는 베이비붐 세대가 있다. 앞에서 언급한 것처럼, 2차대전이 끝나고 일본에는 1946년부터 1949년 사이에 많은 아기들이 태어났다. 약 800만 명으로 추산되며 2007년부터 정년을 하기 시작하였다(일본의 경우 정년은 60세임).

태어난 아기가 많았기 때문에 단카이 세대는 학교에서나 일본사회에서나 치열한 경쟁을 치루지 않으면 안 되었다. 이 경쟁에서 살아남기 위해 최선을 다한 그들은 일본의 전후의 복구, 그리고 선진화의 주역이 되었다.

일자리를 얻기 위해 대거 대도시로 몰려들었으며, 이들이 결혼하여 가정을 꾸리게 됨에 따라 많은 주택이 필요하게 되었고, 이 주택

수요가 일본의 부동산 값을 올린 주요 원인 중의 하나였다. 이 세대의 특성은 경쟁심이 왕성하고 자기 주장이 강하며, 조직에 대한 충성심이 유별나며, 이재(理財, 재테크)에 밝았다. 살아남기 위한 자기 주장과 표현이 강했으므로 사회의 부조리를 볼 때는 이에 분연히 항거하였으며, 때로는 사상적으로 좌익 쪽으로 흐르기도 하였다.

그러므로 도전에 대한 응전, 그리고 고난에 대한 극복을 이념으로 생각하는 이들은 현대 일본을 건설한 주역이기도 하며, 일본의 버블 경제 형성의 주역이기도 하였다. 2007년부터 2010년에 걸쳐 정년을 한 이 세대는 향후 일본의 소비시장을 이끌어가는 중요한 집단이기도 하지만 국가에는 많은 복지예산이 소요되는 부담스러운 집단이기도 하다.

한국의 경우는 한국전쟁이 끝나고 1955년부터 1964년사이에 태어난 약 730만 명의 베이비붐 세대가 존재한다. 75학번부터 83학번이라 '7080세대'라 불리는 이들은 약 730만 명에 이른다. 전체 인구의 약 15%를 점하는 이들은 조국 근대화의 주역이었으며 현재의 한국을 이끄는 엄연한 기성세대들이다. 우리가 보아온 그대로, 이 세대는 국민학교(초등학교) 시절부터 학생 수가 너무 많아 오전, 오후반 또는 3부제로 갈려 학교에 등교하였으며, 학교에서 주는 옥수수빵, 우유 한 잔에 모든 것을 걸었던 세대이었다. 살아남기 위해 자연히 자기주장이 강하고 억세며, 주어진 목표를 달성하기 위해 수단과 방법을 가리지 않는 성향을 보였다. 순간의 선택이 운명을 좌우할 수 있다는 경험을 어릴 적부터 봐왔고 또 해왔기 때문에 자신의 보신(保身)과 처세에 뛰어나 타인에 대한 냉혹함도 충분히 가지고 있었다. 남보다 자신이 그 무엇보다도 중요하다는 개념을 확고히 가지고 있는 세대이다. 어려움

속에서 생존경쟁을 벌린 세대이기 때문에 경쟁상대에 대한 배려는 기대하기 어렵다.

한편으로 조직에 충성하고, 집단을 위해 자신을 희생하며 위로는 부모님을 모시고, 아래로는 아직까지도 자식의 교육과 결혼을 위해 남은 재산을 바치는 충성스러운 세대이다. 70년대 이래, 독재에 항거하여 분연히 일어선 그들은 한국을 세계 9위의 경제대국으로 만들어놓고 2010년부터 정년(정년 나이 55세)을 하기 시작하였다.

일본의 단카이세대와 같이 한국의 베이비붐세대는 특성과 경향이 상당히 닮아 있기도 하지만, 한국의 자산가치의 폭등에 일익을 담당하였다는 점에도 서로 일치한다. 이들이 있었기에 선진한국이 되었지만, 어려운 환경 속에서 서바이벌 게임을 벌인 이들이었기에 재테크에도 능하였다. 물론 당시의 세계적 흐름이 자산가치의 상승이 유행하였던 시기이기도 하였지만, 주위에 뒤질세라 시세 차익을 노리고 부동산의 가격을 천정부지로 올려놓는 데 주역으로 활약한 이들은 분명 다음 세대, 즉 자식들에게 엄청난 짐을 안겨 줄 세대이기도 하다. 그리고 어쩌면 그들에게 격렬한 비난을 받을지도 모른다. 그러나 이처럼 한일 양국의 베이비붐세대가 닮기는 닮았지만 크게 다른 점이 한 가지 있다.

한 자료[225]에 의하면, 일본의 단카이 세대와 한국의 베이비붐 세대가 크게 다른 것은 노후자금(금융자산)의 보유비율이다. 일본의 경우는 금융자산이 전체 자산의 45%에 이르고 있으나, 한국의 경우는 약 16%에 지나지 않는다고 한다. 거기다가 한국의 정년은 일본보다 5년

---

225) 참조: 조선일보 2011년 5월 12일 기사.

이른 55세이기 때문에, 이 시점은 자식들이 대개가 결혼적령기 혹은 대학에 재학하고 있을 즈음이다. 보유 현금도 별로 없는 데다 국민연금은 60세(혹은 출생연도에 따라 지급시점이 1년씩 늘어남) 이후부터 지급되므로 일정한 수입이 없는 형편이다. 굶어 죽어도 자식은 교육을 시켜야 된다고 생각하고 있는 이 세대는 자식들의 학자금을 위해 남아 있는 보유현금을 전부 내던진다. 자식이 성장하여 도와줄 것도 아니고, 자연히 남아 있는 것은 살고 있는 집 한 칸이므로, 이를 처분하여 노후자금으로 쓸 수밖에 없는 것이다. 일본의 기업이 단카이세대를 일본의 소비문화를 이끌 새로운 파워그룹이라고 지칭하고 있는데, 현금자산이 부족한 우리의 7080세대에 대해 한국의 기업은 이 세대를 어떤 집단으로 분류하고 있을까? 한 가지 분명한 것은 한국의 베이비부머세대는 은퇴하기에는 아직은 젊고 건강하다는 점이다.

그러나 현실은 팍팍하다. 자료226)에 의하면, 서울에 아파트를 소유하고 있는 경우, 이들의 노후자금 준비대책은 4가지가 있다고 한다. 첫째는 아파트를 팔고 수도권 외곽으로 빠지는 방법, 둘째는 주택연금(역모기지)으로 생활비를 조달하는 방법, 셋째는 가지고 있는 부동산이 시원찮을 때는 도심의 원룸이나 도시형 생활주택으로 들어가는 방법, 마지막은 지방출신이라면 고향으로 내려가는 방법 등이 있다고 한다. 이 기사에 의하면 실제로 수도권 지역의 65세 이상 인구가 최근에 급증하고 있다고 한다. 분당의 경우, 2000년도에 2만 2천 명이었던 65세 이상의 인구가 2010년 말에는 3만 7천 명에 이르고 있다. 분당뿐만 아니라 일산 고양지구, 수원 영통지구, 그리고 외곽의 신도시

---

226) 참조: 상동.

개발지역도 흡사한 양상을 보이고 있다.

어찌 되었든 일본의 전후세대와는 달리 우리나라의 베이비부머세대는 노후자금을 마련하기 위해 부동산을 처분하지 않으면 안 될 입장에 있으므로, 향후의 부동산가격에 영향을 끼칠 가능성이 크다고 본다.

④ 주택매매가격의 하락세과 미분양의 증가

일본의 주택가격 하락세는 금리를 인상시킨 1990년 이후부터 진행되었다.

저금리 속에서 우리의 주택가격의 추세를 보기로 하자.

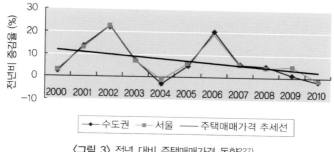

〈그림 3〉 전년 대비 주택매매가격 동향[227]

위의 표는 우리나라의 전체인구의 45% 이상이 몰려 있는 수도권의 주택매매 가격의 동향을 나타내고 있다. 수도권과 서울지역의 전년비 주택매매가격은 2002년과 2006년 급상승을 보여 주다가 2007년 이후

---

227) 출처: 국토해양부 "주택가격 매매동향"

로는 완만한 하향세를 보이다가 2010년에 이르러서는 전년대비 주택 가격 상승률이 마이너스를 보이고 있다. 즉 전년보다 가격이 싸지고 있다는 의미이다. 그리고 위의 일직선형은 주택매매가격의 10년간의 추세를 보이고 있는데, 전체적으로 하향세를 보이고 있다. 향후의 부동산가격의 향방은 알 수가 없으나, 지난 수년간의 추세는 하향세를 보이고 있음에는 틀림이 없다 하겠다.

그리고 전국의 민간부분 미분양 현황을 살펴보자.

<표 2> 미분양현황[228]

(단위: 호)

구분	전국	준공 후	민간부문	공공부문	수도권	서울
1999	70,872	17,810	57,121	13,751	20,958	2,795
2000	58,550	16,272	38,941	19,609	19,785	3,037
2001	31,512	8,8.4	20,741	10,771	9,360	1,771
2002	24,923	5,425	14,168	10,755	1,387	52
2003	38,261	5,874	31,894	6,367	7,370	735
2004	69,133	10,314	60,781	8,352	15,458	612
2005	57,215	10,983	51,415	5,800	12,242	574
2006	73,772	13,654	71,818	1,954	4,724	529
2007	112,254	17,818	110,715	1,539	14,624	454
2008	165,599	46,476	164,293	1,306	26,928	2,486
2009	123,297	50,087	122,962	335	25,667	1,803

자료: 국토해양부

위의 표를 각 분야별로 나누어 자세히 살펴보면,

---

228) 자료: 국토해양부.

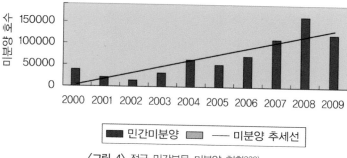

〈그림 4〉 전국 민간부문 미분양 현황[229)

　위의 표는 전국의 민간건설 회사 주도의 준공 전, 준공 후의 미분양 주택의 현황을 나타내고 있다. '민간 미분양'이라 함은 전국의 미분양 주택 중 공공기관에 의해 지어진 미분양 주택을 제외한 민간 건설회사의 주택미분양 상태를 말한다. 위의 추세선을 볼 때, 2005년부터 미분양이 늘어나고 있다. 흥미로운 사실은 전국의 준공 후의 미분양 상황과 공공부문이 주도해서 지은 주택의 미분양 상황이다.

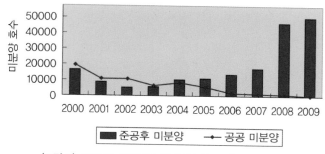

〈그림 5〉 준공 후 미분양과 공공부문 주도 미분양 현황[230)

---

229) 출처: 국토해양부 "주택미분양 현황".

230) 출처: 상동.

전국의 '준공 후 미분양'이라 함은 완공 후에도 미분양으로 남아 있는 경우를 말한다. 2002년을 기점으로 준공 후 미분양이 늘어나기 시작, 이후 2008년, 2009년에는 급격하게 증가하고 있다. 이는 지어 놓아도 팔리지 않는다는 것인데 건설회사에는 치명적인 상황이다. 만약 금융권으로부터 프로젝트 파이넨싱(PF: Project Financing)을 받아 주택을 건설하였다면, 현재 완성된 주택이 분양이 되지 않아 건설사가 투자원금을 회수할 수 없게 되어 금융권에게 대출금을 상환할 수 없는 상태임을 말한다, 즉 금융권으로 보면 부실채권으로 처리될 수밖에 없는 상황을 말한다. 분양이 되지않아 대출금을 상환할 수 없는 건설회사는 자금난으로 도산할 위험이 있고, 대출금을 돌려받지 못한 금융회사 역시 재정 건정성이 악화되어 도산될 가능성이 발생한다. 이러한 사태는 이미 신문보도를 통해 알려졌다. 건설업계 100위 안에 드는 건설사 중에서 이미 워크아웃이나 법정관리를 신청한 회사가 29군데나 있으며, 이들에게 PF의 형태로 빌려준 저축은행과 기타 금융권들이 큰 어려움을 겪고 있다.

　미분양의 원인은 분양가가 높은 데 기인한다. 신문보도[231]에 의하면, 수도권 지역에서는 애초에 승인받은 분양가보다 더 싼 분양가로 책정하고 있는 현상이 나타나고 있다 한다. 용인시에 233가구를 분양하는 어느 건설사는 승인받은 분양가인 평당 1,219만 원보다 싼 1,139만 원으로 책정하였고, 수원의 유명건설사는 평당 1,250만 원에 분양했던 아파트를 현재 980만 원으로 할인분양을 행하고 있다 한다. 이처럼 민간 건설사들은 서울의 외각도시인 용인, 고양, 성남에서 2~3

---

231) 출처: 조선일보 6월 9일 자 기사.

년 전의 분양가보다 20~35% 낮은 금액으로 미분양을 처리하려고 노력하고 있다.

한편 공공부문의 미분양 상태는 2000년의 경우 20,000호에 이르렀으나 2009년에는 미분양이 불과 335호밖에 남아 있지 않다. 즉 공공부문에서 국민들에게 저렴한 주택을 제공하기 위해 많은 재원을 투자하였다는 사실인데, 이는 역으로 공공부문의 주택건설로 인해 정부는 재정적 부담을 받고 있다는 의미로도 해석할 수 있다.

최근 부동산 거래량이 줄어들고 민간부문의 미분양이 늘어나는 이유는 어쩌면 많은 사람들이 현재의 부동산가격에 의문을 가지고 있으며, 앞으로 주택가격은 더욱 떨어질 것이라 생각하여 부동산 매매를 미루고 있기 때문인지 모른다.

⑤ 부동산에 대한 규제강화와 금리인상

일본의 경우, 자산가치의 폭등으로 자산의 격차문제가 발생하기 시작, 사회 전반에 경제적 불공평함을 느끼는 사람들이 늘어났고 이들의 근로의욕이 감소되었다. 이에 일본정부는 부동산에 대한 규제강화와 금리 인상 조치를 단행하였다. 즉 1987년 9월에 토지거래 감시구역제도 도입, 1989년 보유세, 양도세의 강화, 그리고 1990년 4월에 부동산 관련 융자 총량규제(부동산업 관련 대출에 있어서 그 대출의 증가 비율은 전체 대출금액의 증가율 범위 내에서 한정되어야 한다) 제도를 도입하였다. 추가적으로 1989년부터 1년간 5번의 금리인상을 단행함으로써 버블경제에 직격탄을 날렸다.

한국 역시 부동산 투기가 너무 심각하다고 우려한 전(前) 정부는 이를 억제 하기 위해 일본과 유사한 처방전을 내어놓았다. 즉 토지거래 허가제, 투기과열지역 지정(일본의 토지거래 감시구역 제도), 연소득 대비 대출비율, 주택담보 대출비율(일본의 부동산 융자금액 총량규제), 토지세제 과세 강화(종합부동산세, 양도세) 등을 시행하였다. 한국이 아직 본격적으로 내밀지 않은 카드는 금리 인상으로 보인다. 2011년 들어 한국은행은 0.25%씩 3차례의 금리인상을 실시하였는데, 물가인상을 억제하기 위해 올해 안에 추가적 금리인상이 있을 것이라 많은 전문가들이 전망하고 있다. 이럴 경우, 많은 가계부채를 안고 있는 각 가계는 이자 부담이 늘어나고, 연쇄작용으로 부동산의 가격 조정이 발생할 수도 있을 것이다.

당시의 일본의 기준금리 인상 추이와 최근의 우리의 기준금리 인상 추이를 살펴보자. 일본의 경우 금리인상 시 0.5% 내지 1%씩 인상하였고, 한국의 경우, 시장에 충격을 주지 않기 위해 일본보다 신중하게 0.25%씩 인상하고 있다.

〈표 3〉 일본의 기준금리 추이

(단위: %)

기간	1989. 04월	5월	10월	12월	1990. 03월	8월
기준금리	2.25	3.25	3.75	4.25	5.25	6.0

〈표 4〉 한국의 기준금리 추이[232]

기간	2010. 09월	11월	2011. 01월	02월	03월	6월
기준금리	2.25	2.5	2.75	2.75	3.0	3.25

---

232) 출처: 한국은행.

그래도 집을 사시겠습니까?

시장에 충격을 주지 않기 위해 일본보다 신중하게 0.25%씩 인상하고 있다.

⑥ 골프회원권가격의 하락

앞 페이지에서 언급한 것처럼, 일본정부는 1989년 5월 31일부터 1990년 8월 30일의 1년 3개월에 걸쳐 금리를 5번 인상하였다(1989년 5월 2.5%에서 1990년 8월 30일 6.0%로 인상). 이 금리 인상의 영향을 받아 일본의 골프회원권 값은 1990년을 기점으로 급락하였다.

한국의 골프회원권가격을 살펴보자. 여기에서는 가평베네스트, 남부, 레이크사이드, 은화삼, 아시아나, 송추 골프클럽의 회원권 가격의 추이233)를 보도록 하자.

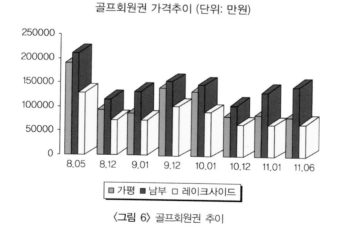

〈그림 6〉 골프회원권 추이

---

233) 참조: 에이스골프회원권 거래소, www.acegolf.co.kr.

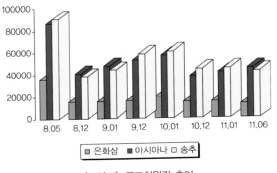

골프회원권 가격추이 (단위: 만원)

■ 은화삼 ■ 아시아나 □ 송추

〈그림 7〉 골프회원권 추이

위의 6개 골프장의 회원권 가격의 최고가 대비 현재가 비교를 정
리해보면

〈표 5〉 골프회원권의 추이[234]

(단위: 만 원)

회원권	최고가(2008년 5월)	현재가(2011년 6월)	최고가/현재가(%)
가평 베네스트	191,419	81,000	42.3
남부	211,500	14,6866	69.4
레이크사이드	129,183	68,000	52.6
은화삼	36,050	13,093	36.3
아시아나	86,832	44,626	51.4
송추	90,933	42,221	46.4

한국의 유명 골프회원권의 2008년 최고치 대비 2011년 6월 현재가
의 가격을 비교하면, 대체로 최고가의 50% 수준이다. 일본의 경우는
금리 인상 1989년부터 1990년에 걸친 금리 인상 후에 골프회원권의

---

234) 출처: 에이스 골프회원권거래소, www.acegolf.co.kr.

하락이 시작되었는데, 우리는 당시 저금리 상태였던 2010년을 기점으로 골프회원권가격이 하락세를 보이고 있다. 현재의 물가상승도를 볼 때, 금리 인상의 여지가 더욱 있는 상황하에서 한국의 골프회원권은 이미 하락이 진행되고 있다고 볼 수가 있다.

어쩌면 우리는 자산가치의 버블 해소의 과정에 이미 들어와 있을지도 모른다.

⑦ 대부업체(소비자금융회사)의 증가

일본의 경우, 버블경제의 해소과정에서 가계와 기업의 부실채권을 떠안게 된 은행들이 대출심사를 대단히 엄격히 하였다. 자연히 대출을 받을 수 없었던 저신용자들이 대부업체(소비자 금융회사)나 신용카드회사로 가게 되었다. 대출잔액과 수익률이 늘어난 대부업체는 유명 연예인을 등장시켜 TV 등에서 맹렬하게 광고를 하였다. 또한 무인자동 대출기를 이용하여 대출이 대단히 쉬운 것이며, 돈이 없으면 빌리면 된다는 인식을 주려고 노력하였다. 그러나 대부업체의 높은 대출이자와 지나친 채권추심이 사회문제가 되자, 이에 대해 일본 감독당국은 TV공중파에서는 심야시간 이외에는 대출광고를 못하게 하였으며, 대출금리도 대폭 낮추게 하였으며, 광고내용에도 제한을 두게 하였다.

한국에는 현재 14,014개의 대부업이나 대부중개업자235)가 존재한다. 대부업 시장규모를 보면,

---

235) 출처: 행정안전부, 금융위원회, 금융감독원, "2010년도 하반기 대부업 실태조사", 2011년 5월 16일 발표.

대부업 시장규모 (단위: 조원)

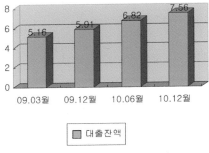

〈그림 8〉 대부업 시장규모236)

대부업 거래자 수 (단위: 만명)

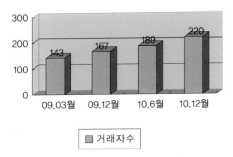

〈그림 9〉 대부업 거래자 수237)

위의 그림을 보면 시장규모는 2010년 12월 말 현재, 2009년 3월에 비해 1.46배, 거래 자수는 1.53배 증가하였다. 향후 추가 금리인상에 의해 금융권의 대출심사가 엄격해진다면 대부업의 시장규모와 거래 자 수는 더욱 늘어날 것이라 예상된다. 현재 대부업의 연체율을 보면

---

236) 출처: 상동.

237) 출처: 행정안전부, 금융위원회, 금융감독원, "2010년 하반기 대부업 실태조사 결과" 2011년 5월 16일 발표.

감독당국의 지도 아래 양호한 추이를 보이고 있다. 또한 대형 대부업체 3사의 당기순이익도 호조를 보이고 있다(2009년 기준).

연체율 추이 (%)

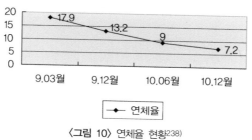

〈그림 10〉 연체율 현황238)

현재의 문제점은 공중파에서는 볼 수가 없으나 유선 TV 방송에서는 시간에 관계없이 광고가 행해지고 있으며, 대출광고 중에는 돈이 하늘에서 갑자기 떨어지는 내용이 있어, 청소년들에게 대출은 너무나 쉽게 할 수 있다는 나쁜 인상을 줄 수가 있다는 점이다. 또한 일본과 동일하게 지하철역이나 편의점의 현금인출기에서 쉽게 대출을 행할 수 있다는 것도 향후 대책을 세워야 할 점이라 여겨진다. 대출이자율 또한 감독 당국, 국회의 협력으로 연 30%로 제한하고자 하는 법안이 국회에 상정되어 있다.

한편으로는 대부업체의 자금조달 금리가 10~15%, 연체율이 11~15%, 운영 관리비용이 10% 등으로 지나친 금리제한은 대부업체의 수익에 큰 영향을 끼칠 수 있다는 의견239)도 있다. 왜냐면 대부업체 거

---

238) 출처: 상동.

239) 인용: 이동선. "최근 대부업계 현황 및 환경변화". NICE Report, 2010년 11월 1일.

래자의 **73.6%**가 신용등급 6등급 이하이며,[240] 특히 신용등급 **7등급**
자가 **19.6%**로 가장 많은 비중을 차지하고 있기 때문에 이들의 사금
융시장에서의 자금조달 위축은 저신용자의 대출조달 코스트를 상승
시킬 가능성도 있다.

현재 이러한 저신용자를 위한 서민금융제도가 당국에 의해 활발히
소개되고 있음은 분명 바람직한 상황이다. 우리가 또 한 가지 대책을
세워야 할 것은 여러 금융업체에서 대출을 한 다중채무자들의 관리문
제이다. 돌려막기 식으로 대출금을 상환하고 있는 저소득층의 다중채
무자는 결국은 파산으로 가기 쉽기 때문이다. 일본의 경우도 다중채무
로 인한 가정의 파탄, 자살, 범죄 등이 심각한 사회문제가 되었다.

다중채무자의 실태를 정확하게 파악하여 대비하여야겠다. 그리고
금융소외자, 노령층, 청소년에 대한 금융교육을 강화하여 '빚'에 대한
개념을 확고히 하여야 한다.

⑧ 사회 풍조

자산가치의 급격한 상승을 경험한 당시의 일본사회 내부에서는 "일
본의 세계경제 앵커론"이 거론되었다. 이것은 일본이 리더가 되어 세
계경제를 이끌어나가야 한다는 주장이었다. 시중의 풍부한 유동성과
저금리를 바탕으로 자산가치가 급상승하였는데, 세계최강의 경제대국
으로서 세계경제를 이끌어야 할 일본은 이러한 자산가치의 상승을 당
연시하고 용인해야 한다고 일부 경제 전문가와 언론은 주장하였다. 그

---

240) 출저: 행정안전부, 금융위원회, 금융감독원, "2010년 하반기 대부업 실태조사 결과" 2011년 5월 16일
발표.

그래도 집을 사시겠습니까?

러므로 호경기를 계속 유지하기 위해 금리 인상에도 반대하였다.

이러한 흐름에 따라 일본 사회 전체는 풍요로움과 호화로움을 받아들이고 즐기게 되었으며, 자산가치의 상승을 경험한 계층은 타인과의 차별화, 고급화를 더욱 지향하였으며, TV드라마의 주제는 대개가 불륜이 주제가 되었고 경제력을 가진 일본여성은 결혼을 미루게 되었다. 귀금속과 명화(名畵)의 수입과 거래가 활발하게 되었고, 대외적으로는 일본의 골프선수가 세계를 제패하였으며, 세계적인 F1레이서가 등장하게 되었다. 일본의 영화, 음식, 만화가 세계적으로 명성을 얻었으며, 값비싼 외제자동차가 거리에 넘쳐났으며, 일본에 대한 자부심이 대단하였다. 당시의 일본인의 꿈은 어느 분야에서 일본의 제일(日本 一: 닛폰이찌)이 되는 것이었는데, 왜냐면 일본 제일이 세계제일이라는 생각이 있었기 때문이다. 일본의 제일이 되면 자연히 세계의 제일이 된다는 자부심이 있었다. 그리고 휴가철, 연휴 때의 나리타 공항은 해외여행을 나서는 사람으로 공항이 마비될 정도였다.

그렇다고 이러한 사회 풍조가 꼭 버블경제에 의한 것이라고 일률적으로 말할 수는 없다. 일본버블경제의 형성기였던 1980년대 중반의 일본의 1인당 국민소득이 20,000달러였으며, 버블의 전성기였던 1990년대 초반에는 약 23,000달러에서 24,000달러에 이르렀다. 1인당 국민소득 20,000달러의 사회수준에서 흔히 일어날 수 있는 제반 사회현상이었다고도 말할 수 있다.

2010년 한국의 1인당 국민소득은 20,000달러에 이르렀다. 거기다 부동산가격의 급격한 상승을 경험하고 있는 한국의 사회는 어쩌면 당시의 일본과 닮아 있는지도 모르겠다. 한 가지 예로, 우리의 외제차 수입 상황을 보면,

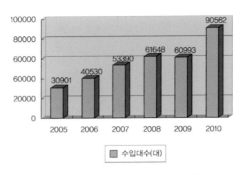

〈그림 11〉 수입 외제자동차 추이[241]

　　2005년 30,901대를 시작으로 2010년도에는 90,562대를 기록하고 있
다. 1인당 국민소득 2만 달러에 이르는 국가로서는 어쩌면 당연한 현
상인지도 모르겠다. 한편으로 우리나라의 자동차가 이미 미국 자동차
시장에서 시장점유율 10%를 달성하고 있으니 상대적으로 국내의 외
제 자동차 수요도 특이한 현상이라고 말할 수는 없다. 내국인 해외여
행자 수도 2005년 1,000만 명을 돌파한 이후, 2010년에는 1,248만 명
에 이르고 있으며[242], 예술품, 가구, 시계, 다이아몬드(가공품)의 수입
도 급격한 증가를 보이고 있다.

　　필자가 처음 유학생으로 일본사회에 들어갔을 때, 가장 먼저 눈에
띄는 것이 일본의 TV드라마였다. 거의 대부분의 내용이 불륜이었기
에 필자는 일본인의 거의가 불륜을 저지르는 줄 알았다.

　　최근 수년간 우리의 TV는 막장드라마의 연속이었다. 방송통신심
의위원회의 발표에 의하면, 대부분의 일일, 주말드라마가 "시청자에
대한 사과" 내지 "경고" 처벌을 받았다.[243] 우리가 2010년에 즐겨보

241) 출처: 한국수입자동차협회.
242) 출처: 한국관광공사 "내국인 출국".

았던 "세자매", "황금물고기", "욕망의 불꽃", "아내가 돌아왔다", "수상한 삼형제", "분홍립스틱" 등이 그러하였다. 어쩌면 한국에 처음 온 외국유학생들이 우리 TV를 보고 한국인의 가정은 막말과 출생의 비밀이 가득한 복잡한 나라라고 생각할지도 모르겠다.

세계적으로 인정받고 있는 우리의 문화와 스포츠는 분명히 우리 국력의 신장을 나타냄에 틀림이 없다. 그러므로 이러한 사회 풍조가 꼭 버블경제에 의한 현상이라고 말할 수 없다. 그러나 "위기를 알면 위기가 아니다"라고 한다. 소득 2만 달러에 상응하는 사회 풍조라고도 당연시할 수도 있으나, 우리가 더욱 발전되고 안정된 사회로 가기 위해, 그리고 우리 사회에서 소외되고 있는 주위를 구출하기 위해 지금 우리의 주변을 한번 둘러보는 것도 상당히 의미가 있는 일일 것이다.

일본은 버블이 해소된 후에 그것이 버블이었다는 것을 깨닫게 되었다. 앞에서 언급한 바와 같이, 일본의 전문가[244]는 버블의 징후를 다음과 같이 말하였다. 우리도 한 번 우리의 경우를 여기에다 억지로라도 넣어 비교해보자.

1) 경제 전체적으로 여유자금이 풍부하다.
2) 국민 다수가 참가하는 투기 붐이 일정 기간 계속된다.
3) 특정의 투기대상에 대하여 "가격상승은 계속 될 것이다"라는 신화가 탄생한다.
4) 벼락부자가 탄생하고 배금주의가 만연된다.

---

243) 출처: 한국방송심의위원회, "2010년 방송심의 사례집".
244) 재인용: 斉藤精一, "金融恐慌と三つのバブルの物語 大崩壊が始まる時", 日経ビジネス文庫, 2002年, p.45.

5) 사치품 선호, 성행이 높아지고 물가상승 내지 자산상승(주가, 주택)이 시작된다.

6) 모럴이 추락하게 된다(사기적 상법이 생겨난다).

7) 국민은 자신의 나라에 대한 우월성을 느끼고 거만한 자세를 취한다.

향후 우리의
문제점

2

현재 이슈가 되고 있는 것이 개인의 가계대출 문제와 기업의 부실
채권 문제이다. 약 800조(2010년 말 기준)에 이르고 있다는 가계대출
의 경우, 약 60%가 주택담보대출(은행의 경우)이다.

최근 추가적으로 금리를 인상할 것이라는 전망이 많은데, 만약 실
제로 금리가 추가 인상되면 각 가계의 이자 부담 때문에 개인소비가
줄어들게 되고 이로 인해 경기가 나빠질 가능성이 충분히 있다. 경기
가 부진하면 기업의 매출이 감소될 것이고, 기업은 자연적으로 경비
를 줄이기 위해 일자리를 줄이게 된다. 근로자를 채용한다고 하더라
도 정규직보다 비정규직을 선호하게 되고, 이로 인해 청년실업이 발
생하게 된다.

또한 부동산 경기의 하락에 의해 금융기관이 기업에 빌려주었던
대출금을 아예 회수하지 못하여 부실채권으로 계상되거나, 회수한다
고 해도 적게 회수하는 불량채권이 대거 발생할 수 있다. 결과적으로
돈을 빌린 기업과 돈을 빌려준 금융회사가 함께 재정적으로 나빠질
가능성이 있다.

앞으로 향후에 일어날 수도 있는 중요한 3가지의 중요문제에 대한

현황을 알아보자.

(1) 가계부채 문제

당국은 2010년 7월에 기준금리를 2%에서 2.25%로 올린 다음, 11월에 2.5%로, 2011년 1월에 2.75%, 3월에 3.0%, 6월에 3.25%로 인상하였다. 일본의 경우, 버블해소를 위해 1989년 5월부터 1990년 8월 사이에 2.5%에서 6%로 상향하였는데, 현재 한국의 물가를 볼 때 한 두차례에 걸쳐 추가적으로 금리인상이 있을 것이라 많은 전문가들이 예상을 하고 있다. 금리를 올려야 할 가장 큰 이유는 최근의 물가상승이다.

〈표 1〉 생활물가지수와 소비자 물가지수[245]

(2005=100)

구분	2005	2006	2007	2008	2009	2010
생활물가지수	100.0	103.1	106.3	112.0	114.3	118.1
전년대비 증감률(%)	4.1	3.1	3.1	5.4	2.1	3.3
소비자물가지수	100.0	102.2	104.8	109.7	112.8	116.1
전년대비 증감률(%)	2.8	2.2	2.5	4.7	2.8	2.9

2005년도 물가지수를 100으로 보았을 때, 2006년 이래 물가지수는 계속 상승하여, 2010년에는 소비자 물가지수가 116.1, 실제 생활물가지수는 118.1에 이르게 되었다. 더구나 2011년 5월에 들어와서는 전년 동월 비교하여 소비자물가가 4.1% 올랐다. 물가를 잡기 위해서는 금리인상을 하든지, 우리 원화의 가치를 올리든지 하여야 하는데, 수출주도의 성장전략을 취하는 우리에게는 금리인상의 수단을 취하여

---

245) 출저: 통계청 물가지수 연보.

야 한다. 만약, 앞으로 금리가 재인상된다면 각 가계에는 어떤 영향을
미칠 것인지 알아보자.

〈표 2〉가계대출현황246)

구분		2001	2002	2003	2004	2005	2006	2007	2008	2009	2010
가계 신용	금액	341.7	439.1	447.6	474.7	521.5	582.0	630.7	688.2	733.7	795.4
	전년동기증감액	74.8	97.4	8.5	27.1	46.8	60.5	48.7	57.2	45.4	61.7
	전년동기증감율(%)	28.0	28.5	1.9	6.1	9.9	11.6	8.4	9.1	6.6	8.4
가계 대출	금액	303.5	391.1	420.9	449.4	493.5	550.4	595.4	648.3	692.0	746.0
	전년동기증감액	62.5	87.6	29.8	28.5	44.1	57.0	45.0	52.9	43.7	54.0
	전년동기증감율(%)	25.9	28.9	7.6	6.8	9.8	11.5	8.2	8.9	6.6	8.4
판매 신용	금액	38.2	47.9	26.6	25.3	28.0	31.5	35.3	39.9	41.7	69.4
	전년동기증감액	12.3	9.8	-21.3	-1.4	2.8	3.5	3.7	4.6	1.8	7.7
	전년동기증감율(%)	47.7	25.7	-44.5	-5.1	10.9	12.5	11.9	13.1	4.4	18.5

위의 표에서 보다시피, 현재 총 가계부채는 2010년 12월 말 현재
약 800조 원에 이른다. 가계가 아닌 자영업자의 대출분을 감안한다면
900조에서 1,000조에 이른다고도 한다.

금융감독원자료247)에 의하면, 2010년 10월 현재 전체 가계대출 중
주택담보 대출 잔액은 약 370조 원이며, 연체율(1.00%)과 부실채권비
율(0.63%)은 여전히 양호한 수준에 이르고 있다. 그러므로 심각한 부
동산가격의 폭락이 아니라면 각 가계의 담보여력이 아직은 충분하다
하겠다. 그러나 우리의 가처분소득 대비, 부채비율은 미국의 서브프
라임 모기지 사태 시의 133%보다 높은 155%248)에 이르고 있어 우려

---

246) 출처: 한국은행 "가계신용동향".
247) 출처: 금융감독원. "2011 금융리스크 분석", 2011년 1월.
248) 참조: 중앙일보 2011년 5월 28일 신문기사.

의 목소리가 크며, 추후 1~2차례의 금리인상이 있을 경우보다 심각한 양상을 보일 가능성이 크므로, 향후의 금리인상에 대비하여 가계부채에 대한 사전적인 대책을 마련하여야 하겠다.

또한, 저소득층과 50세 이상의 고연령층의 가계부채 문제를 살펴보면 금리 재인상 시 유의해야 할 점이 드러난다.

각 소득분위(1분위에서 5분위, 5분위가 고소득층)별 부채비율을 보자.

부채가계 비율 (%)

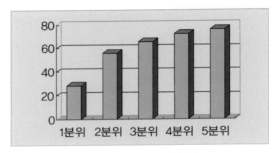

〈그림 1〉 부채가계 비율249)

통계청의 2010년 "가계금융조사"에 의하면, 2010년 2월 현재 부채보유 가계 비중은 전체의 **60%**이다. 그중에서 저소득층인 1분위 계층보다 고소득층인 5분위 계층의 부채 보유비율이 더 높다. 이는 소득이 높을수록 소유하고 있는 자산을 담보로 돈을 많이 빌린다는 이야기이며, 자산가격이 상승하면 할수록 본인의 자산을 늘릴 기회가 많다는 것을 의미한다. 이로 인해 고소득층과 저소득층의 자산보유는 양극화되어간다.

---

249) 출처: 통계청 "2010년 가계금융조사".

한 신문보도250)에 의하면, 금융자산 10억 이상의 인원 수가 2005년 86,700명이었는데, 2010년에는 14만 명에 이르고 있다고 한다. 이는 지난 5년 사이에 자산가치의 급상승을 경험한 사람이 약 60% 늘어났다고 말할 수 있다.

소득계층별 부채관계를 좀 더 자세히 살펴보면,

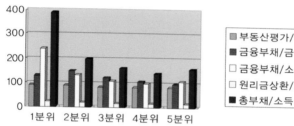

〈그림 2〉 계층별 부채상황

위 그림을 보면, 소득대비 원리금 상환비율을 보면 대체적으로 전 소득계층이 13~22%에 지나지 않으므로 현 상황에서는 큰 무리는 없을 것으로 보인다. 그러나 이 수치가 거치 기간 중에 이자만 부담하고, 언젠가는 원금을 갚아 나가야 할 가계를 포함하고 있는지 살펴보아야 한다. 왜냐하면 주택담보 대출 중, 거치기간 중에 이자만 내고 있는 가계가 전체의 85% 정도로 실제 원리금 상환을 하는 가계는 15%에 지나지 않는다.251) 실제 거치기간이 끝나고 원리금 상환에 들어갈 경우, 각 계층별 소득대비 원리금 부담비율은 위의 그림보다 비

---

250) 출처: 조선일보 2011년 6월 17일 경제면 기사.

251) 출처: 한국은행 통계.

율이 훨씬 올라갈 것이라 예상된다.

　그리고 저소득층인 1분위, 2분위의 금융부채/금융자산 비율은 각각 127%, 150%이며, 소득대비 금융부채가 1분위가 239%, 소득대비 부채비율이 1분위가 391%, 2분위가 197%를 나타내고 있다(5분위의 경우, 소득대비 금융부채는 107%). 이것은 금리가 상승하면 금융부채가 많을수록 이자 부담이 커질 것이므로, 저소득층이 고소득층보다 금리상승 시 이자 부담이 커지며, 이로 인해소비생활에 어려움을 겪을 가능성이 크다.

　이러한 현상은 부동산에 집중한 50세 이상의 고연령층에서도 보인다. 39세 미만의 금융부채/소득비율은 100% 미만이나, 50대의 경우는 121%, 60대의 경우는 132%이므로 금리가 인상된다면 정년이나 은퇴를 한 고연령층의 이자 부담이 더욱 심각할 것이다. 따라서 물가상승으로 인한 금리 인상 시에는 저소득층과 고연령층에 대한 보다 세밀한 관심이 필요하겠다.

　한편, 가계대출을 실시한 금융기관별 가계대출을 보면, 은행이 전체 가계담보대출의 75% 정도를 차지하고 있었는데(2010년 10월 기준),[252] 최근에는 비(非)은행 예금 취급기관의 가계대출이 늘어나고 있다. 예금은행의 가계대출에 대한 엄격한 대출심사가 이루어지고, 이에 따라 비은행 예금취급기관으로 대출자가 늘어나고 있다. 따라서 은행에 비해 비은행 예금기관에서는 저신용자의 거래비중이 5배 정도 높다.[253] 특히 상호금융회사의 주택담보대출 잔액이 2010년 10월 현재 51조 원으로서, 은행의 279조 원에 이어 두 번째로 크다. 그러므

---

252) 출처: "금융감독원, 2011 금융리스크 분석".
253) 참조: 금융감독원 보도참고자료, 2010년 5월 23일.

그래도 집을 사시겠습니까?

로 상호금융회사 등의 연체율이 높아질 가능성이 있으므로 지금부터 대출상황과 연체상황을 상세히 파악하여 대책을 세워야 한다.

(2) PF대출 연체와 부실채권 발생

앞에서 아파트의 미분양 증가를 언급하였는데, 이 미분양의 원인은 각 금융권이 주택구입을 위한 대출을 엄격하게 심사하여 제한을 하거나, 당국의 대출규제 제도의 가이드라인이 너무 엄격하기 때문에 발생할 수도 있다. 그러나 무엇보다도 중요한 원인은 많은 사람들이 현재의 가격은 너무 비싸다고 생각하고 있으며, 앞으로 부동산의 가격은 더 내려갈 것이라 예측하여 매매를 미루고 있기 때문일 것이다. 민간의 주택구입이 미루어지자, 금융권으로부터 아파트나 상가를 짓기 위해 부동산 PF(프로젝트 파이넨싱) 대출을 행한 많은 민간 건설사가 투자원금을 회수하지 못하고 있다. 민간의 소비부진이 기업의 매출감소로 이어지고, 일부 건설사는 이미 워크아웃이나 기업회생절차에 들어갔다.

앞으로 추가적으로 금리가 인상된다면 대출을 받아 주택을 구입한 가계는 대출이자 부담이 늘어나 상환이 연체될 가능성이 있다. 또한 높은 대출이자 때문에 주택구입을 위한 대출을 망설이게 된다. 이처럼 연체도 늘어나고 분양도 안 되면 주택경기가 살아나기 힘들게 되고 금융기관으로부터 PF대출을 받은 건설회사와 부동산관련 회사는 부실화되기 싶고, 돈을 빌려준 금융기관도 부실해진다. 그러므로 지금부터라도 부실의 실태를 파악하여 이상이 있을 경우 경보를 울리며 즉각적인 대응을 하여야 한다.

현재 각 금융권의 부동산 PF관련 연체율(1일 이상 연체)을 보면,

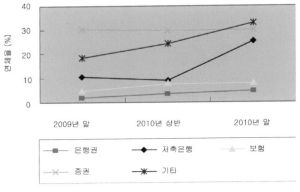

〈그림 3〉 각 금융기관 연체율[254]

　　물론 부동산 PF관련 잔액규모는 2010년 9월 말 현재 은행이 42.7조 원, 저축은행이 12.4조 원, 보험 5.3조 원, 증권 2조 원, 기타 금융기관 9조 원으로 연체금액은 은행이 제일 크나, 연체율(1일 이상 연체) 자체의 측면에서 보면 저축은행과 증권회사, 그리고 기타 금융기관의 연체율이 최근 들어 상승하고 있다.
　　흔히들 부실채권이라 함은 3개월 이상 연체되는 대출을 말하는데, 이를 각 금융권역별로 보면,

---

254) 인용: 한국개발연구원, "부동산시장 동향분석 보고서, 2011년 1/4분기", 2011년 4월 21일 데이터 출처: 금융감독원.

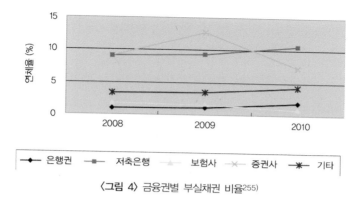

<그림 4> 금융권별 부실채권 비율255)

  저축은행의 연체율과(10.6%)과 증권회사의 부실채권률(7.3%)은 타 금융권보다 높은 수치를 나타내고 있다.

  만약 금리가 추가 상승되고, 부동산의 가격조정이 일어난다면, 각 금융권의 연체율과 부실채권 비율은 보다 높아질 것으로 예상된다. 특히 중소기업의 경우, 금융회사로부터 운영자금으로 대출을 받아 이를 부동산 구입에 사용하였다면, 부실채권화할 가능성이 높다. 실제적으로 은행의 기업대출 부실채권의 비율을 보면 2010년 3월에는 전체의 1.96%, 2010년 6월에는 2.65% 정도이다. 그러나 기업대출 중에서 중소기업의 부실채권 비율은 동기간에 각각 2.19%, 3.04%의 수치를 보여주고 있다.

  물가를 억제하기 위해서는 현재의 금리수준이 아직도 낮다고 생각된다. 그러나 적정수준까지 금리를 인상하지도 않았는데, 기업 쪽의 부동산 관련 대출은 벌써 높은 연체율을 보이고 있다. 기업 쪽에서는 어쩌면 부동산의 가격조정이 벌써 일어나고 있는지도 모르겠다.

---

255) 출처: 금융감독원.

(3) 청년실업과 미혼율의 증가, 출생률 감소 현상

가계의 소비가 줄어 매출이 감소된 기업은 부실채권과 함께 설비투자의 삭감과 구조조정을 행하게 된다. 이로 인해 근로자의 실업이 지금보다 더 늘어날 것이다. 기업은 비정규직의 채용을 선호하게 되고, 젊은이들은 실업자로 전락하거나 비정규직으로 취업하게 된다. 정규직과 비소득격차가 발생하게 되고, 소득이 적은 젊은이들은 결혼이 힘들게 된다.

먼저 현재의 실업률 추이를 보자. 아래의 그림을 보면, 오히려 50세 이상의 중고 연령층의 경우는 정부의 일자리창출 프로젝트에 의해 취업률이 상승하고 있다. 그러나 문제는 젊은이들(15~29세 사이)의 실업률이다.

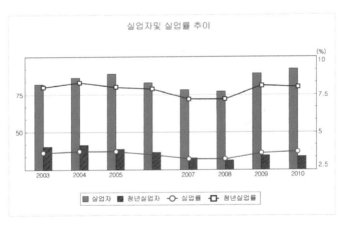

〈그림 5〉 전체 실업률과 청년실업률 비교256)

---

256) 출처: 통계청 "경제활동 인구조사".

〈표 3〉 청년실업률과 고령자 실업률 비교257)

(단위: %)

연도	2006	2007	2008	2009	2010	2010 11월	2010 12월	2011 01월	2011 02월	2011 03월	2011 04월
고령자고용률	59.3	60.6	60.6	60.4	60.9	62.2	59.9	57.1	58.8	60.9	62.4
고령자실업률	2.4	2.2	2	2.4	2.9	2.1	2.5	2.9	3	3	2.4
청년실업률	7.9	7.2	7.2	8.1	8	6.4	8	8.5	8.5	9.5	8.7

2010년, 2011년 4월의 경우, 청년실업률(15～29세 사이)은 8.0%, 8.7%이나 고령자(55～64세)의 경우는 각각 2.9%, 3.0%이다. 한편, 국가의 장래를 위해서는 청년에게 일자리를 제공하여야 한다. 왜냐하면 젊은이의 소득부진으로 인해 결혼을 미루게 되고, 출생률이 감소하면 국가생산력 감소, 복지재원의 납입 부족 등이 발생하기 때문이다. 청년실업의 문제는 한국만이 안고 있는 상황은 아니나 앞으로의 경기 부진에 대비하여 보다 많은 고용기회를 창출하도록 노력하여야 한다(참고로 미국의 청년실업률은 17.6%, 영국 18.9%, 일본 9.1%, OECD 평균 16.7%이다).258) 그런데 한국의 출생률 저하는 이미 심각하게 진행되고 있다. 최근의 출생률을 보면,

257) 출처: 상동.

258) 출처: OECD, www.stats.oecd.org.

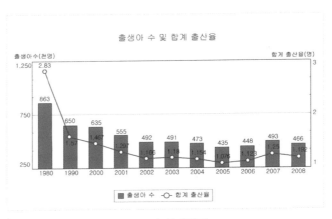

출생아 수 및 합계 출산율

〈그림 6〉 출생률259)

　　한국의 현재 1,000명당 출생률은 2009년/2010년의 경우, 각각 1.15
명, 1.22명에 불과하다. 이는 다른 나라와 비교해보아도 심각한 수준
이다.

〈표 4〉 국가별 1,000명당 출산율260)

<국가별 합계출산율 비교>

(단위: 합계출산율, 천 명)

연도	한국	일본	미국	프랑스	독일	이탈리아	영국
2000	1.47	1.36	2.06	1.87	1.38	1.24	1.64
2003	1.19	1.29	2.04	1.87	1.34	1.29	1.71
2004	1.16	1.29	2.05	1.9	1.36	1.33	1.77
2005	1.08	1.26	2.05	1.92	1.34	1.32	1.79
2006	1.12	1.32	2.10	1.98	1.33	1.35	1.84
2007	1.25	1.34	2.12	1.96	1.37	1.34	1.9
2008	1.19	1.37	2.09	2	1.38	1.41	1.96
2009	1.15	1.37	2.01	1.99	1.36	1.41	1.94

---

259) 출처: 통계청 "2010년 출생잠정통계".

260) 출처: OECD.

그래도 집을 사시겠습니까?

위의 수치를 보면 **OECD** 국가 중에서 출생률이 최하위를 기록하고 있다. 이러한 상황이 계속된다면, 2015년경에는 약 63만 명의 노동자가 부족하게 되며, 2020년에는 약 150만 명이 부족하게 된다고 한다.[261] 노동인구가 부족하다는 것은 생산력, 소득, 세수에 큰 영향을 끼치므로, 경기침체가 오기 전에 젊은이를 위한 취업대책을 강구하여야 할 것이다.

또 한 가지 우리가 기억하여야 할 것은, 이 출생률의 감소에는 자산가치의 상승 내지 부동산가치의 지나친 상승을 선호하고 지원했던 소위 "베이비부머" 세대의 책임도 있다는 것이다. 자신의 세대에서 자산가치의 상승에 즐거워했으나, 다음 세대인 자식들에게 큰 어려움을 주고 있다. 결혼을 해도 높은 주택가격에 주거지를 찾지 못하고, 아예 결혼을 연기하는 경우도 생겨나고 있다. 이러한 상황은 세대 간의 갈등을 불러일으킬 수 있다. 집에서는 부모이나 밖에서는 자신들을 '88만 원 세대'로 만든 무책임한 기성세대라고 이미 비난하고 있을지도 모른다.

그러나 이 청년실업과 정규직, 비정규직 문제는 이미 2005년 8.31대책, 2006년 3.30대책, 11.15대책을 도입할 시점에 심각히 논의되었다. 그러므로 이러한 현상이 지금 자산가치의 상승 때문에 새삼스럽게 발생되고 있는 것은 아니라는 것을 미리 지적해두고 싶다. 이 문제는 **IMF**사태 이후의 각 기업의 경영합리화 과정에서 이미 시작되었다고 본다.

이미 상황은 심각히 전개되고 있으나, 더 이상 악화되지 않도록 기

---

261) 출처: 한국노동연구원. "중장기 인력수급전망".

성세대와 기업은 젊은 세대의 실업문제, 소득격차 문제에 깊은 관심과 배려를 가져야 하며, 사회와 기업은 이들에게 일자리를 제공할 수 있도록 노력하여야 한다.

　이 문제는 우리나라의 장래에 막대한 영향을 끼치는 요인이기 때문에 절대 간과해서는 안 되는 중요사항이기도 하지만, 실제로 이 젊은 세대들은 우리의 자식인 동시에 우리 사회를 이끌어갈 다음 세대이기에 기성세대의 절대적인 관심과 배려가 필요하다.

제언

한국의 통화정책을 담당하는 금융기관의 수장의 다음과 같은 발언을 대단히 높게 평가한다.

"예견된 위기는 위기가 아닐 수도 있고, 대책을 강구하면 감당하지 못할 일이 아니다."

일본의 버블경제의 해소 이후, 몇 개의 유력한 일본의 생명보험회사가 도산하였다. 당시 일본의 보험업계는 세계 1, 2위의 시장이었으므로(특히 생명보험시장에서는 일본이 세계 1위의 시장이었다) 일본의 랭킹이 세계의 랭킹으로 통용되던 시절이었다. 그런데 이렇게 강한 일본의 생명보험사가 도산한 이유는 고정금리형 예정이자율 때문이었다(예정이자율이란 보험회사가 보험료를 받아서 투자를 하면 예정이자율만큼 투자수익이 생겨날 것이라 보고, 가입자로부터 보험료를 받을 때, 미리 예상된 투자수익을 뺀 금액을 보험료로 받는다. 예를 들면 보험료가 100원이라면, 예정이자율이 5%라 하자. 그러면 보험회사는 앞으로 투자수익이 5%(즉, 5원=100원 x 5%) 날 것이라 보고, 가입자로부터 95원 만 받는다. 그런데 이 예정이자율은 다시 고칠 수가 없다), 버블이 붕괴된 후에, 경기가 침체되어 일본의 생명보험사는 약속한 예정이자율만큼 투자수익을 얻을 수 없게 되었다. 시간이 흐르면 흐를수록 약속한 예정이자율과 실제투자수익율의 차가 커져 생명보험회사는 가만히 앉아서 손실을 보게 되었다. 결론은 하루 빨리 회사문을 닫는 것이 이익이므로 스스로 도산을 선언하였다. 大馬不死(대마불사)를 철석같이 믿고 있었던 일본인은 세계적 규모의 일본생명보험사도 망할 수 있다는 사실을 깨닫게 되었다.

그런데 당시에 한국의 생명보험사도 일본과 동일하게 고정금리형 예정이자율을 쓰고 있었다. 일본의 사태를 지켜본 한국의 보험회사 경영자들은 재빠르게 변동금리형 예정이자율을 채택하였다. 이로 인해 한국의 생명보험사는 운용수익 리스크를 가입자에게 넘김으로써 지금까지 무난하게 회사경영을 해오고 있고, 앞으로 위가가 닥쳐도 이를 극복할 적절한 체질을 가지게 되었다.

이것은 타인의 위기를 보고 이를 잘 인식하고 대처하여 위기를 잘 극복한 타산지석의 예라 하겠다. 현재의 한국의 자산가치의 급격한 상승에 대해서 이것이 버블이냐 아니냐는 대답하기 참 어려운 문제이다. 그러나 위에 예처럼 각 금융기관이 앞으로 닥쳐올 위기의 가능성에 대해 잘 인식하고 대처한다면, 실제 위기가 닥쳐도 위기를 잘 극복할 수 있을 것이다. 그러므로 "예견된 위기는 위기가 아닐 수도 있고, 대책을 강구하면 감당하지 못할 일이 아니다"라는 말에 적극 동의한다.

이 책의 목적도 사태를 더욱 악화시키고자 함이 아니다. 현재의 상황을 인식하고 닥쳐올 수도 있는 위기에 대한 선제적 대책을 강구하자는 것이 이 책의 의도이다.

몇 가지 앞으로의 닥쳐올지도 모르는 상황에 대해 간략하게 언급하고자 한다.

(1) 상황에 대한 객관적 인식

미래에 나타나는 결과나 상황은 과거와 현재를 바탕으로 하고 있음에 틀림이 없다. 만약 가까운 미래가 지금보다 어려워지는 결과가 나타난다면, 그것은 과거와 현재의 우리 자신의 판단과 실행의 산물이다. 그러므로 앞으로의 상황이 나빠진다면, 그 책임은 그렇게 사태를 이끈 각자에게 있음을 우리 모두는 자각하여야 한다.

혹자는 지금까지의 저금리가 우리 모두를 부동산 투기로 뛰어들게 했으므로 그 근본적인 책임은 저금리 정책을 시행한 금융 당국에 있다고 말하고 싶을지도 모른다. 그러나 금융 당국으로서는 세계적 금융위기 속에서 국내의 내수진작을 위해 저금리정책을 구사했던 것이다. 이러한 환경 속에서 금융기관으로부터 대출을 받아 부동산을 구입한 이유는 각 가계와 기업이 부동산의 가치상승에 따른 시세차익을 얻고 싶었기 때문이었고, 이를 위해 스스로 부동산 구입을 판단하고 결정하고 실행한 것이다. 그러므로 최종적 책임은 그러한 결정을 한 각 당사자에게 있다. 그럴 재정적 여력이 있거나 없거나를 막론하고 그런 결정과 행동을 하지 않은 부류도 있기 때문이다. 따라서 앞으로 생겨날지도 모르는 부채에 대한 책임은 각자에게 있음에 틀림이 없으며, 그 누구도 이 빚을 갚아줄 수 없을 것이다. 다만 과도한 부채상환이 되지 않도록 제도적으로 약간의 도움 내지 편의를 도모해줄 수는 있어도 국가나 지방자치단체, 혹은 주위가 이 빚을 대신 갚아줄 수는 없는 것이다.

각 당사자는 이러한 상황을 인식하고, 지금부터 허리를 졸라매고 가계대출금을 갚아나가야만 한다. 향후 자산가치가 기대한 만큼 오르지 않을 경우, 그리고 이자와 원금을 동시에 갚아나가야 할 경우, 대출상환금의 부담이 커져 소비할 돈이 없어진다면, 부채상환의 기간을 길게 잡아 조금씩 갚아나가야 하는 것이다. 지금부터 각자의 결정에 대한 책임을 느끼고 마음의 준비를 하여야 한다. 경기는 순환하는 것이어서 웃을 날도 올 것이다.

　그리고 또 한 가지 인식의 전환을 해야 할 것이 기성세대가 향유하고 있는 현재의 자산가치의 급격한 상승이 다음 세대인 우리 자식들을 힘들게 만든다는 사실이다. 기성세대는 자신의 자산가치의 상승에 환호하고 있을지 모르겠지만, 우리의 다음 세대는 턱없이 비싼 주택가격 때문에 결혼을 할 수도 없고, 이로 인해 출생률이 떨어지고, 노동력의 감소로 인해 사회 전체가 침체에 빠질 가능성이 있다. 우리의 자식들은 고정된 자산의 격차, 신분의 격차에서 벗어날 수 없어 고된 인생을 보낼지도 모른다. 세수의 부족으로 인한 복지의 감소는 앞으로 부양을 받아야 할 기성세대에게 주는 다음 세대의 보복일지도 모른다.

　우리의 다음 세대들은 이미 "하우스 푸어"의 생활에 빠져 있고, 우리의 자식들은 "88만 원 세대"라고 불리고 있다

　그러므로 자산가치의 급상승 문제는 "계층 간의 격차문제"의 관점에서 다루어져야 한다. 계속적인 자산가치의 급상승에 환호하고 추구한다면, 이러한 기회를 가진 사람과 그러지 못한 계층 간의 불만이 커지고 계층 간의 격차가 고정되어 양극화가 심화될 가능성이 있다.

　지난 미국산 소고기 수입반대의 촛불시위에서 경찰을 향해 염산을 뿌린 7명의 가담자를 경찰이 체포하였는데, 이 중 5명이 무직상태였

그래도 집을 사시겠습니까?

다.262) 그들은 단지 현실이 싫었다고 경찰에서 진술하고 있다.

지금의 기성세대들은 계속적인 자산가치의 급격한 상승의 추구는 다음 세대를 힘들게 한다는 점을 인식하여야 하겠다.

(2) 가계부채 대책

신문지상에서 이미 널리 보도된 것처럼, 우리 가계부채의 문제는 대출금의 이자만 내고 원금을 아직 갚아나가고 있지 않다는 점이다.

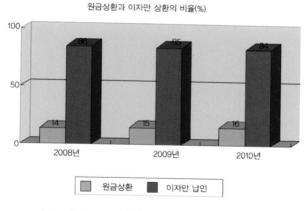

〈그림 1〉 가계대출의 분할상환과 일시상환의 비율263)

가계대출의 대부분은 3년 내지 5년간의 거치기간 동안 이자만 내고, 거치기간이 끝난 후에 원금 일시상환을 하거나 분할상환을 하도록 되어 있다. 2008년에 거치기간이 만료된 대출이 많았으나, 미국의

---

262) 출처: 중앙일보 2008년 8월 29일 신문기사.

263) 출처: 한국은행.

서브스프라임 사태로 인한 금융위기를 극복하기 위해 각 은행들은 거치기간을 연장하여 원금상환을 미루어주었다. 대출자의 입장에서는 당시는 저금리였고, 부동산 경기에 대한 기대감이 있었기 때문에 몇 년을 버티면 그 사이 부동산가격이 올라 대출이자분보다 더 큰 이익을 볼 수 있다고 예상하였다. 그래서 금융기관의 원금상환연장의 제의를 기쁜 마음으로 받아들였다. 그러나 지금에 와서는 부동산경기가 하강하여 자산가치가 상승하기는커녕 구입 시보다 낮아지는 경우가 발생하고 있다. 2008년부터 상환기간을 3년 내지 5년을 연장하였다면, 2012년부터 2015년 사이에 만기가 도래하는 대출건이 다수 발생한다. 아마 이때에는 금융기관이 또 연장을 해줄지는 의문이다. 왜냐하면 원금을 그대로 두고 이자만 계속 납입하다 보면 금리상승에 따른 이자 부담 때문에 원금상환이 연체되어 대출이 부실채권화할 가능성이 있기 때문이다.

위의 그림을 보면, 2010년의 경우, 가계대출자의 약 85%가 이자만 내고 있고, 원금은 그대로 남아 있는 상황이다. 가계, 자영업자를 합해 약 1,000조 원이라고도 하는 가계대출의 원금은 거의가 그대로 남아 있는 상황 하에서, 실로 심각한 문제점은 변동금리 대출이자 방식이 전체 대출자의 88%에 이르고 있다는 사실이다. 기준금리가 재상승할 경우, 이자 부담이 모조리 대출자에게 돌아간다는 것이다. 이런 면에서 보면 금융기관의 리스크관리는 잘 되어 있는 것이다.

그러면 금리는 어느 정도 오른 것인가? 현재 2011년 6월의 기준금리는 3.25%인데, 물가상승률은 4%를 넘어가고 있고, 앞으로 공공요금이 인상될 것이므로, 더욱 물가는 올라갈 것이다. 기준금리와 물가상승률 차가 약 1%인데, 손해보면서 은행예금을 할 사람은 없을 것이다. 갈 곳 없는 시중자금이 어디로 갈 것인지는 아무도 예측할 수 없으므로, 정부에서는 당연히 시중금리를 인상시켜 시중자금을 흡수하고 물가를 잡으려고 할 것이다. 그러므로 기준금리의 추가적 인상은 앞으로 두서너 번은 더 있을 것으로 예상된다.

이럴 경우, 가계부채는 어떻게 할 것인가?

현재 많은 전문가들이 제시하고 있는 것이 변동금리를 고정금리제도 전환하고, 이자만 내는 거치기간을 없애거나 최대한으로 줄이고 당장 원리금을 일시 또는 분할 상환하는 방식이다. 일시상환일 경우, 조기상환 수수료를 면제하는 방안을 검토중이라 한다. 그러나 위에서 일본의생명보험회사의 예를 들은 것처럼, 고정금리로 할 경우, 몇 년 후에 다시 금리가 인하된다면 금융기관이 위험해질 것이다. 고정금리 이하의 운영수익이 난다면 금융기관이 그 위험을 그대로 감수하여야 하기 때문에 운용위험에 그대로 노출된다. 이 방식은 금융기관이 옛 날로 회귀하는 형태이며, 예전처럼 금융기관이 금융리스크를 전부 떠 안는 격이 된다. 대출자의 입장에서 보아도 장래에 금리가 고정금리 보다 다시 낮아지면 대출자가 또 손해를 보게 된다. 그러므로 고정금 리형으로 가되, 3년이나 5년마다 이자율을 다시 정하는 형태로 가는 것이 타당할 것 같고, 가계의 이자 부담을 줄이기 위해 원리금 상환 기간을 장기로 가져가야 할 것이다.

이런 상환방식으로 전환이 된다면, 어느 나라의 가장(家長)처럼, 우리의 가장들도 젊어서 융자를 받아 주택을 구입한 후, 20년~30년에 걸쳐 근로하여 대출금을 갚아나가게 되는 것이다. 가장의 임무가 이것인지는 몰라도 집 한 칸 마련하기 위해 평생 근로하여야 한다. 그러므로 일확천금이나 급격한 자산, 지위 상승의 기회는 거의 줄어들

고 한푼 두푼 모아 성실히 살아나가야 하는 것이다. 자연히 사회 풍
토도 근검절약으로 돌아갈 것이다. 일본에서는 평생 근로하여 "하우
징 론"을 다 갚고 은퇴한 남자를 스스로 자조하여 "소우다이 고미(粗
大塵: 대형 쓰레기)"라고 부른 적이 있었다. 임무가 끝났다는 말이다.
은퇴 후의 이런 남편에 대해 아내들 사이에 농담으로 이런 말도 회자
된 적이 있었다. "旦那は元氣で留守がいい(남편은 건강하고 집에 없는
것이 좋다)."이다. 그렇게 사는 것이다.

(3) 가계소득의 유지

최근의 2인 이상의 가족을 가진 도시근로자의 월 가계수지를 보기
로 하자.

도시근로자 가계수입 추이단위 : 천원)

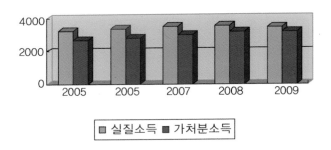

〈그림 2〉 도시근로자가구(2인 이상) 월 가계소득추이[264]

---

264) 출처: 통계청 "가계동향조사".

도시근로자의 월 실질소득은 2005년 323만 원에서 2008년 344만 원으로 계속 상승세를 보였으나 2009년에는 344만 원으로 떨어지고 있다. 그리고 2011년 제1분기에 수출이 민간소비를 앞질렀다는 기사[265]가 보도되었다. 신문기사에 의하면, "이는 47년 만에 처음 있는 일으로, 수출주도형 성장이 민간소비로 연결되지 못하고 있다"는 해석을 내놓았다. 만약 가계의 소득이 떨어지고 있는 상황에서 금리가 추가 인상된다면 각 가계는 소비가 줄어들 수밖에 없다.

그렇다면 추가 금리인상이 행해져 이자 부담이 늘어난다고 가정해 보자(단 가계소득은 변함이 없는 것으로 상정).

현재 월가계소득이 344만 원이고, 주택구입을 위한 대출금 2억 원을 연 금리 5%로 이자만 내고 있다고 치자.

－월 이자 부담 = 2억 × 0.05/12개월 = 월 83만 원

－가처분소득 － 이자 부담 = 344만 － 83만 = 261만 원

현재 261만 원으로 생활하고 있는데, 기준금리가 상승, 대출금리가 6.5%로 인상되었다면,

－월 이자 부담 = 2억 × 0.065/12 = 월 108만 원

－가쳐분소득 － 이자 부담 = 344만 － 108만= 236만 원

여기다 원금상환이 시작되면 자녀들의 교육비를 제외하면 소비할 여력이 거의 없게 된다. 일본의 예에서 보듯이, 물건이 팔리지 않으면 각 기업의 매출이 줄어들고, 운영규모를 축소하게 된다. 이는 구조조정으로 이어진다. 그러므로 가계의 소득을 유지시키거나 향상시킬 대처방안이 필요하다.

---

265) 출처: 조선일보, 2011년 6월 17일 기사.

대처방안으로서는 먼저 각 근로자가 일정한 소득 유지를 위해 현업을 지키도록 노력하고, 기업 또한 임금의 상승은 안 되더라도 현직이 유지가 되도록 기업차원에서 배려를 하여야 한다. 노동조합 또한 예상된 위기를 돌파할 수 있도록 상호협력해야 한다. 당분간은 위기를 돌파하기 위해 사람이 우선되어야 한다.

또한 자산의 대부분을 부동산으로 가지고 있는 50대 이상의 근로자를 위해서 기업은 급료를 줄이더라도 정년을 연장하는 방안을 고려해보아야 한다. 지금의 베이비부머세대는 노후대책이 되어 있지 않고, 국민연금도 퇴직 후 5~7년 후에 지급되므로 소득이 상실된다면 소비생활이 급격히 줄어들게 된다.

우리나라의 정책은 성장 위주였기 때문에 기업의 수출경쟁력을 놓이기 위해 우리는 일정 비용을 환율을 안정시키기 위해 사용하였다.

〈표 1〉 국가채무추이[266]

구분	2002	2003	2004	2005	2006	2007	2008	2009
국가채무	133.8	165.8	203.7	247.9	282.7	299.2	309.0	359.6
(GDP대비, %)	18.6	21.6	24.6	28.7	31.1	30.7	30.1	33.8
일반회계	26.4	29.4	31.9	40.9	48.9	55.6	63.0	97.0
공적자금	0.0	14.4	29.4	42.4	53.3	52.7	49.2	49.5
외환시장안정용	20.7	33.5	51.3	67.1	78.6	89.7	94.0	104.9
국민주택기금	34.0	36.8	36.7	39.7	43.3	43.6	45.2	48.5
기타	52.7	51.7	54.4	57.8	58.6	57.3	57.6	59.7

원화가치를 적절하게 유지하기 위해 매년 국가채무의 평균 25%에서 30%[267]에 해당하는 비용을 외환시장 안정용으로 사용하였다. 금

---

266) 출처: 기획재정부 "국가채무 추이".
267) 출처: 상동.

융위기 시마다 당국의 수출 드라이버 정책과 기업의 뛰어난 기술로 수출을 증대하여 위기를 극복했음에는 틀림이 없고 부인할 수도 없다. 또한 수출이 일자리 창출에 지대한 공헌을 하고 있다. 그리고 이러한 채무는 '금융성 채무'라 하여, 일반회계나 공적 자금 등의 적자성 채무와 달리 보유자산이나 융자금을 회수함으로써 자체상환이 가능한 채무이기도 하다. 그러나 투자운용 실적이나 환율의 변동에 의해서 보유자산가치의 하락이나 이자의 부담을 가져올 수 있다.

여기서 말하고자 함은, 최근의 환율의 움직임을 보면 원화가치가 올라가고 있으므로 기업의 수익도 줄어들 가능성이 있기는 하겠지만, 그러나 만약 가계대출에 의한 문제점들이 앞으로 발생한다면, 아직은 여유가 있는 기업 쪽에서 어려운 가계쪽을 지원해 주었으면 하는 바람이다.

한편, 대기업은 이익을 창출해내고 있다고 하지만 중소기업은 여전히 어려운 상황이다. 현재 "동반성장위원회"라는 것이 구성되어 있는 것도 어려운 상황이 오면 대기업 쪽에서 중소기업을 지원하라는 뜻으로 이해하고 있다.

(4) 세수(稅收)의 확대

가계부채 문제에 있어서 저소득층이나 자영업자에게 엄격한 지원 아래 일정부분의 지원은 필요하다고 본다. 하지만 지원을 위해서는 재원(財源)이 필요하게 된다. 최근 화제가 되고 있는 무상보육, 무상의료, 무상급식, 반값 등록금 등의 복지혜택의 확대요구도 만약 정부가 이 요구들을 받아들인다면 수십조 원의 예산이 필요한 것들이다.

그러면 정부는 재원마련을 위해 세금을 올리든지 국채를 발행하여야
할 것이다. 그러나 세금이 올라 좋아할 사람은 별로 없고, 나라 빚이
늘어나는 것을 반길 사람도 없다.

우리나라의 국가채무를 보자.

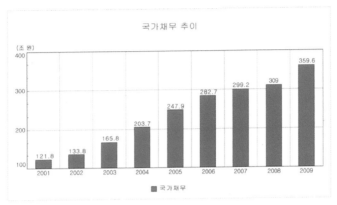

〈그림 3〉 국가채무추이[268]

2011년 제1분기 현재, 우리나라의 채무는 2009년의 359조에서 423
조 원으로 증가하였다(물론 OECD국 중에서 우리나라의 국가채무 수
준은 대단히 양호한 편이기는 하지만).

〈표 2〉 국가채무비교[269]
<국가채무의 국제비교>

('11년 전망치 기준, GDP대비(%))

한국	미국	일본	독일	프랑스	영국	OECD평균
33.3	101.1	212.7	87.3	97.3	88.5	102.4

---

268) 출처: 기획재정부 국가채무추이.

269) 출처: OECD통계.

국가채무가 양호하다고 해서 더 빚을 낼 수는 없는 것이다.

그러나 현실적으로는 소외계층이나 저소득층, 노령층을 위한 복지 니드가 점점 커지고 있고, 경기를 부양하기 위한 지원사업의 필요성이 점점 늘어나고 있는 형편이다. 이러한 니드에 부응하기 위해서는 막대한 재정이 필요한데, 이 재정을 확보하기 위해 우선 증세(增稅)를 생각할 것이다. 그러나 현 상황에서 이를 반길 사람은 드물고, 현재 누출되고 있는 세원(稅源)을 발굴해내는 방안이 더욱 효과적이라 본다.

숨어 있는 세수(稅收)를 확대하기 위해 고소득층의 세금징수, 현금영수증을 통한 자영업자의 세금징수를 더욱 강화해야 한다. 물론 자영업자의 사정이 어려운 줄 아나, 세금납부는 누구에게나 공정, 공평하여야 한다. 근로소득자보다 실질적 소득이 상당한 일부 자영업자는 제대로 소득신고를 하지 않기 때문에 영세사업자로 분류되어 실제소득에 어울리지 않는 적은 분담금으로 국민연금, 국민건강보험, 기타 공공보험 제도의 혜택을 크게 받고 있는 실정이다.

이러한 문제는 공정조세의 문제뿐만 아니라 복지혜택의 면에서도 공평성을 저해하고 있다. 국민연금이나 건강보험은 고소득층의 높은 보험료로 저소득층의 복지를 도와주는 것이다. 실제적으로 일반 샐러리맨의 근로소득은 모두가 노출되어 있으므로 공정하게 세금을 납부하고 있으나, 일부 직장인보다 훨씬 많은 실제 소득을 가진 자영업자가 적은 보험료를 내고 보다 많은 혜택을 가져가는 것은 공평한 사회가 아닐 것이다. 자영업자에 대한 공평한 과세는 연금과 건강보험의 재정 건전성을 더욱 향상시켜주어 증세의 효과를 나타낼 것이다. 그러면 현금영수증의 발급현황, 현금영수증 가맹점 가입현황, 그리고 자영업자 수를 보자.

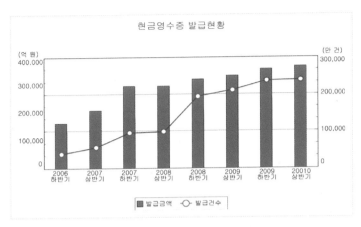

〈그림 4〉현금영수증 발급현황[270]

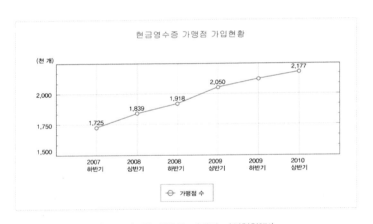

〈그림 5〉현금영수증 가맹점 가입현황[271]

---

270) 출처: 국세청. 현금영수증 발급현황.

271) 출처: 국세청. 현금영수증 가맹점 가입현황.

그래도 집을 사시겠습니까?

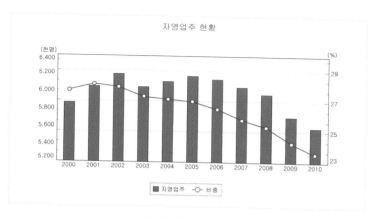

자영업주 현황

〈그림 6〉 국세청 "자영업주 현황"272)

위의 그림을 보면, 2005년 세계최초로 현금영수증제도를 도입한 이래, 현금영수증 발급 건수는 2006년 약 35,000여 건에서 2010년 상반기에 약 238,000여 건에 이르고 있으며, 현금영수증 가맹점 수는 2010년 상반기 기준 약 217만여 점에 이른다. 그러나 문제는 국세청의 자영업자에 대한 적극적 홍보로 제도 도입 후 6년 만에 전체 560만 자영업자 중 217만 점이 가맹점으로 가입하기는 했으나, 이는 전체자영업자수의 약 38%에 지나지 않는다는 사실이다.

조세형평과 공정사회를 위해 자영업자의 가맹점 수를 더욱 늘려야 하며, 소비자 쪽에서도 공평사회 구현을 위해 적극적으로 현금영수증 발급을 점주(店主)에게 요구하여야겠다. 이는 실로 중요한 문제로, 현금을 지불하는 소비자 쪽에서 현금영수증 발급을 요구하는 방법이 행정력으로 자영업자가 소비자에게 현금영수증을 발부하도록 호소

272) 출처: 국세청, 자영업주 현황.

하는 것보다 훨씬 효과적임은 두 말할 필요가 없다.

　참고로 한 보고서273)에 의하면, 한국은행의 국민소득계정을 바탕으로 적정과세표준을 개산(槪算)할 경우, 2005년 부가가치세 과세기준액은 438조여 원이며, 이에 대한 세금은 39조 8,000억 원이어야 한다. 그러나 실제 징수된 세금액은 36조 원에 그쳐, 약 3조 8,000억 원이 누출되었다고 추측한다. 물론 신용카드공제제도와 현금영수증제도의 도입으로 탈루액은 점차 줄어가고 있다고 한다. 또한 고소득층, 전문직의 세금 탈루에 대한 과세를 더욱 강화해야 할 뿐만 아니라 납부된 세금의 씀씀이에 대해서도 철저한 검증을 실시하여야 한다.

　세금을 사용하여 공공사업이나 복지사업을 일으킬 때, 그 유효성과 적절성에 대해서 많은 사람들의 합의를 얻은 후에 예산투입을 실행하는 프로세스 내지 심사협의기구를 설정하여야겠다. 지방자치단체가 도민을 위해 수백억을 들여 여기저기 박물관을 건립하였는데 하루 내방객이 2~3명에 그친다거나, 어느광역시에서 모노레일을 깔기 위해 거의 천억에 가까운 세금을 쏟아부었으나 개통이 무기한 연기된 경우는 기회비용의 손실이자 혹독한 증세에 가까운 사례들이다. 그리고 늘려 있는 세원을 발굴 확대하고, 납부된 세금을 아끼는 것도 중요하겠지만, 현재 주어지고 있는 세금 감면혜택을 조금씩 줄여 복지에서 소외되고 있는 계층을 지원할 수 있는 재원을 마련하여야겠다.

　세수를 확보하기 위해 더욱 노력하면 할수록 어떤 사람은 더욱 불편해지고 금전적으로 손해를 볼 수도 있다, 위기 시 이를 잘 극복하기 위해 각자 조금씩 양보하고 불편한 상황을 받아들일 마음의 준비

---

273) 출처: 조세연구원. "산업연관표를 이용한 부가가치세 탈루규모 추정". 2010. 10. 21.

를 하도록 하자.

(5) 서민금융의 지원확대

향후 가계대출로 인해 소비 여력이 줄어들 경우, 어려움을 가장 많이 겪게 되는 것은 저소득 계층이다. 금융권의 대출심사가 엄격해지면 저소득층은 결국은 소비자금융 쪽으로 갈 것이다. 소비자 금융 쪽의 대출이자는 금융권보다 높으므로 이자 부담이 더욱 늘어날 것이며, 많은 다중채무자(여러 곳에서 대출을 행하여, 돌려막기 식으로 대출금을 변제하고 있는 채무자)가 발생할 가능성이 있으며, 이들의 개인파산 등이 예상된다. 따라서 이들에 대한 실체파악이 요구되며, 대책을 미리 세워야 한다.

앞에서 언급한 바와 같이, 현재 당국의 대처방안 중에서 가장 뛰어난 분야가 이 서민금융 쪽이다. 이들을 돕기 위해 이미 미소금융, 햇살론, 새희망홀씨, 신용회복제도, 신용회복기금의 전환대출, 사전채무조정제도 등의 제도를 정부가 시행하고 있다. 또한 대부업체의 이자율도 최근에 39%로 제한하였고, 법적으로 심한 채권추심을 금하고 있다. 대출광고에 있어서도 아직은 공중파에서의 광고를 허용하지 않고 있다.

여기서는 저소득층의 대출현황을 살펴보자.

2010년 말 현재, 저신용등급에 해당하는 7~10등급자 수는 약 700만 명이라 한다. 이들의 대출규모를 보면(非주택담보대출 기준),

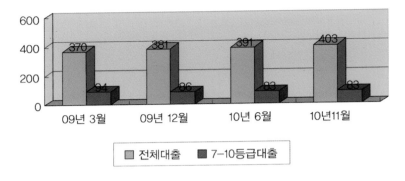

〈그림 7〉 저신용자 대출규모 추이[274]

　　2009년 3월의 전체대출에서 저신용등급인 7～10등급의 대출규모는
약 25%에 이르는 94조 원, 2010년 11월에는 전체 402조 원의 20%에
해당하는 83조 원에 이른다. 또한 각 신용등급별 대출이용 금융기관
을 보면, 1～6등급의 54%가 은행(평균금리 5～14%), 상호금융(평균
금리 10～25%)을 이용하는 반면, 7～10등급의 경우, 50%가 상호금융,
19%가 은행, 저축은행(평균금리 25～40%)이 8%, 대부업(평균금리 35
～44%)을 이용하고 있다.[275]

　　즉 저신용등급자는 어쩔 수없이 대출 이자율이 높은 저축은행이나
대부업체를 이용할 수밖에 없고(참고로 이들의 70% 이상이 일반 금융
권의 대출심사에서 거절되었다고 한다),[276] 그만큼 이자의 가계부담
이 커지는 것이다. 또한 한국소비자원의 대출관련 상담자에 대한 설문

---

274) 출처: 금융위원회, "서민금융 기반강화 종합대책" 2011년 4월.

275) 참조: 금융위원회, "서민금융 기반강화 종합대책" 2011년 4월.

276) 참조: 미소금융중앙재단, 신용회복위원회, 신용회복기금, 햇살론 등의 서민금융이용자 568명에 대한 설
　　　문조사결과(2011년 1월).

조사에 의하면, 이들 상담자의 10%가 3곳 이상의 금융기관으로부터 대출을 받았다고[277] 한다. 이들이 바로 다중채무자라고 말할 수 있다. 그리고 상담자들의 대출금 이용목적을 보면(3가지 복수선택 가능),

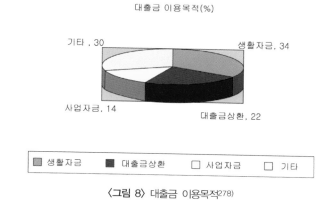

대출금 이용목적(%)

기타 . 30 생활자금. 34

사업자금. 14 대출금상환. 22

■ 생활자금   ■ 대출금상환   □ 사업자금   □ 기타

〈그림 8〉 대출금 이용목적[278]

위의 그림을 보면, 대출금 이용목적 중, 대출금을 생활이 어려워 생활자금으로 쓴다는 비율이 34%로 가장 많고, 그다음이 다른 대출금 상환을 갚기 위함이다. 이는 이 대출기관에서 대출을 받아 다른 대출기간의 대출금을 갚는다는 의미이다. 이런 다중채무자는 끝내는 개인파산을 일으키기 마련이다.

물론 이런 저신용자를 위해 당국에서 이미 여러가지 대책을 마련하여 운영하고 있으나 현재의 제도운영을 더욱 활성화시켜 앞으로 닥쳐올지도 모르는 위기에 대처하여야겠다.

---

277) 출처: 한국소비자원. "서민금융서비스 소비자문제와 제도개선 방안연구". 2010년 1월.
278) 출처: 상동.

(6) 사회통합

최근의 사회 풍조를 단면적으로 보여주는 신문기사들이 있다.

한 달 전 주차장의 외제차만 골라 파손시킨 어느 젊은이가 기물파손죄로 체포되었다는 기사가 보도되었는데, 그가 경찰조사에서 내뱉었다. 그냥 부자가 싫었다고. 한편, 최근의 신문기사[279])에 의하면, 강남의 백화점에서 34만 원짜리 유아 '턱받이'가 없어서 못 팔 정도라고 한다, 그리고 31세 무직의 남성이 1억 원이 넘는 외제 스포츠카로 새벽에 도심에서 카 드리프팅(car drifting)을 하다 체포되었다는 기사 또한 흥미롭다. 더 놀라운 것은 이 남성과 함께 심야의 대로에서 카 드리프팅을 한 사람이 13명이었는데, 이들이 몰고 나온 외제차의 총액이 31억 원 상당이라는 것이다.

자산가치의 급격한 상승을 경험한 계층은 타인과의 차별화, 고급화를 시도한다. 한편으로는 경기침체로 인한 매출의 감소로 직장을 쫓겨난 가장과 비정규직의 젊은이들은 이러한 기사들을 보고 불평등함을 느낀다. 그리고 매일같이 터져 나오는 공공기관의 부정과 금융기관의 비리에 많은 사람들이 실망을 한다.

집단의 구성원이 불공평함을 느낄 때 불평을 하기 시작하고 조직은 갈등과 분열에 빠지게 된다. 조직의 목표에 공감하지 못하며 집단에 대한 충성심을 잃게 되고, 조직은 조직대로 목표달성에 어려움을 느끼게 된다. 이로 인해 조직의 목표달성을 위한 시간과 경비가 더 필요하게 된다.

---

279) 출저: 조선일보 2011년 6월 17일 기사.

그래도 집을 사시겠습니까?

우리는 환경보전을 위한 천성산 소송문제(일명 도롱뇽사태), 세종시 이전문제, 새만금사업 등에서 국가사업이 지연되는 것을 보았다. 국론은 분열되고 이를 봉합하기 위한 소요시간과 경비는 천문학적 숫자였다.

지금 이 시간에도 각 이익단체는 자신의 입장에서 자신을 위한 이익을 요구하고 있다. 학생은 학생대로 반값 등록금을 요구하고, 재정상태를 고려하지 않는 정치가는 자신의 재선을 위해 무료의료, 무료양육을 약속하고, 무료급식문제에 대해서는 양측이 한 치의 양보도 없이 서로를 비방하고 있다. 교육의 현장에서는 행정기관과 선출직 교육감, 교사와 학부모, 학생 간에 첨예한 갈등을 보이고 있다. 이 모든 사태와 분열은 개인에게는 아픔을 주고, 기업에는 생산의 차질을 주고, 국가에게는 정책수행과 달성에 어려움을 준다.

이와 같이, 닥쳐올지도 모르는 위기를 극복하기 위해서 우리가 아무리 좋은 선제적 대책을 세우더라도 각 구성원의 합의를 얻지 못하면 더 많은 시간과 비용, 고통분담을 필요로 하게 된다. 그러므로 준비된 위기 대응책들이 효과적으로 작동하기 위해서는 각 구성원들이 자신이 속해 있는 집단이 공평하다는 느낌을 가지게 해야 한다.

구성원이 공평함과 공정함을 느끼게 하기 위해서는 개인은 고통과 책임을 분담할 마음가짐을, 기업은 경영합리화도 좋지만 위기 시에는 근로자의 고통을 들어주려는 사람 우선의 경영방침을, 공공기관은 원칙과 규정에 따라 구성원에게 공평하게 혜택을 나누어 주려는 자세를 견지해야만 한다.

각 구성원은 자기에게 주어진 책임을 다하고 있는데, 의외로 보다 힘 있는 위치에 있는 사람이 고통분담을 하지 않고 오히려 자신의 고통을 줄이기 위해서 불공평한 행위를 했을 때, 구성원은 실망에 빠지게 되고 자괴감을 느끼게 된다. 그리고 불평하고 항의하기 시작한다.

이제는 각자가 사태의 현황을 정확히 파악하고 각자의 위치에서 공평하게 고통을 견디며 책임을 분담할 마음가짐을 가져야 한다. 이러한 집단을 이끄는 리더는 공평하게 사태를 관리하여 구성원들을 통합시켜야 한다. 관리하는 사람이 자신의 고통을 줄이고 보다 많은 혜택을 가지려고 할 때 사회통합은 깨어지게 마련이다.

우리는 IMF 금융위기 사태(금 모으기), 2002 월드컵 축구대회에서의 응원전(청소), 그리고 태안 기름유출사태(자원봉사) 등에서 전 국민의 단결력과 협동정신을 보여준 바 있다.

이러한 경험들을 볼 때 우리는 위기가 온다고 해도 충분히 단결하여 극복할 수 있다고 생각한다. 설사 가까운 미래가 위기의 상황이라고 하더라도, 사전에 사태를 정확히 인식하고, 선제적으로 대책을 세운 후 주어진 위치에서 각자가 최선을 다한다면 무리 없이 고비를 넘길 수 있다고 확신한다. 이런 점에서 "사회통합위원회"의 제도적 설치는 현시점에서 적절하며 상당한 의미가 있다고 생각하며, 더욱 적극적인 활동을 기대한다.

"예견된 위기는 위기가 아닐 수도 있고 대책을 강구하면 감당하지 못할 일이 아니다"라고 했다.

최경진

건국대학교 중퇴
와세다대학교 문학부(일본문학) 졸업
성균관대학교 경영학부 석·박사 과정수료

스위스재보험회사 동경사무소
스위스재보험회사 서울사무소

현) 미국 트랜스아메리카생명보험 서울사무소 대표

그래도
집을
사시겠습니까?

초 판 인 쇄 | 2011년 12월 8일
초 판 발 행 | 2011년 12월 8일

지 은 이 | 최경진
펴 낸 이 | 채종준
펴 낸 곳 | 한국학술정보(주)
주   소 | 경기도 파주시 문발동 파주출판문화정보산업단지 513-5
전   화 | 031) 908-3181(대표)
팩   스 | 031) 908-3189
홈 페 이 지 | http://ebook.kstudy.com
E - m a i l | 출판사업부 publish@kstudy.com
등   록 | 제일산-115호(2000. 6. 19)

ISBN   978-89-268-2842-7 03320 (Paper Book)
          978-89-268-2843-4 08320 (e-Book)

이담 Books 는 한국학술정보(주)의 지식실용서 브랜드입니다.